U0846528

上海市高水平地方高校（学科）资助项目

新技术背景下
政治学与公共管理教学创新研究

XINJISHU BEIJING XIA
ZHENGZHIXUE YU GONGGONG GUANLI JIAOXUE CHUANGXIN YANJIU

白艳莉 主编
王　旭 副主编

上海人民出版社

目　录

大学生创新创业项目中的“真问题”*

赵　挺

摘　要：大学生创新创业项目（以下简称“大创”项目）顺应国家创新型人才培养战略部署，在获得越来越多认同的同时，对指导老师与学术都提出了更多要求。如何加强对当下社会实践“真问题”的认知、发现与验证即是其中的挑战之一。在课题设计上，“大创”课题中的“真问题”及其属性具有可认知、可发现的特征。在师生互动的视角，“全过程指导”提供了解释大学生创新课题的框架，基本进路是以教师指导“大创”项目的基本逻辑来发现“真问题”，并寻找互动的路径。

关键词：“大创”项目；真问题；师生互动；问题中心法

作为中国高等教育改革的重大举措之一，“大创”受到越来越多的学生和高校认可。从培养大学生创新能力为主要目标的角度看，同其他显性的课堂教学相比，创新项目无疑兼顾了学生主体性与能动性，在注重发展学生科研能力和创新能力的基础上，对学生健全人格的塑造亦有积极意义。获得“大创”立项的学生由此有了更多的机会来认识社会与发现社会，有些甚至提出了建设性的改进方案。与此同时，在项目运作中也发现，有些学生由于申报书的研究设计不科学，导致调研效果并不理想，因此以提升大学生能力为导向的培养目标无法充分实现。①在本质上，这是由于学生未能充分把握“真问题”造成的。本文试结合师生角色，从过程论的视角，探讨“大创”中的真问题发现及其解决，以促进大学生的成长与能力培养。

＊　资助项目：上海高校青年教师培养资助计划：课程思政背景下“非营利组织管理”专业课建设。

①　文江川、吴韶波、余星星：《以能力提升为导向的大创项目过程管理探索与实践》，《山东高等教育》2015年第11期，第24—28页。

一、何谓“大创”的“真问题”?

一个好的问题有助于发掘学生的创新能力,引导学生自始至终从自我兴趣出发,有助于以专业的视角观察社会,并发现身边问题的实质,将课堂所学知识学以致用,全身心地投入到自我学习中去,在与不同社会成员交往过程中锻炼自身各方面能力,充分开发自我潜能。就“大创”项目而言,这样的“真问题”体现在以下几个方面。

其一,适合大学生调研的实践问题。

当前,中国社会发展迅速,各种新问题层出不穷,再加上一些长期存在的老问题,数量之多超乎形象,但并不全部适合“大创”立项。换句话说,很多问题都不属于“大创”的真问题:一方面,重大而宏观或系统性的实践问题不适于大学生的研究。美国学者 C.赖特·米尔斯对社会学中偏好逻辑推演而无法回应社会观察的研究论题提出批判,不认为这类研究具有价值,不但不利于“定义问题”而且也不利于解决问题,尤其以分类和概念研究最突出。①“大创”项目中也不乏这种倾向,鉴于大学生的知识结构和能力限制,宜引导学生关注具体的、微观的和草根性的公共生活问题;另一方面,诠释性和理论性问题不适于大学生的研究,社会中常见的现象、话题也需要从大学生实际调研中得到验证或证伪,玩弄概念或者单纯推衍某理论范式,实质上是“隐匿了问题”②。这种研究既无法回应现实,也不利于大学生的能力培养,不是大学生值得研究的“真问题”。总之,“大创”项目应建立在可行性、科学性和现实性的基础之上,杜绝伪命题和大而空的选题,避免发生“先立项,待审批后再下功夫”的现象,有助于克服为了追求理论创新或方法创新而拼凑材料的片面做法。

其二,既具有挑战性又是可达的选题。

陶行知先生在论及教育策略时,形象地使用“跳一跳,摘个桃”来比喻目标兼具挑战性与可达性的必要。“大创”项目也是如此:一方面,研究目标设计需要有挑战性,不能低水平重复,宜有助于提升大学生能力培养。团中央和教育部曾经联合发布关于加强和改进大学生社会实践的文件,

---

① [美]C.赖特·米尔斯:《社会学的想象力》,陈强、张永强译,三联书店 2005 年版,第 36 页。

② 劳凯声:《教育研究的问题意识》,《教育研究》2014 年第 8 期,第 4—14 页。

提出了“受教育、长才干、做贡献”的基本原则，将能力培养同认识国情和培养品格并列①，其意义可见一斑。因此，“大创”项目的挑战性应在培养学生的创新能力、科研能力、自主学习能力以及团队协作能力等方面有所体现；另一方面，研究目标必须是能够达到的，即研究成果要“有感”，提高科研的满足感。任何超越学生能力的问题都不是首选，既无法起到激励学生创新的作用，也容易滋生挫败感。以此推演，在项目开展过程中，因大学生自身能力不足而引发的各方沟通协调问题、研究技术与规范问题，甚至是诚信学术问题，都将成为适得其反的隐患。

其三，具有反思性的问题，而不一定必须是社会热点问题。

作为培养学生“自主探究”意识的方式之一，“大创”项目要求大学生能够围绕研究兴趣展开自主学习、理性批判和团队合作。无疑，“大创”项目所突出的是反思性学习。这同当前教育改革“突出实践反思”②的“真问题”是一致的。然而，在过去的经验中，由于理解存在片面性，并不乏将反思性问题“替代”为社会热点的现象。特别是在网络技术运用日益广泛的今天，网络媒体和传统社会媒体左右着社会热点，“伪命题”充斥其中，甚至误导受众。大学生的理性思维一旦受到冲击，反映到“大创”项目上就会导致思考肤浅、缺乏深度、专业性反思的不足等问题，因而难免使项目预期的经济价值、学术价值甚至是社会价值流于空谈。

二、“真问题”研究中的指导老师：角色及其作用

“大创”项目不是学生可以自行完成的项目，需要指导老师的参与。概括起来，学生对指导老师的需要集中在两个方面：一是选题及其确立。大学生首先要提出研究意向，需要老师能够在场指导。本着充分激发大学生的创新思维、尊重学生科研兴趣的原则，指导老师需要对选题进行可行性评估，并结合专业要求提出研究建议，以期顺利通过学校审核，获得

① 《各地各高校深入开展2016年大学生暑期社会实践活动》，《教育部简报》2016年第33期。Http://www.moe.edu.cn/jyb_xwfb/s3165/201609/t20160921_281805.html，浏览日期2019年4月10日。

② 曾先锋、聂永成：《教育研究中问题意识的缺失归因与培养路径探讨》，《教育评论》2015年第6期，第46—48页。

立项机会;二是研究过程需要在场指导。课题成功立项后,学生将根据标书组建课题小组,指导老师需要跟踪管理,对大学生的整个研究过程加以有效控制。原则上,指导老师扮演着为课题小组服务的角色,在整个课题开展过程中,学生自行按照项目计划实施,指导老师充分尊重学生的想法,仅在项目实施有困难的情况下给予专业指导和帮助,这样既有助于学生自主完成创新课题,又有助于锻炼学生克服困难的决心。

现代教育规律表明,"师生互动是一个动态的交流过程,而非一个静态的结构。"①因此,无论是学生主体性角色还是教师指导性角色,有效的双向互动有助于"大创"项目的顺利实施。有研究从管理的角度将"大创"项目管理分成两个彼此关联的阶段环节:组织实施与结项评估。②而根据师生间互动的规律,"大创"项目的全过程可以做三个阶段划分:(1)选题阶段的互动。指导老师根据学生的研究兴趣,并根据自身的实践经验帮助学生分析选题的可行性,学生也能通过与老师的沟通了解老师研究领域的最新动态,增强对"大创"项目选题的理解。(2)项目实施阶段的互动。通过学生的及时反馈,教师在了解学生的科研能力基础上,充分挖掘学生的科研潜能,提升研究质量;而学生则在老师的指导下准确分析项目出现问题的原因,及时加以修正,有效保证课题研究的顺利完成。(3)终期结项阶段的互动。老师与学生就项目开展的整个过程,共同总结经验和教训,对于师生的知识水平、科研经验以及情感交流都是一个提升的过程。

即使仅就"大创"项目而言,这三个阶段的教师指导作用也同样会集中于知识传承与知识应用之上,尤其适用于此类任务导向的课外教学实践项目。学生以所学应用于项目研究,会遇到难以想象的问题,教师指导具有知识生产的特征。在传统的大学教育模式中,学生接受的知识结构限于教学方案,教师在知识传承上扮演着辞典和留声机的作用,教师的知识生产难以在课堂教学过程中传承下去。"大创"项目的开展,有效改变了这种局面,教师凭借自己的知识储备在项目研究中对学生进行创新创业的认知教育、专业训练与能力培养,既培养了大学生的创业创新意识,

① 傅维利、张恬恬:《关于师生互动类型划分的研究》,《教育理论与实践》2007年第5期,第29—32页。

② 高原:《高校"大创计划"过程与质量管理体系的构建》,《中国现代教育装备》2015年第15期,第40—43页。

又将学生的知识转化为解决“真问题”的能力。总之，师生间的互动是推进问题认知、问题发现与判断的重要环节，符合现代教育规律。

三、问题中心法与“真问题”的解决

“问题中心法”也称之为“以问题为本的学习法”（Problem-Based Learning，简称 PBL），起源于 20 世纪 50 年代美国的哈佛大学医学院，因其良好的教学效果而被视为是一种积极有效的教学方法或手段。①综合起来，面对大学生创新课题研究过程中出现的种种问题，运用“问题中心”的方法是一个有针对性的方案，即以学生观察到的社会问题来组织课题研究，在研究过程中通过师生间的互动与合作，最终达到提升大学生综合能力和自我价值的目标。具体做法有：

其一，选题阶段的“问题导向”。

在课题立项环节，鼓励学生凭借兴趣主动观察社会，从自己专业视角提炼有效信息，以此提出可行、科学、创新型的选题作为知识和能力提升的重要前提。预期目标明确、难度适中且容易被学生接受的问题是提高“问题中心”教学方法效益的关键。传统的课堂教学中，只是老师向学生一味地灌输知识，忽视学生主体对知识接收的个体化差异，因此，传统课堂教学效率低下，学生知识和能力得不到显著提升。“大创”项目提供了弥补机制，这是因为课题研究本身就是从社会现有现象出发，凭借学生主体从专业视角认知对这一社会问题展开研究的可行性、科学性以及创新性分析，预测申报课题研究可能达到的科学目的，一定程度上是对传统课堂教学的补充。当然，这种科学研究目的并不是为了课题立项过分夸大的，而是学生在对自我能力认知较为准确把握的基础上，适当提高研究目标，将研究难度控制在学生能力范围之内，在保证对研究课题不失兴趣的同时，灵活运用课堂所学知识，发现和解释问题，使显性知识内化于心，成为学生个体的隐性知识，并通过随时调用处理问题的内在经验帮助处理课题研究中出现的各种问题，以此提升学生的知识水平和解决问题的

① Henk G. Schmidt, Jerome I. Rotgans, Elaine H. J. Yew, “The process of problem-based learning: What works and why”, *Medical Education*. 45(8), 2011: 792—806.

能力。

其二，研究阶段的"问题验证"。

在课题实施环节，通过老师与学生双向互动，凭借自主学习和合作学习的形式，围绕问题展开探究。老师在充分发挥学生主体意识的基础上给予整个创新课题指导，是"问题中心"教学方法在大学生创新课题研究中加以运用的应有之义。从某种程度上说，大学教育就是一种以学生自主学习、同学和同学之间以及学生与老师之间合作学习为主要形式的交互式教学模式，"自主、合作、探究这三种学习方式之间就必然地具有了高度的同一性"。①将"问题中心"思维方式与大学交互式教育模式相结合，就要求学生就课题开展过程中遇到的且凭借自身能力不能解决的问题与专业指导老师进行及时交流，指导老师通过其多年对研究领域的深入理解，帮助学生深入挖掘课题信息、分析和解决难题，进行正确引导的同时，提高学生的自我认知，明确课题的顺利开展自己还需要提升哪些方面的知识和能力，反过来要求学生与其他同学、老师展开合作，弥补自身能力的不足。这样一种双向式的互动模式，学生的主体角色在自主学习过程中得到充分发挥，老师则通过扮演专业导师、问题分析师的角色，帮助学生更好地发挥主体意识，通过自身的努力以及与他人展开的合作，解决课题开展过程中的问题。

其三，结项阶段的"问题反思"。

在课题评估环节，重点围绕课题实施过程中出现的问题开展回顾与反思。这种反思体现了深度学习的特征，通过在结项阶段对知识和实践信息进行"深度加工……主动建构个人知识体系并有效迁移应用到真实情境中以解决复杂问题，最终促进全面学习目标的达成和高阶思维能力的发展"②。通过学生的深度学习以及与指导老师展开的互动合作，不但能够进一步解决课题开展过程中的问题，而且有助于触类旁通解决类似的"真问题"。无疑，在特定期限内完成课题立项阶段的预期任务，这并不是"问题中心"思维方式的终结，在此基础上，还应该围绕课题研究过程中出现的重点问题及其解决过程进行回顾与反思，从中总结经验教训，为提

---

① 林众、冯瑞琴、罗良：《自主学习合作学习探究学习的实质及其关系》，《北京师范大学学报》(社会科学版)2011 年第 6 期，第 30—36 页。

② 张浩、吴秀娟：《深度学习的内涵及认知理论基础探析》，《中国电化教育》2012 年第 10 期，第 7—11、21 页。

升学生分析问题和解决问题的能力提供可持续的动力机制。当前的创新课题评估环节，很少涉及课题开展过程中关键问题的回顾与反思，需要通过以相关评估指标为导向，引导学生注重课题开展过程中经验教训等隐性知识的积累，这一过程有助于对大学生综合能力和自我价值的显著提升。

参考文献

［1］文江川、吴韶波、余星星:《以能力提升为导向的大创项目过程管理探索与实践》,《山东高等教育》2015 年第 11 期，第 24—28 页。

［2］［美］C.赖特·米尔斯:《社会学的想象力》，陈强、张永强译，三联书店 2005 年版，第 36 页。

［3］劳凯声:《教育研究的问题意识》,《教育研究》2014 年第 8 期，第 4—14 页。

［4］《各地各高校深入开展 2016 年大学生暑期社会实践活动》,《教育部简报》2016 年第 33 期。Http://www.moe.edu.cn/jyb_xwfb/s3165/201609/t20160921_281805.html，浏览日期 2019 年 4 月 10 日。

［5］曾先锋、聂永成:《教育研究中问题意识的缺失归因与培养路径探讨》,《教育评论》2015 年第 6 期，第 46—48 页。

［6］傅维利、张恬恬:《关于师生互动类型划分的研究》,《教育理论与实践》2007 年第 5 期，第 29—32 页。

［7］高原:《高校“大创计划”过程与质量管理体系的构建》,《中国现代教育装备》2015 年第 15 期，第 40—43 页。

［8］Henk G.Schmidt, Jerome I.Rotgans, Elaine H.J. Yew, “The process of problem-based learning: What works and why”, *Medical Education* 45 (8) 2011:792—806.

［9］林众、冯瑞琴、罗良:《自主学习合作学习探究学习的实质及其关系》,《北京师范大学学报》(社会科学版)2011 年第 6 期，第 30—36 页。

［10］张浩、吴秀娟:《深度学习的内涵及认知理论基础探析》,《中国电化教育》2012 年第 10 期，第 7—11、21 页。

本科教学改革研究现状、热点与趋势

——基于 CSSCI 的文献计量与知识图谱分析

江依妮

摘　要:本文对 1998—2019 年 CSSCI 中的本科教学改革文献进行了文献计量与知识图谱分析,结果显示该研究领域的成果丰富,并已形成较为完整的网络。教学质量和人才培养是本科教学改革两大目标,也是其关键的研究主题;教学方法和教学评估,是本科教学改革的主要内容和手段,亦与教改目标形成了相互联系的关键词共现网络。而由于人才培养目标的不同,研究型大学和应用型大学在教学改革侧重点上存在着差异,也因此形成基于这两类学校的相关研究。

关键词:教学改革;教学质量;教学评估;人才培养

本科教学是中国高等教育的重中之重。新中国成立以来,中国的高等教育经历了两次转型,一是从计划经济模块化教学体系到大学相对自主教学体系的转型,二是从精英教育教学体系到大众化教育教学体系的转型。①这也深刻影响着我国本科教学改革的历程,受到政府和学者广泛关注,并已经取得了丰硕的成果。那么,我国本科教学改革研究所遵循的轨迹是什么?研究前沿热点有哪些?我国本科教学改革的研究趋势如何?对这些这些问题的探究,有利于了解我国本科教学的发展路径,构建我国本科教学改革研究的知识体系,为明确未来改革方向提供参考。本文试图基于文献计量的方法,运用 CiteSpace 知识可视化软件,通过文献关键词共现网络分析,探寻国内本科教育改革研究的轨迹、热点及未来走向。

---

① 马廷奇:《关于大学本科教学改革的理性思考》,《中国高教研究》2016 年第 1 期,第 55—56 页。

一、研究方法与数据

为探索国内本科教学改革研究的发展历程，本文于 2019 年 10 月 20 日，在中国知网(CNKI)数据库平台上，以 CSSCI 为检索范围，以“本科教学研究”为主题关键词进行文献检索，共获取 498 篇论文，其历时范围为 1998—2019 年。本文运用中国知网文献检索的计量可视化分析对全部检索结果进行分析，得出“本科教学改革”CSSCI 文献发表趋势图(图 1)和文献主题分布图(图 2)。

为了进一步分析本科教学改革研究的主题领域及其相互关系，本研究采用 CiteSpace(版本 5.5.R2.)可视化软件对检索到的所有论文进行知识图谱分析，绘制关键词共现网络。科学知识图谱是显示科学知识发展进程与结构关系的一种图形。①本文分析的具体操作步骤是，先在 data 设置中将 CNKI 数据转换为 WOS 数据；然后在 project 数据分析框中的“Time Slicing”菜单中选择时间跨度为 1998—2019 年；在“Years Per Slice”选项中选择 1 年为一个时间切片；在“Node Type”，选择“Keyword”，建构关键词共现知识图谱。

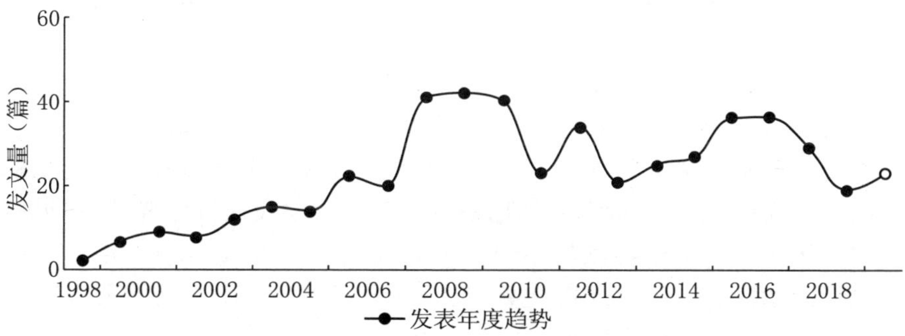

图 1 “本科教学改革”CSSCI 文献发表趋势

数据来源：中国知网。

---

① 李杰、李慧杰、陈伟炯等：《国内社会科学研究中知识图谱应用现状分析》，《图书情报研究》2019 年第 1 期，第 74—81 页。

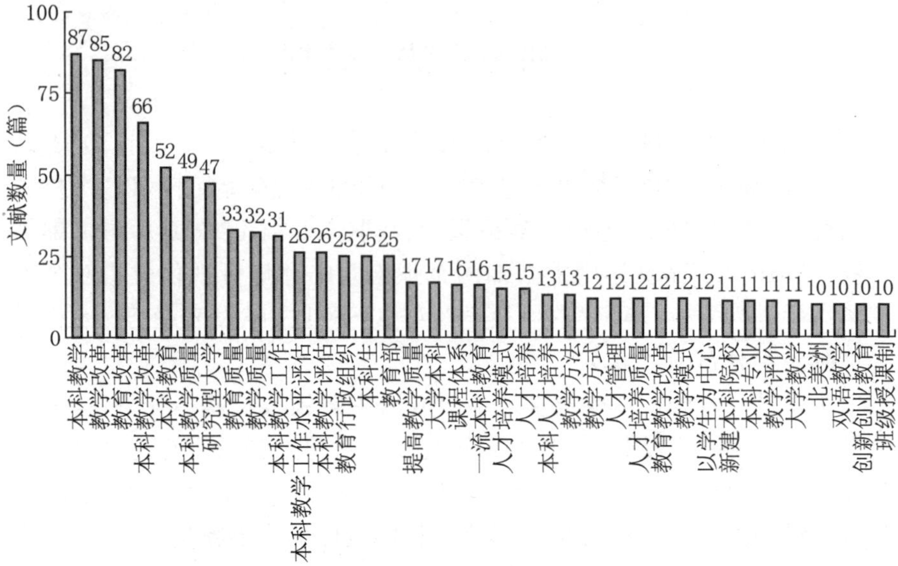

图 2 “本科教学改革”CSSCI 文献主题分布

数据来源：中国知网。

二、本科教学改革研究发表趋势与主题分布

从发表趋势的时间分布图可以看出，“本科教学改革”CSSCI 文献从 1998 年开始不断增长，并在 2007 年大幅度增长达到顶峰，发表量为 43 篇左右；2019 年 10 月该主题文件为 20 篇。1999 年中国高校开始大规模扩招，中国高等教育从此开始从以前的精英教育向大众教育普及，本科教学改革作为中国高校转型的重要内容备受关注。2007—2009 年本科教学改革论文发表一直维持高数量，与当时国家对教学改革的重要政策有关。在《2003—2007 年教育振兴行动计划》中，教育部启动了“高等学校教学质量与教学改革工程”，强调进一步深化高等学校的教学改革。2003 年 4 月，教育部发布了《关于启动高等学校教学质量与教学改革工程精品课程建设工作的通知》；2005 年 1 月教育部下发了《关于进一步加强高等学校本科教学工作的若干意见》（教高〔2005〕1 号）；2007 年教育部、财政部联合发布《关于实施高等学校本科教学质量与教学改革工程的意见》（教高〔2007〕1 号），中央财政投入 25 亿元资金正式启动“高等学校本科

教学质量与教学改革工程”。此后的时间里，教育部还陆续发布了本科教学改革政策。本科教学改革政策以及相关研究一直处于动态发展的过程之中。2019 年 10 月，教育部发布《关于深化本科教育教学改革全面提高人才培养质量的意见》(教高〔2019〕6 号)。中央部委对本科教学改革的重视和指导性意见的出台，是高校实践探索和学术研究的重要政策基础。

从主题分布来看，“教学改革”“教学质量”“教学评估”“人才培养”“研究型大学”是本科教学改革研究的五大主题。中国知网的计量可视化分析，给出了 1998 年以来本科教学改革研究的 40 个主题的文献数量直方图(图 2)(含相同文献在不同主题的交叉呈现)。文本对其中相似的主题进行合并后，位列前五的研究主题是，“教学改革”163 篇、“教学质量”98 篇、“人才培养”55 篇、“教学评估”和“本科教育”52 篇、“研究型大学”47 篇。

三、本科教学改革研究知识图谱分析

为了进一步呈现研究的主题领域及其相关关系，本文接着对这些文献进行了文献关键词共现分析。在使用 CiteSpace 软件对原始数据进行了初次关键词共现分析后，我们采用同义词合并的方法，将相近的关键词进行合并处理，进一步形成更为严谨的关键词共现网络。表 1 给出了排名前 15 位的高频关键词列表。在 772 个关键词中，排在前 6 位的关键词主要有“教学改革”145 次、“本科教学”108 次、“教学质量”64 次、“学校”

表 1　排名前 15 位的高频关键词

高频关键词	数　量	高频关键词	数　量
教学改革	145	教育方法	21
本科教学	108	教育改革	15
教学质量	64	教学行政组织	14
学校	43	实践教学	13
本科教育	35	教学质量	12
本科教学评估	35	教育质量	12
人才培养	31	以学生为中心	11
研究型大学	31		

数据来源：中国知网。

43 次、“本科教育”和“本科教育评估”35 次、“人才培养”和“研究型大学”31 次、教育方法“21”次。需要说明的是，一般而言，教学改革属于教育改革重要内容，换言之，教育改革的范围要大于教学改革，两者具有一定隶属关系。因此，本文没有将“教学改革”与“教育改革”、“教学质量”与“教学质量”进行合并，而是对它们分别进行共现网络分析。

1.“教学改革”与“本科教学”研究网络分析

“本科教学改革”作为研究文献的检索关键词，是共词分析中频率最高、共词网络最大的词。它在具体文献中以**“教学改革”**与**“本科教学”**这两个关键词进行了网络呈现，并与“教学质量”“本科教育”“人才培养”“研究型大学”“教学方法”“以学生为新”“实践教学”等关键词共同出现。这表明，它们之间存在着一定内在关联。

（1）大学改革的目标是高教育质量、实现人才培养。因此，“教学改革”“教学质量”“人才培养”的网络联系紧密。从 2005 年的《关于实施高等学校本科教学质量与教学改革工程的意见》，到“十二五”期间我国连续五年实施的“高等学校本科教学质量与教学改革工程”，再到 2019 年《关于深化本科教育教学改革全面提高人才培养质量的意见》，体现了我国本科教学改革目标从强调教学质量，到人才培养目标的明确树立。这表现在本科教育教学指导思想的变化上，“以学生学习为中心”日益成为本科教学改革理念，包括以学生发展为中心、以学生学习为中心、以学习效果为中心①。“以学生学习为中心”也属于高频关键词，排名 15，它也在“教

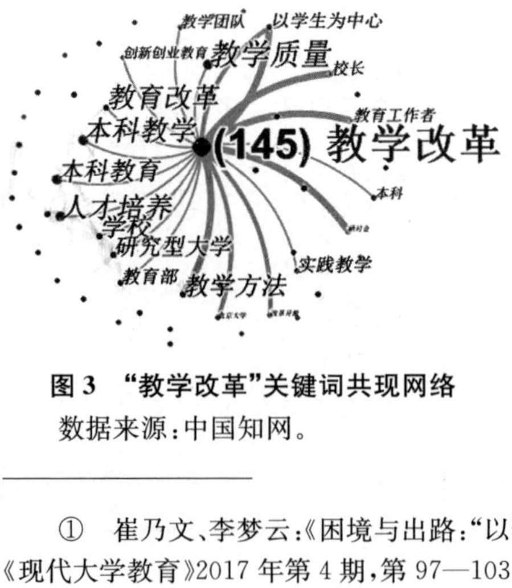

图 3 “教学改革”关键词共现网络

数据来源：中国知网。

图 4 “本科教学”关键词共现网络

数据来源：中国知网。

① 崔乃文、李梦云：《困境与出路：“以学生为中心”的本科教学改革何以可能》，《现代大学教育》2017 年第 4 期，第 97—103、113 页。

学改革”的共现网络中出现。

（2）大学本科教学改革的主体包括学校、院系与行政组织、教师三个层面，教学改革的成效有赖于不同层次主体之间的合作。因此，在“教学改革”共现网络中，“学校”“教学行政组织”“教师团队”出现。现代高等教育体制下，学校有着一定的办学自主权，因此，学校是教学改革的最重要主体和责任人，学校是人才培养的载体、是组织教学的管理者、是教学质量的把控者、是教学评估的主导者。如图5所示，“学校”“教学行政组织”“教学质量”“人才培养”“教学改革”形成了共现网络。

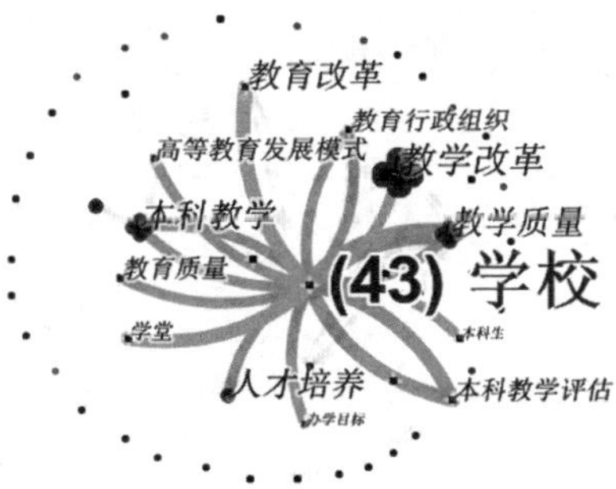

图5 “学校”关键词共现网络

数据来源：中国知网。

2. “教学质量”与“人才培养”研究网络分析

“教学质量”“人才培养”是本科教学改革的两大目标，同时教学培养的目的也是为了人才培养。

（1）教学质量。许多学者围绕教学质量展开了广泛研究，质量监控、教学效果、质量工程和学生评教作为近年突现的研究热点。①有研究发现，经常被强调的课程系统性和教师教学能力并不是决定本科教学质量的最关键因素，它处于影响序列中偏下的位置；而决定本科教学质量的重要因素依次是学习氛围、学校学术水平、师生关系和社团活动等。②这从

① 王小明：《我国高校教学质量研究：轨迹、热点及未来走向——基于高等教育十四种核心期刊的Citespace可视化分析》，《教育学术月刊》2018年第1期，第91—103页。

② 徐国兴：《我国本科教学质量提升策略探析》，《教育发展研究》2017年第5期，第10—17页。

侧面说明,教学质量离不开学校组织管理、教学行政部门的支持。学校和政府教育部门通过教学评估对教学质量进行测评,督促学校教学质量的改善。大学教学发展中心的建设需要更新质量观念、健全组织机构、完善政策制度体系、开展多层面的教学发展活动。①这些观点也通过"教学质量""学校""人才培养""教育部""本科教学评估""教育行政组织"等关键词的共现网络呈现出来(图 6)。

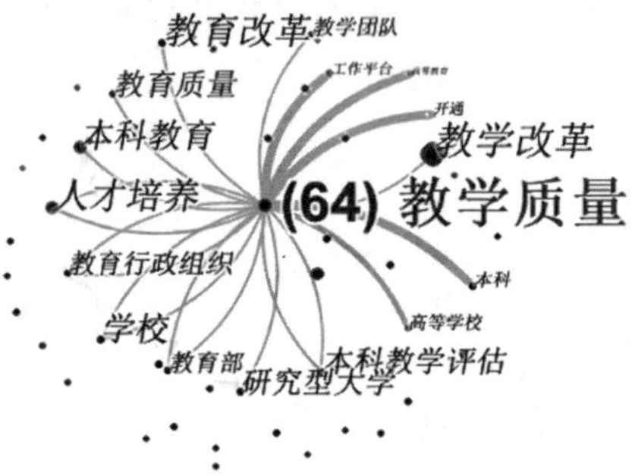

图 6 "教学质量"关键词共现网络

数据来源:中国知网。

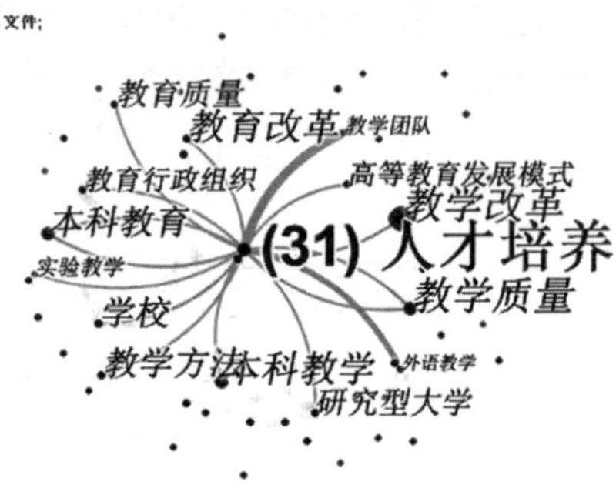

图 7 "人才培养"关键词共现网络

数据来源:中国知网。

(2) 大学教育的目的是"育人"。"人才培养"以"本科教学""教学方法""教学质量""高等教育发展模式"(图 7),它是一切教育活动的指导思想和行动指南。教学内容和课程体系,是落实国家教育方针和实现学校既定人才培养目标的重要依托,也是深化教学改革和提高人才质量的核心所在。②国内许多知名大学都将教学质量与人才培养联系在一起,形成各自的本科教育教学改革发展策略。例如,武汉大学形成了系统的融"五观"为一体的本科人才培养思想,即"人才培养为本,本科教育是根"的办学观,"以成人教育统领成才教育"的育人观,"厚基础、跨学科、鼓励创新和冒尖"的教学观,"以学生发展为中心"的目的观,"激发教师教与学生学双重积极性"的动力观。③南京大学构建了"三三制"人才培养模式,将本

---

① 汪霞、崔军:《本科教学质量保障:大学教学发展中心的建设》,《江苏高教》2013 年第 1 期,第 34—37 页。

② 陈骏:《创新人才培养模式 全面提升教学质量》,《中国大学教学》2015 年第 1 期,第 4—6、19 页。

③ 周叶中:《新时代我国高等学校本科人才培养思想——武汉大学的思考与探索》,《中国高等教育》2019 年第 12 期,第 16—18 页。

科培养过程划分为"大类培养""专业培养""多元培养"三个阶段和"专业学术""交叉复合""就业创业"三条发展路径，给予学生个性化、多样化培养。①

3. "教学方法"和"教学评估"研究网络分析

"教学方法"和"教学评估"是教学改革的重要内容和手段。在"教学方法"关键词共现网络中，出现了"课程体系""实践教学"等与具体教学方法和内容设计的词语（图 8）。教学内容与课程是教学的主要载体，新中国成立后，我国大学教育模仿苏联的专业教育模式，课程结构偏重于专业知识教育，忽视了学科之间的交叉、人文社会科学与自然科学之间的有机联系，不利于综合型人才和创新型人才的培养。②优化课程体系成为一直以来本科教学的主要内容。目前，我国 985 已经形成了打造通识教育课程，初步形成涵盖自然科学、人文科学和社会科学三大知识领域的课程结构。③在具体的教学方法上，研究性教学、个性化教学、应用实践教学，为学者们研究的重点。在教学技术手段上，信息技术被广泛应用，近年来 MOOC 在线教学、开放式教学、翻转课堂的教学方式大热，颠覆了传统的授课式教学，成为教学改革的一股潮流。④

与此同时，教学评估作为推进教学改革、提升教学质量的重要手段在研究和实践中受到关注。我国从 20 世纪 80 年代以来，就逐步开展高等教育教学评估研究，陆续进行了多种形式的评估。⑤近年来，教学评估日益发挥着"以评促建、以评促改、以评促管"的引领作用。⑥在"本科教学评估"的共现网络中出现了"教学质量""教学改革""教育行政组织""学校""教学方法""教学管理""办学目标"等关键词（图 9）。它们共同构成了本

---

① 陈骏：《创新人才培养模式　全面提升教学质量》，《中国大学教学》2015 年第 1 期，第 4—6、19 页。

②③ 尹宁伟：《我国本科教学改革新动向——以"985 工程"高校为例》，《教育发展研究》2012 年第 11 期，第 71—76 页。

④ 万昆、叶冬连、戚丽、曾婷、张林燕：《多维视阈下的国内 MOOC 研究进展与可视化分析——以我国 MOOC 研究领域为例》，《中国远程教育》2015 年第 2 期，第 38—44 页。

⑤ 武超红、朱泓：《改革开放 40 年以来中国本科教学评估的实践探索及检视》，《中国高等教育评估》2019 年第 1 期，第 22—28 页。

⑥ 刘华东：《以审核评估助推本科教学工作跃上新台阶》，《中国高等教育》2015 年第 18 期，第 39—41 页。

科教学改革中教学评估研究之一主题的主要内容。的确，我国高等教育教学评估体系涉及办学思路、教学条件、教师队伍、专业与课程建设、教学质量等多项综合指标。①

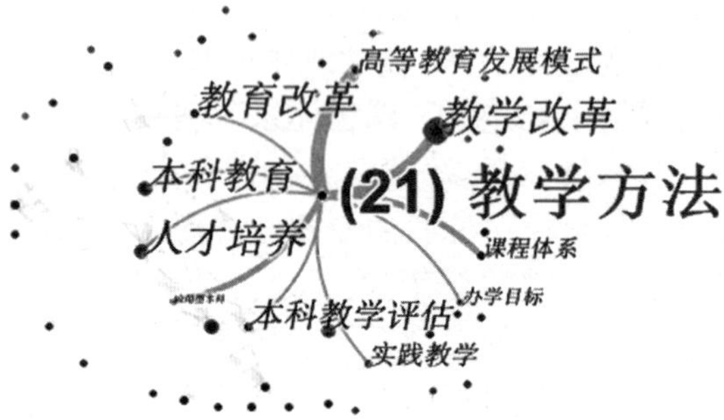

图 8 “教学方法”关键词共现网络

数据来源：中国知网。

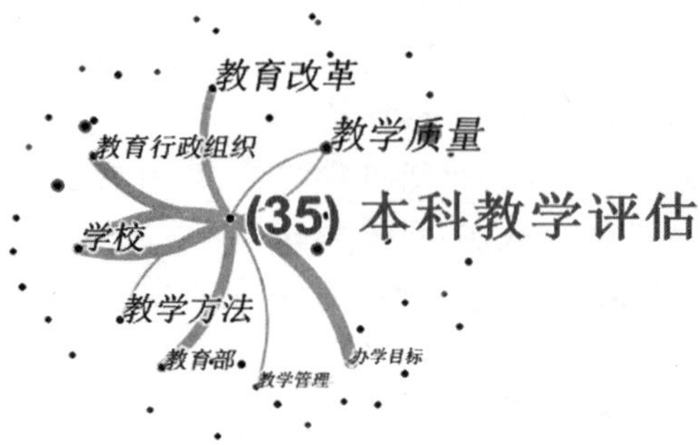

图 9 “本科教学评估”关键词共现网络

数据来源：中国知网。

4. “研究型大学”与“应用型大学”的教学改革研究

参考美国卡内基教学促进基金会的大学分类法，可将中国高校划分为研究型大学、应用型大学等类型。在本科教学改革相关文献汇总，也出现了以“研究型大学”或“应用型大学”为关键词的文献，其中前者的数量相对较多。

(1) 研究型大学教学改革研究。我国从 20 世纪 90 年代中后期开

---

① 陆根书、贾小娟、李珍艳等：《改革开放 40 年来中国本科教学评估的发展历程与基本特征》，《西安交通大学学报》(社会科学版)2018 年第 6 期，第 19—29 页。

始，掀起了一股建设研究型大学的热潮。研究型大学主要是指那些将科研摆在非常重要位置的大学。事实上，对于本科教学在研究型大学建设中的地位，我国高校经历了从“本科生的教育与科研工作割裂开来”到“将本科教育作为研究型大学发展的关键和基础”的转变。①探索科研与教学相结合的本科教学改革，成为一个热点议题。在关键词共现网络中，研究大学与“本科教育”“本科教学”“教学改革”“教学质量”联系在一起（图 10）。2005 年教育部发布的《进一步加强高等学校本科教学工作的若干意见》就提出“要积极推动研究性教学，提高大学生的创新能力”，至今“研究性教学”的改革正在为实现“为创造而教”的理想和“为创新而学”的目标而努力。②研究型大学日益强调“人才培养”的目标，不断探索前行。有些学者认为，在经济发展新常态和高等教育大众化背景下，我国研究型大学的本科教育应定位于，为高端人才的成长奠定基础。③研究型大学的正致力于实施通识教育，培养高素质复合型人才；构建学科会聚平台，培养高素质创新型人才；加强专业教育，培养高素质专门型人才。④

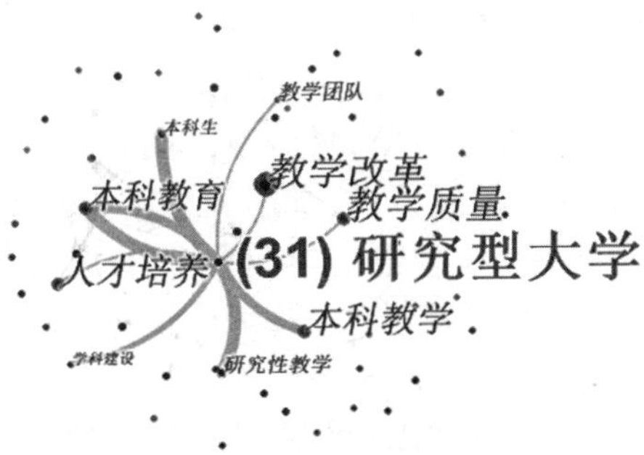

图 10 “研究型大学”关键词共现网络

数据来源：中国知网。

① 王晓燕、叶大鹏：《研究型大学的本科教学建设问题——以中国科学技术大学为例》，《教育与现代化》2008 年第 2 期，第 15—20 页。

② 田宏杰：《超越知识中心主义：研究性教学的反思》，《中国高教研究》2019 年第 2 期，第 53—57 页。

③ 周叶中：《人才培养为本　本科教育是根——关于研究型大学本科教育改革的思考》，《中国大学教学》2015 年第 7 期，第 4—8 页。

④ 许长青：《研究型大学高素质人才培养如何得以实现——中山大学本科教育教学改革的探索与实践》，《中国高教研究》2014 年第 7 期，第 66—70 页。

(2) 应用型大学。在本文检索所得的文献中,应用型大学并未作为高频关键词出现在“本科教学改革”的共现网络中。但是,关于应用型大学的教学改革研究亦不鲜见。应用型大学是一个笼统的概念,包括各种致力于不同种类不同层次应用型人才培养的大学。①1993 年《中国教育改革和发展纲要》提出“高等教育要重点发展应用性学科和专业……要重视培养社会主义建设急需的培养高层次应用型和复合型人才”②。2015 年,教育部、国家发改委、财政部联合发布了《关于引导部分地方普通本科高校向应用型转变的指导意见》。学以致用,是应用型大学办学的主要办学目标,实践教学、产学合作是应用型大学本科教学的主要特点。③新时代应用型本科大学建设,需要努力确立“社会威信”、探索办学新模式、构建“四位一体”产教融合大格局。④

四、结　　语

本科教育改革一直是我国高等教育理论与实践的重要研究领域。研究成果不断增长,研究主题日益丰富,研究领域已有了较为完整的网络,形成了宏观与微观结合,涵盖改革目标、改革内容、改革手段的研究层次。结合中国高等教育的转型发展,可以看出我国本科教学改革一直围绕“质量”和“人才”两大主题展开,这也是本科教学一以贯之的目标。教学方法,尤其是课程体系建设、课堂教学、教师团队建设、现代信息技术的应用,是本科教学改革的重要内容,服务于“以学生为中心”的“人才培养”与“教学质量”目标。与此同时,“以评促教”是本科教学改革的一个重要手段。本科教学评估作为高等教育质量保障体系的重要组成部分,是全面提高教学质量和人才培养质量的重要制度保障。⑤现有文献,还形成了对

---

① 付八军:《学以致用:应用型大学的灵魂》,《教育发展研究》2016 年第 19 期,第 24—29 页。

②④ 李均、何伟光:《应用型本科大学 40 年:历史、特征与变革》,《南京师大学报》(社会科学版)2018 年第 5 期,第 43—49 页。

③ 余国江:《应用型本科实践教学一体化改革初探》,《江苏高教》2014 年第 5 期,第 98—99 页。

⑤ 陆根书、贾小娟、李珍艳等:《改革开放 40 年来中国本科教学评估的发展历程与基本特征》,《西安交通大学学报》(社会科学版)2018 年第 6 期,第 19—29 页。

“研究型大学”与“应用型大学”的两类研究。前者注重研究性教学，以培养高端人才为目标；后者强调实践性教学，以培养应用型人才为目标。两类大学都在积极探索适合自身办学目标的教学改革道路。

纵观 20 年本科教学改革文献，研究主题较为聚焦、成果丰富，研究方法大多以思辨研究、内容分析、政策分析为主，为后续研究提供了良好的研究基础。然而，目前这一领域的研究尚缺乏基于调查数据的实证研究分析以及解剖麻雀的案例分析，无法生动展示出我国本教育改革的现实图景。未来研究可以进一步从更加分类化的角度展开、区分不同类别、特色的学校，区分不同学科专业，探索运用现代化的技术手段，采用实证分析的方法，探索我国本科教学改革的方向。

参考文献

[1] 马廷奇：《关于大学本科教学改革的理性思考》，《中国高教研究》2016 年第 1 期，第 55—56 页。

[2] 李杰、李慧杰、陈伟炯等：《国内社会科学研究中知识图谱应用现状分析》，《图书情报研究》2019 年第 1 期，第 74—81 页。

[3] 崔乃文、李梦云：《困境与出路："以学生为中心"的本科教学改革何以可能》，《现代大学教育》2017 年第 4 期，第 97—103、113 页。

[4] 王小明：《我国高校教学质量研究：轨迹、热点及未来走向——基于高等教育十四种核心期刊的 Citespace 可视化分析》，《教育学术月刊》2018 年第 1 期，第 91—103 页。

[5] 徐国兴：《我国本科教学质量提升策略探析》，《教育发展研究》2017 年第 5 期，第 10—17 页。

[6] 汪霞、崔军：《本科教学质量保障：大学教学发展中心的建设》，《江苏高教》2013 年第 1 期，第 34—37 页。

[7] 陈骏：《创新人才培养模式　全面提升教学质量》，《中国大学教学》2015 年第 1 期，第 4—6、19 页。

[8] 周叶中：《新时代我国高等学校本科人才培养思想——武汉大学的思考与探索》，《中国高等教育》2019 年第 12 期，第 16—18 页。

[9] 尹宁伟：《我国本科教学改革新动向——以"985 工程"高校为例》，《教育发展研究》2012 年第 11 期，第 71—76 页。

[10] 万昆、叶冬连、戚丽、曾婷、张林燕：《多维视阈下的国内 MOOC 研究进展与可视化分析——以我国 MOOC 研究领域为例》，《中国远程教

育》2015 年第 2 期,第 38—44 页。

[11] 武超红、朱泓:《改革开放 40 年以来中国本科教学评估的实践探索及检视》,《中国高等教育评估》2019 年第 1 期,第 22—28 页。

[12] 刘华东:《以审核评估助推本科教学工作跃上新台阶》,《中国高等教育》2015 年第 18 期,第 39—41 页。

[13] 陆根书、贾小娟、李珍艳等:《改革开放 40 年来中国本科教学评估的发展历程与基本特征》,《西安交通大学学报》(社会科学版)2018 年第 6 期,第 19—29 页。

[14] 王晓燕、叶大鹏:《研究型大学的本科教学建设问题——以中国科学技术大学为例》,《教育与现代化》2008 年第 2 期,第 15—20 页。

[15] 田宏杰:《超越知识中心主义:研究性教学的反思》,《中国高教研究》2019 年第 2 期,第 53—57 页。

[16] 周叶中:《人才培养为本　本科教育是根——关于研究型大学本科教育改革的思考》,《中国大学教学》2015 年第 7 期,第 4—8 页。

[17] 许长青:《研究型大学高素质人才培养如何得以实现——中山大学本科教育教学改革的探索与实践》,《中国高教研究》2014 年第 7 期,第 66—70 页。

[18] 付八军:《学以致用:应用型大学的灵魂》,《教育发展研究》2016 年第 19 期,第 24—29 页。

[19] 李均、何伟光:《应用型本科大学 40 年:历史、特征与变革》,《南京师大学报》(社会科学版)2018 年第 5 期,第 43—49 页。

[20] 余国江:《应用型本科实践教学一体化改革初探》,《江苏高教》2014 年第 5 期,第 98—99 页。

落实共享发展理念，创新思想政治理论课课堂教学模式，增强大学生的学习获得感

曹都国

摘　要：党的十八届五中全会提出包括共享发展理念在内的五大发展理念，对大学生思想政治教育工作提出了新任务、新要求。2017 年 12 月召开的全国思想政治工作会议上，习近平总书记提出了“把思想政治工作贯穿教育教学全过程，要因事而化、因时而进、因事而新”的新要求。贯彻落实总书记提出的战略要求，高校首要的任务是要通过课堂教学方法与手段的改革、创新与实践，“围绕学生、关照学生、服务学生”，倡导兼顾学生主体和教师主导的“混合式”教育理念，坚持需求导向与问题导向，顺应网络时代知识获取多元化的趋势，积极探讨高校在推进“课程思政”的过程中，如何突出以学生为中心的发展思想，落实共享发展理念，坚持做到教师主导与学生主体的双向发力、同向同行，有效引导思政课教学从传统的、以教师课堂讲授为主导的单向信息传递向师生互动融入、同频共振的双向提升的教学模式转变，实施多元化课堂教学方法与手段的全面改革，以期在引领、塑造、参与、认同的课堂教学过程中，大大提升学生在思想政治理论课课堂中的获得感，这成为当前和今后一个时期高校思想政治教育的重要取向。

关键词：共享发展；课程思政；95 后；新发展需求；获得感

党的十八届五中全会提出了包括共享发展理念在内的五大发展理念，对大学生思想政治教育工作提出了新启迪、新任务、新要求。高校思想政治理论课要落实好全国思政工作会议提出的战略要求、履行好“立德树人”过程中的理论武装和价值引领作用，必须积极遵循教书育人规律、学生成长规律和思想政治教育自身的规律，以有效满足学生成长发展多元需求和价值期待为导向，主动实施课堂教学方法与手段的改革、创新与实践，不断提升“育心、育德”的能力与水平。

全国高校思政工作会议以后，为了深入贯彻落实习近平总书记的讲

话精神和 31 号文件精神，围绕立德树人的战略目标，贯彻全过程、全方位育人的战略要求，各地高校均对思想政治理论课教学进行了大胆的改革探索。这期间，上海高校积极探索从“思政课程”到“课程思政”的转变，以求构建全员思政大格局。在上海高校思政课教学指导委员会委员指导下，各高校先后启动了“大国系列”课程，以“法治中国”“信用中国”“中国制造”“健康中国”“美丽中国”等“中国系列”为主题的课程思政改革大幕逐步拉开。目前改革正处于深入推进阶段，并初步取得了一定的课堂教学成效、学生成长收获和社会影响效应。但这一探索也紧紧只是拓展了高校思想政治教育的空间与内容，并未就高校思想政治理论课教学方式方法自身的改革有所突破。

围绕如何贯彻习总书记关于思想政治教育要“因事而化、因时而进、因势而新”的要求，在充分遵循思想政治工作规律、教书育人规律、学生成长规律的基础上，着力研究高校思想政治理论课课堂教学方法与手段怎样才能更加契合“95 后”特别是“00 后”新一代的新要求，以最大限度地满足学生的成长发展需求和期待，这成为当前和今后一个时期高校思想政治教育的重要取向。

遵循习近平总书记关于“围绕学生、关照学生、服务学生”的新要求，关键是要倡导兼顾学生主体和教师主导的“混合式”教育理念，坚持需求导向与问题导向，顺应网络时代和自媒体平台知识获取多元化的趋势，积极探讨高校在推进“课程思政”的过程中，如何落实共享发展理念，坚持做到教师主导与学生主体的双向发力、共享互动、同向同行，有效引导思政课教学从传统的、以教师课堂讲授为主导的单向信息传递的教学模式，向充分体现学生主体性、参与性、互动性的、以学生为主体的融合式、嵌入式的多元信息传递的教学模式转化，全方位实施以专题式、自主式、讨论式、互动式、案例式、情景式、角色扮演式、网络辅助式为主的课堂教学方法与手段的全面改革，以期在引领、塑造、浸入、参与、认同的课堂教学过程中，大大提升学生在思想政治理论课课堂中的获得感，这是推动高校思想政治理论课的课程建设和教学水平迈上一个新的台阶与水平的重要举措。

一、共享发展理念下的教学观念探新

共享发展是党的十八届五中全会提出的五大发展理念之一。共享发展理念思想深刻、内涵丰富。共享发展包含了对象的全体共享、内容的全面共享、途径的共建共享、过程的渐进共享。①唯有深刻理解共享发展理念的内涵，才能更好落实共享发展理念；唯有坚持全体共享、全面共享、共建共享、渐进共享，才能使发展成果更多、更公平惠及全体对象。习近平指出：“这 4 方面是相互贯通的，要整体理解和把握。”“落实共享发展是一门大学问，要做好从顶层设计到‘最后一公里’落地的工作，在实践中不断取得新成效。”习近平总书记强调，落实以共享发展为首要内容的五大发展理念，根本目的是要落实好以人民为中心的发展思想。

用“共享发展”的改革理念，指导高校思想政治理论的课堂教学改革，就是要变革教育教学理念，落实好以学生为中心的发展思想，通过从课程思政的内容到教学方式方法的改革与创新，充分实现面向大学生全体、内容全面、全过程参与、渐进式提升的共享发展新格局，有效提升大学生在课程思政过程中的获得感。

受大变局时代社会思潮多元化和自媒体语境下信息获取自主化、便捷化的深刻影响，当代大学生的价值观念和价值取向出现了全新的特点。如何在多样化社会思潮中确立马克思主义的主导地位、在多样化观念中寻求最大共识，以主导扩大共识、以共识巩固主导，是高校培育大学生社会主义核心价值观的必然要求。

用“共享发展理念”引领大学生思想政治理论课的教学改革，目的在于架起科学理论与大学生之间的桥梁，用“共享发展理念”说服大学生、掌握大学生，为大学生所接受，丰富大学生的思想认识，增强大学生的思想获得感。

用“共享发展理念”引领大学生思想政治理论课的教育教学，就是要通过丰富课题教学内容与方法的充分供给，发挥课堂教学主渠道的作用，不断壮大思政课实力与声势，不断抵制和消弭错误思潮的影响，以增进大学生认识与观念的转变，提升其对马克思主义理论的情感与价值认同、对中国特色社会主义的道路、制度、理论和文化自信，引领大学生价值观念与价值取向的深刻嬗变和科学重塑。

用“共享发展理念”指导高校思想政治理论课教学方式方法变革，就是要进一步拓展教育教学的载体，厚植思想政治理论课教学方式方法的

① 方杲、李争：《共享发展理念内涵的四个维度》，《长白学刊》2017 年第 3 期，第 10 页。

多元路径，研究探索用当代马克思主义的最新理论与实践成果，引领当代大学生的行为选择与行动自觉，大大提升学生在思想政治理论课课堂中的获得感。

二、科学把握新时代大学生成长发展的需要与主导个性表征

1. 既关注群体又关注自我。每一个时代的人都会整体映射着其所属时代的特点，不同时代，大学生的主导性需求与需要虽然有着共同点，但也存在着较大差异性与特殊性。现今在校大学生的主体是“95后”，部分是“00后”，他们在性格特点和想法上与“80后”、“70后”有很大区别。既有“70后”、“80后”曾经有过的特点，也有他们自身的时代表征。伴随着信息获取终端的手机的普及化和高占有率，作为信息化时代的弄潮儿，“95后”成了“手游”一代的代表，娴熟的网络生活习惯与方式，使得他们在信息获取的渠道方面更加多元与便捷，教师和纸媒体的书本不再是主要的信息源。网络及自媒体性生活的独立性、个体性、私密性，又造成他们可以独立地选取感兴趣的信息内容去阅读，造成他们更加关注自我的独立学习体验与感受，从而逐步形成其以自我为中心的一面。而信息化时代，知识的快速更新、高层次人才的社会需求扩张、合作共赢成为社会共识、隐形或显性竞争态势的出现，又促使他们不得不面对社会快速变革的大环境而关注起朋辈群体的发展现状，使其群体观念与群体意识同步得以强化，从而表现出自我中心突出与较强的集体意识并存的显著特征。“95后”大学生带着这一特征步入大学后，一方面会表现出社会活动积极、乐于参与社团及实践活动、团队意识与集团荣誉感较强；另一方面又会有自我中心倾向，更加在意自我的表现与自身的主体感受，对他人观点和建议的接受度不够高、合作意识不够强，并会伴随发生着因隐形压力而产生的低效情绪体验和挫折感。

2. 既开放活跃又多挫折感。信息时代网络通信技术带来的展示与信息的快速更新以及社会变革的加速，培育出了“95后”，特别是“00后”大学生观念开放、思维活跃、对新事物接受度强、善于探索并具容错力的新特点。但对大部分人来说，优裕的生活条件、中学阶段相对狭小的交际网络、激烈而压抑的升学竞争环境，又造成他们常常表现出无所顾忌与心理

脆弱并存的特点，进入大学后便呈现出独立解决问题的经验与能力不足、思路与渠道单一、高结果期待与低耐挫性并存、挫折后的焦虑或自卑等消极情绪体验强烈而持久等问题。这些问题的存在，给高校思想政治教育的针对性和有效性提出了全新的挑战。

3. 既高期望值又高工具理性。面对信息及大数据时代的激烈而复杂的竞争趋势，“95 后”大学生的自我目标定位与发展规划普遍呈现主观期望值高、目标指向比较确定、发展路径不清的特点，但与此同时，由于自身知识积淀与经验积累的不足、社会交往格局的相对封闭、科学思维与宏观视野的局限，导致他们的自我发展建构与规划常常打上主观功利色彩、彰显工具理性，缺乏与时代发展目标的有机契合与融入，造成心高气盛、好高骛远、不切实际、不接地气，并进而导致对促进自我发展手段的不当择取，从而产生急功近利的不良想法与行为，与大学“立德树人”的目标渐行渐远。

总体上，高校思想政治教育理应遵循大学生成长成才规律、教育规律和思想政治教育规律，实施有针对性的教育教学方式方法的创新式改革，因势利导，切实做到势与事、事与时、时与势的辩证协同，达到以科学之“育”“化”蓄势待育之人的目的。

三、创新思政课程课堂教学方式方法的基本原则

正如教育学原理所指出的：教无定法，但教有原则。顺应教学理念的变革要求和“95 后”大学生主导性需求的变化，高校思想政治理论课要达到“塑根铸魂”、“立德树人”的目标，在创新课堂教学模式的全过程均应坚持如下五个原则。

（一）主导性原则。虽然现阶段高校越来越强调适用于创新人才培养的专业化程度比较高的小班化教学，但思想政治理论课的教学仍然普遍采取大班授课模式，这就造成教学过程只能照顾到学生的普遍性需求，课程内容本身的强理论性和系统性，决定着教师要成为课堂的主导者、发挥着“以我为主”的主导作用。这种主导作用体现在：从教材的选取、教学大纲的编制、教学内容的编排、教学讲授的过程、结果的评价与考核，特别是价值引领方面，均应以教师为主导。

（二）主体性原则。“主体性”是从信息接收者的角度而言的。教学

过程离不开作为知识信息传播者的教师，更离不开作为信息接收者的学生。教学过程在突出教师主导作用发挥的同时，更应该重视与尊重学生主体作用的发挥。这就要求教师引导学生积极参与教学活动，并着力做到：心中装着学生、过程依靠学生、方法教给学生、目标聚焦学生、一切为了学生。作为学生要善于开展自主学习、探究学习、创造性学习，有效培养学生的自主学习习惯和良好学习迁移能力十分重要。

（三）启迪性原则。思想政治理论课的任务并非单纯"拷贝式"地传播既有的理论知识，而是要启迪智慧、引领学生成长。因此教师要在了解学生原有知识结构、认知图式、思维方式和语义解释框架的基础上。①通过课堂教学模式的改革和课堂教学情境的创设，引导学生学会选择、学会学习，带着问题去思考、去发现，通过独立思考、独立感悟、自主探索，去获取新知识、新观点、新见解。这就要求教师要在有效组织驾驭课堂的前提下，切实尊重学生的主体地位、发扬课堂教学民主、创设探究式教学情境和宽松舒畅的教学气氛，不断激发学生的学习热情与兴趣，引导学生大胆形成自己的独立见解，以期获得思想和智慧启迪。

（四）协同性原则。要求教师在教学过程中要确立教与学共同体意识，主动带领学生共同合作参与创设一定的环境与情景，充分发现、诱导、调动学生的积极性，通过专题教学、案例教学、翻转课堂、微课等教学方法的创新与改革，激发学生的参与热情，发挥教师与学生两个主体的自励性、互动性、互益性和协同性，着力培养、发挥学生的主体意识、主体精神，提升学生的获得感，有效实现教学相长。

（五）获得性原则。贯彻这一原则要求在教学过程中，教师要及时主动地研究学生、了解学生，努力避免那些理想化的、好看不中用的、好看中用但没法获得或需要投入大量资源才能达到的教学方式；要力戒照本宣科、囿于理论、不接地气、高高在上、受学生冷眼而无法有效激发学生兴趣的做法；要坚持以学生为中心的需求导向和问题导向，通过教学过程的组织与实施、教学方式的创新与改革，使学生在知识获得、情感涵养、品德养成、能力拓展、行为训练等方面获得新的提升与发展。

---

① 杨柳青、王建新：《解构与重构：基于自媒体信息碎片化传播的思想政治教育话语研究》，《学习论坛》2020 年第 2 期。

四、丰富课堂教学模式的路径，提升大学生在学习过程中的获得感

在落实全国高校思想政治工作会议精神的过程中，如何充分实现面向全体、内容全面、全过程参与、渐进式提升的共享发展式的课程教学新格局，有效提升思想政治理论课课堂教学质量与时效性，成为高校共同面临的改革课题。经过多年的发展，尤其是上海高校推行的教学激励计划以来，上海高校思想政治理论课教学质量总体上是好的，但也存在着进一步发展的“天花板”瓶颈。为此，我们坚持倡导“混合式”教育理念，重点探索如何扩大教学方式方法的供给、有效增加学生学习方式的选择面、在教师主导作用发挥与尊重大学生主体选择性之间寻求突破，着力用共享发展新理念指导课程思政教学方式方法与手段的改革与创新。藉于此，我们探索、使用下述五类方法。

（一）专题式讲授法。这一方法的优势在于：教师不必局限于已有的教材，而是紧紧围绕现实中的热点难点问题，条分缕析、因事而化、前瞻性思考并因时而进地设置不同专题进行课堂教学组织。它要求教师课前要做精心的准备，要就某一专业领域的热点、难点、重点问题、就学生普遍关心或有所疑虑的问题，循序渐进地剖析与分析。专题式教学以丰富的课堂构建为载体，它要求老师应具备良好的理论功底和崭新的教学观念，更要有深度的理研究；课堂上既要发挥以我为主导的引领作用，又要切合学生的心理和思想实际，做到有的放矢、启发自觉，提高学生分析和解决现实问题的能力。①实践中，在选用专题式教学时，通常既可以由个别主讲教师独立承担，也可以考虑组建专题教学团队或课题组，由一名学科带头人牵头，分工协作、共同完成专题教学教案的编写与制作，但具体开讲时也可挑选一名教师主讲，以充分发挥集体的智慧与优势。

（二）案例教学法。案例教学法是 20 世纪 20 年代起源于美国的一种很独特的教学方法，20 世纪 90 年代以后引起国内教育界重视并研究，近年来被高等学校、干部培训甚至中学教学所广泛采用。案例教学方法案例教学的优点在于：可以激发学生独立思考、可以引导学生由注重知识

① 张惠玲：《供给侧视域下高校思想政治理论课课堂教学方法与手段创新研究》，《上海工程技术大学教育研究》2017 年第 11 期，第 15 页。

向注重能力培养转变、可以促进师生之间、生生之间的双向交流。为了使案例教学更有效,要求教师要做到:一是要收集丰富而有针对性的案例。包括案例的时空要素、人物要素、冲突要素、问题要素及社会影响要素;二是要积极创设案例研习环境,引导学生全面参与到案例的研讨过程中来;三是要强化课堂案例研习沟通的成效,分组研习案例时组员的人数不宜太多,通常小组规模掌握在5—9人,以便为学生提供面对面充分沟通、研讨、交流的充分时间与机会;四是要注重结果反馈,教师要及时对案例进行行剖析,并对学生的案例研讨结果进行点评,以便学生可以得到及时的反馈。

(三)情境模拟的体验式教学法。这一方法是由教师编定或创设相关场景或情境氛围,让学生以角色扮演或情景模拟的方式模拟相关情景或人物,通过学生的自主参与,以激发学生的内在的情感体验,帮助学生主动、深入而有效地体认、内化教学内容,藉以提升教学效果的一种教学方法。其价值在于:改变了传统教学中以教师讲解为主的信息单向传递,充分发挥了学生的自主性、互动性与参与性。其核心是让学生根据教学目的和教学内容,在教师的指导下自主选择情境模拟或角色扮演的主题、内容、角色、方式甚至所需道具,自主、全程参与情境的编制、角色构想与创设。①如此一来,学生的积极性、主动性、创造性和主体性均被充分调动起来,使学生可以在适当的模拟情境下、在惟妙惟肖的角色扮演中深刻体认情境、故事、角色带给自己的情感体验,情境所提供的线索会起到一种唤醒或启迪智慧的作用,从而加深对所学知识的理解与把握,从而主动、顺利地解决问题。

(四)讨论式教学法。它是指教师通过预先的精心设计与组织,引导学生就特定问题展开讨论、发表自己的见解,提高学生学习独立性、思辨性和创新性的一种教学方法。通常包括同桌讨论、小组讨论、班级讨论,其特点在于:交往与沟通的多向性、知识构建的主动性、互动过程的竞技性、学习过程的朋辈互助性。实施讨论式教学应做到:一是议题的设置要内容饱满、有事可议、贴近实际、有价值导向;二是讨论目的要清晰明确、符合教学大纲要求,有助于知识难点重点的理解和综合能力的培养;三是讨论的角色要体现学生的主体、主角、主导,把全体学生当做主要参与者;

---

① 曹都国:《基于情境模拟的体验式教学在高校党校教学中的实践研究》,《合肥师范学院学报》2020年第1期,第20页。

四是要有充分的讨论方案①，包括：课前备课充分（包括备教材、备学生、备论题、备场景）、讨论进程可控（包括分组方式、讨论时间、讨论过程组织、讨论氛围激发与创设）、讨论总结全面（包括论题剖析、论点汇总、讨论过程回顾梳理、讨论效果点评分析）。

（五）网络辅助教学法。网络教学是以现代信息技术为技术手段，以多媒体和网络为表现形式的全新教学模式。习近平指出："要运用新媒体新技术使工作活起来，推动思想政治工作传统优势同信息技术高度融合。"②实施网络辅助教学既是对教学方式的补充，更是基于自媒体时代信息传播速度快、覆盖广、效用高的特点对现代传播手段的充分利用。实施网络辅助教学，要破解以下难题。一是要转变观念、在统一认识上下功夫。要形成网络辅助教学是教学方式创新的共识，确立其教学地位，要统一规划网络辅助教学的目标、计划、内容、实施步骤等，要改变个别教师单打独斗的局面，同步规划、同策扶持、同步推进。二是要整合网络课程资源。高校应结合各自实际制定符合教师主导、学生主体原则的、具有针对性和适用性的网络课程体系及建设标准。三是加强网络精品课程建设。包括校、院两级精品课程、课件，这是实施网络辅助教学的根本保证。网络课程建设要充分发挥教学团队优势，克服各自为政的局面；网络课程的内容应充实、丰富，网络教学的形式要多样化，网络使用界面要统一操作格式。四是加强信息技术基础设施和网络教学平台建设。主要包括校园网、网络中心、多媒体教室、网络教室、电子阅览室、计算机终端、手机App等，为师生创造便利上网的条件，做到数字化、便利化、普及化、效能化。相信随着网络应用的普及、现代教育技术推动的教育教学观念的诸多变革，网络辅助教学一定会成为高校教学改革突破的重点。

综上，高校思想政治理论课要实现对"95后"大学生"三观"塑造、价值引领、理论武装、人格完善的主导性影响，理应坚持在"共享发展"改革理念指导下，遵循自媒体时代信息传播的特点与规律，积极实施教师主导下的教学改革，着力探寻教学方法与手段的丰富与创新，切实提升课堂教学内生式的吸引力和感染力，以充分调动学生学习的参与性、主体性和自励性，有效引导学生用主体深度融入与浸入式体认的方式，深化理解、全

---

① 曹都国：《基于情境模拟的体验式教学在高校党校教学中的实践研究》，《合肥师范学院学报》2020年第1期，第20页。

② 习近平：《习近平谈治国理政》（第二卷），外文出版社2017年版，第378页。

面把握思想政治理论课所传授和阐明的基本理论、原则、规律、价值导向，不断汲取个人成长成才的精神动力和实践密匙，增强其在思想政治理论课学习过程中的获得感。这必将成为当下高校思想政治理论课课堂教学改革的新视角和新路径。

参考文献

[1] 方杲、李争:《共享发展理念内涵的四个维度》,《长白学刊》2017 年第 3 期,第 10 页。

[2] 杨柳青、王建新:《解构与重构:基于自媒体信息碎片化传播的思想政治教育话语研究》,《学习论坛》2020 年第 2 期。

[3] 张惠玲:《供给侧视域下高校思想政治理论课课堂教学方法与手段创新研究》,《上海工程技术大学教育研究》2017 年第 11 期,第 15 页。

[4] 曹都国:《基于情境模拟的体验式教学在高校党校教学中的实践研究》,《合肥师范学院学报》2020 年第 1 期,第 20 页。

[5] 习近平:《习近平谈治国理政》(第二卷),外文出版社 2017 年版,第 378 页。

人才培养的途径：到底是“以学生为中心”还是“以教师为中心”

陈 毅

摘　要：本文旨在反思受“市场风向标”和“以学生为中心”价值主导下的教育所带来的弊病，围绕教书育人的目的、教育内在规律性和教育管理体制的改革等方面，拯救在“以学生为中心”和“以行政为中心”夹缝中生存的教师，提出要发挥好教师的自主性，“以教师为中心”把尊师重教的传统找回来，发挥好“教授治校”对学生的专业规划和整体引领作用。“以教师为中心”不是为了维护教师的狭隘利益，而是在维护教师的合法权益的同时，也对教师提出很高的要求，要不断提升知识更新和完善道德修为，真正行使好赋权给教师的自主权，从而赢得师生共同利益的增进，更好地服务于学生、服务于学校和服务于社会。

关键词：教育目的；人才培养；学生兴趣；教师职业

培养学生的质量是教育最终产品，目前流行的“以学生为中心”的思路在初衷中没有错，然而，就是在落实执行的过程中，越来越背离初衷，不能够更好地服务于学生，赋权给学生自主权之后，由于学生个体的差异性，社会蔓延的功利化诉求也会影响到学生，滥用学生自主权的后果使得“以学生为中心”①越来越难以实现学生的权益。不仅教育主管部门意识到过度“以学生为中心”需要改革，就连很多学生自身也意识到需要改革。当读到清华大学学生在动物园向熊泼硫酸，当读到西安交通大学博士生自杀遗书中控诉老师，当了解到学生向老师泼开水，当听到很多老师埋怨自己指导的学生毕业后几乎从来不联系……教书育人本来是天底下最阳光的职业，最亲密无间的师生关系，竟然在一个功利世俗的时代越来越变

---

① 杨鹏：《“以学生为中心”的高校思政课教学体系实践探索——以西北农林科技大学为例》，《黑龙江教育·高校研究与评估》2020 年第 7 期。

味、越来越隔阂疏远乃至对抗,引发我们反思教育的目的到底是什么?即培养什么样的人?怎么培养人?

“以教师为中心”①不是因为自己是一位教师,就从简单维护教师的狭隘利益出发,而是从国家的人才战略、教书育人的目的、现有教育体制的反思以及教育自身规律出发,来突出强调“以教师为中心”的价值。“以教师为中心”,在倡导尊师重教传统、提升教师自主性的同时,实际上,也给教师自身提出非常高的要求,这要求教师自身不断地充实提高,完善自己的知识结构,提高自己的道德修为,才能匹配和胜任赋予教师的自主权。也超越传统高压强制下的“以教师为中心”,寻求更好地服务学生的“以教师为中心”。可见,“以教师为中心”提法还只是手段,真正的最大受益者是学生,或者在师生权益获得双赢的基础上,更好地体现教书育人的目的,营造社会尊师重教的良好氛围,让社会充满热爱知识、传播知识和创新知识的生机活力,也确保国家有源源不竭的创新人才,为国家走向繁荣之后提供人才队伍保障和思想智力支撑。

一、对目前人才培养体制的反思

1. 对学生的教育“以学生为中心”:教师被学生“牵着牛鼻子”。随着人们权利意识的觉醒,个体自主性的增强,为了更好地满足学生个体的利益诉求,也为了更好地回应市场提出的人才需求,服务于学生、面向于市场“以学生为中心”的教育导向也是时代的产物。然而,在推行的过程中,其实从小学生开始就开始跑偏,被学生牵着“牛鼻子”的学校和教师要么“不作为”,要么“乱作为”。诸如不少家长过于宠爱自己的“小王子”“小公主”,经受不得一丁点委屈,导致学校害怕学生受到磕碰而不敢管理学生、不敢留学生在校玩耍,使得优等的体育运动设施闲置,也不敢组织学生搞拉练军训等强化组织纪律性和锻炼吃苦精神的集体活动,“温室的花朵怎么经得起风雨的吹打”?也很容易养成孤立狭隘的个人主义者,而缺少集体荣誉感,也缺少对社会的责任担当。访谈过一些小学的老师,一位刚毕业的年轻老师说:“每天都忙得炸锅了,很多时间花在准备各种类型的活

① 廖文:《构建以教师为中心的区域教师培训模式的探索——以广东顺德区“双塔层”校本研训模式为例》,《中小学教师培训》2018 年第 3 期。

动上,唱歌、跳舞、表演样样都得学,导致真正需要花在语文备课的时间严重被挤压,只得经常熬夜到很晚。”也有不少家长反映,过多的文体汇报演出“搞花架子”流于做“表面文章”,反反复复的排演也侵占了学生很多时间。而为了搞所谓的“素质教育”,从小学二年级开始,就开始学习大学里的选课制度,要求老师们开设上百门的兴趣课,很多“打鸡血”的家长为了抢课导致系统都崩溃,实践下来,每周一次的所谓兴趣课绝大多数也难以培养学生的兴趣,搞得老师们精力分散、苦不堪言,“好钢要使在刀刃上”,以确保教师能全力以赴把承担的专业课程研究透。大学里的选课制度问题更加突出,有不少老师为了凑够课时量每学期要开设三四门甚至五六门课程,使老师疲于奔波,根本没有时间来精心备课和深入科研,申报新课程在课程名称上也要“添加料”来迎合吸引学生,不然,吸引不到足够的学生就开不出来课。看似丰富多彩、名目繁多的课程往往使大学生不能静下心来读几本专业经典书籍、潜心研究一下专业基础理论的奥妙。现在的大学生很忙,忙于各种社团活动,忙于各种课程,忙于第二专业,不少学霸从周一到周日每天都是忙碌的,完全跟着老师“填鸭式”学习,从一个教师转场到另一个教师,缺乏静下心来反思到底需要什么样的未来?到底该如何适应大学的专业学习?往往是在忙乱中迷失了方向。实施学分制以后,每一学分都是学生花钱买的,他们以市场契约关系的眼光来看待师生关系,每学期选课后前两周为试听课,不满意退课,学期末学生又给老师评教,评教不好的老师将直接影响老师的评奖评优,而且评教的分数也越来越畸形,九十分都可能排在全校非常靠后的名次,这些都难免使老师被学生“牵牛鼻子”,讨好迎合学生。并且容易陷入一个恶性循环,老师越是讨好迎合学生,学生也就抓住了老师的软肋,更加会讨价还价,更加不尊敬老师,要么随意不来上课,要么来上课也不听课而是看视频、说话、吃东西。“以学生为中心”“以市场风向标为导向”也使得很多教师不得不经常变化研究主题,备很多的新课,干很多自己并不擅长的事情,而忘记了教育一个规律:要想成为某一领域的专家,需要长期持久的关注和时间精力的投入,朝三暮四、浅尝即止导致的后果必然是学到些“三脚猫本领”,样样懂一点,而样样又不精通。这也是在一个过于浮躁的世俗社会,人们感叹很难再出“大师”的重要原因。

2. 对教师的管理“以行政为中心”:抑制了教师的积极能动性。学校职能部门对教师管理的制度化是很必要的,然而,为了迎接上级的学科评估,各个职能部门都会下达任务指标,召集各种会议,传达各方面的精神,年年各种类型的评估把学校各个部门都忙得不可开交，耗费大量人力物力财力，评估报告是越写越漂亮，而能否真正落实又是两码事。为了落实精细化管理，也要求件件事情都得留痕、做台账，要求做好各种汇报总结，填写各种表格，在事无巨细的日常工作中耗散了教师很多的经历，有很多精细化管理流于形式主义，出现为了留痕而留痕，甚至造假留痕的现象。尽管也有各种类型的教师座谈会，说是听取教师各方面的意见，很多教师都表示，参加几次之后，再也不愿意参加类似的座谈会。因为很多时候都是职能部门已经有了明确的方案，或者说上级主管部门已经有了文件规定不能逾越，在这样的情况下，召开的所谓的民主恳谈会，往往是普通教师每每提出一条建议，都被职能部门负责人解释给弹回来。诸如学校设备处来学院调研如何解决教师打印复印类支出报销难的问题，教师们提供各种备选方案，都被设备处领导解释为：上级教育主管部门统一要求所有的打印复印必须走政府采购，学校也因为编制紧张，也没办法重新设文印室来满足教师的需要，在这两点已经不能改变的情况下，所谓的征求意见就变得毫无意义。类似的民主座谈会参加多了，相对于职能部门的行政强势，掌握着考核和敲章的权力，教师个体的弱势地位越来越明显，来自各条职能部门上的要求，都使得教师在事无巨细乃至不甚合理的要求下疲于奔波。诸如教务部门要求教师对学生的考核和考试越来越细密，必修课每学期必须要有多次的书面考核记录，给予学生的平时分也必须每项都留痕，安排各种类型的听课督导，诸如有校领导听课、有院领导听课、有专业负责人听课、有退休专门督导听课、也有学生家长的听课，期末笔试试卷必须要在五种题型以上，给予教师的自主性越来越少，看上去对学生的管理更加精细化了，但实际上，过于碎片化的考核，很多仅仅是测试学生的死记硬背能力，而尤其对于大学文科生而言，更多要考查学生知识的综合运用能力和知识创新能力。“以行政为中心”要求行政职能部门日常管理制度化，事无巨细的制度化管理使得职能部门也很累，在一种“要我做”的压力体制下，严重打击了教师的积极主动性，在条条框框的约束中被动完成工作，难免产生职业倦怠和抵触情绪，影响工作效果。

3. 对学科的建设“以项目为中心”：项目在带来激励的同时也带来很多负面效果。刚刚参加一次学院层面的大学生暑期调研报告项目的结项评比，学生的积极性挺高，共有四十多组参加答辩，然而绝大多数结项报告做得非常粗糙。了解到的第一个原因是这个暑期调研项目给予的经费非常少，多的给五百元，少的给三百元，这连学生最基本的车费都不够，很多学生倒贴了很多钱去调研。第二个原因是项目从立项到结项也就三个月时间，这也很难保证有足够的时间来打磨和修改结项报告。另外，主办方又要求我们评分都要打九十分以上。参加完这次答辩会，让我有不少地方难以理解：这么粗制滥造的调研报告到底对学生能够起到多大的锻炼作用？即使做得再烂都能以九十分以上的成绩来结项是不是有点让学生对于做研究也太没有敬畏之心了呢？再从历年立项的大学生创新项目来看，尽管这些项日中国家级的大创项目资助一万元、市级的大创项目资助八千元，时间周期也有一年，然而也存在不少问题：的确，现在用于学生身上的培养经费越来越多，这是好事，然而，由于大创项目数量越来越多，在找我指导的大创项目中，我认为是粗制滥造的项目既然也能立项，故有不少学生在做项目的过程中也不积极主动与指导老师联系，对调研也是“浮光掠影式”浅尝即止，甚至根本不去调研而是在寝室“闭门造车”；在结项报告的考核中，查看发现哪怕是被考核良好以上的报告，也多是资料堆积，而没有很好地提炼总结，学术写作能力也没有得到很好地训练。也有不少草草了事的结项报告也能顺利结项。难免也有些学生申报大创课题是功利导向的，更多不是为了学术锻炼，而是为了能够在保研推免中获得加分。参加完这样的项目对于学生想必负面影响远远大于它的正面影响，我们不应该为了“做项目”而“做项目”，而是要科学设计项目、规范项目的管理和追求项目管理的积极产出。各类项目对于教师而言，也是喜忧参半，学科点的成长需要省部级及以上的项目，教师个人的职称晋升也必须要有需要省部级及以上的项目，项目也给学科点和个人带来比较丰厚的资金支持。然而，在项目管理中也暴露出各种问题，诸如：过于放大了领导批示的分量，甚至国家重大项目只要能拿到重要领导批示都可以免检通过，这都会滋长在项目申报和项目结项过程中“跑部钱进”的交易行为。但又有不少教师感慨：申报项目难，项目结项难，中标了好比“范进中举”似的狂喜，为完成项目又要耗费大量的人力物力，报销又非常的繁琐，尤其是为了完成项目而完成项目，因为有些教师所申报的项目并不是自己特别感兴趣的选题，而是因为评职称等外在考核的标准必须要求有项目而硬着头皮来做项目，很多项目的选题都是社科规划办给定的“命题作文”，可想而知，这类项目完成起来肯定很痛苦，也耗费了教师宝贵的研究时间。可见，以“项目制”①来实施管理与激励，本来是现在通行的好制

① 渠敬东：《项目制：一种新的国家治理体制》，《中国社会科学》2012 年第 5 期。

度,然而,在执行过程中扭曲,而使得项目变味,越来越背离项目制的初衷。

二、“以学生为中心”可能出现的异化

1. “众口难调”而导致“顾此失彼”。客观上的难处:现在的学生个性都很鲜明,都要求“我的青春我做主”,随着人们家庭条件的改善,绝大多数学生已经没有过苦日子的经历,在家父母宠着,在校老师护着,都互不相让、追求个人利益最大化的实现,那么学生之间的共识如何达成?这也必然导致“以学生为中心”的公共决策难以产出,现实中所做的决策往往是经常变动、“顾此失彼”的。诸如我们专业到底要不要开设高数课程,曾经因为学生学高数的难度太大,考试分数总体偏低,大多数学生要求不开设,就修改了教学方案;然而,随着最近几年社会科学研究方法要求越来越突出,很多同学又要求开设高数,开设了还不到两年,又有学生反映老师讲解得太简单,90%内容与高中重复,认为没有必要开设,而有的纯文科生又觉得讲得太难了。这种“众口难调”难以决策的弊病其实很多学生也意识到了,在访谈的过程中,也有不少学生表达出对于未来的职业规划并不清楚,对于本专业到底要掌握哪些知识也并不清楚,也不能很好地把握完全自主式的大学生活,尤其对于那些高中原来是理科生的学生还没有转到如何更好地学习文科的专业知识的轨道上,对于这些困惑,很多学生也倾向于由专业教师来指引他们,尽快适应大学的生活,尽早地对自己的职业规划也做好谋划。

2. 重“眼前利益”而轻“长远利益”。人才培养效果的反思:精致利己主义者,难以产生“大师级别”的人物。受市场风向标的导向,绝大多数学生学习的最大目的就是为了找一个好工作,更多体现的是学习的工具价值,激发不了学习的乐趣,更谈不上促进知识增长和知识创新。高考之前都是学霸型的孩子,到了大学阶段很多学生出现厌学情绪,沉迷网络、不思进取,离开了家长的高压督导,在高校“以学生为中心”被扭曲的放手下,使得心智还不成熟的大学生盲目效仿、追求感官享受,导致学业困难甚至难以毕业。调研还发现一个现象:历年学院名列前茅的推免生,绝大多数会选择法律硕士这类应用型学位,很少选择学术型硕士继续在专业的道路上深挖下去。由于这些优等人很多都已经司法考试都通过了,要

是想当律师,完全可以大学毕业凭借律师证就去实践部门,根本没有必要再花费三年时光来读一个应用型硕士,三年在实践部门得到的锻炼要远远大于在研究生三年在书本上学得的知识。也了解到他们要么是冲名校的牌子去的,要么是跟随式效仿身边同学绝大多数都是这么选择的,而恰恰失去自己最想要的是什么的判断。也发现为了争取保研名额,有些学生比较功利,投机取巧在非正规的刊物上发表论文。目前这种比较看重眼前功利利益的教育有些学生自己也意识到存在问题。访谈了解到,有学生也埋怨自己父母经常拿自己与亲朋邻居的孩子比较,都拿工资水平来论成败。

3. 可能放纵学生的不合理诉求,恶化外部人才培养的环境。诸如很多学生提出:为了给予学生足够的工作实习时间,学校已经同意把本来应该四年的课程压缩安排在三年内完成,然而,大三阶段还是有不少的学生因为在外面实习为此而不来上课,这不仅对于学生个人而言,难以有充分的时间保证对专业课程的学习,而且对于其他同学而言,纷纷效仿而导致学风下降,恶化了人才培养的外部环境。为了培养律师的辩才本没有错,然而,在学生流传一句“有理据理力争、无理也要辩三分”。如果“无理也要辩三分”,这种诡辩和狡辩不仅不利于人才培养,而且加剧了追求“精致利己主义者”这种不好的现象,不但难以使合法的要求得到伸张,而且使投机的狡辩猖獗盛行,破坏了人们交往的合理预期和社会秩序。还有在日常的教学活动中,有一些学生以参加学生会、团委的活动为由不来上课,而且不是一次两次如此,使学习社团活动两者本末倒置,本来是为了学习之余通过社团活动来丰富学生的课余生活,变成了以荒废学业为代价来搞社团活动。又为了期末考试能够顺利过关,要求老师划重点,如果老师遵守原则不划重点,学生就在微信朋友圈里对老师说三道四,甚至骂骂咧咧,这些不合理的诉求破坏了教学秩序和考试纪律。如果纵容学生的不合理的诉求,无原则地迎合学生,不仅对学生自身有害,也对人才培养的外部环境造成伤害。

三、“不以教师为中心”带来的后果

1. 教师的专业性不能得到充分地体现。因为现在的绝大多数大学生对理论不感兴趣,都希望以轻松愉快的方式来学习,导致教师课程设计上少讲甚至不讲深奥难懂的理论，在课堂上也可能会选择浅显易懂的内容来讲，在学业考试上也“避重就轻”确保学生能够高分通过。也由于教师不够重视课堂教学，导致教师与学生的隔阂越拉越大，教师上完课就回到自己家，而主动找教师探讨专业学术性问题的学生也不是很多，很多上完的专业课，考试考完之后，又都还给老师了，知识的专业性难以被学生所吸纳，这样，知识的系统性和专业性就难以很好地实现。另外，文科的知识专业性很大程度要通过专业论文的撰写与修改来得到体现，然而，一方面现在很多学生几乎不读专业经典书籍，对于写论文要么不感兴趣，要么对于必须完成学年论文、毕业论文也是东拼西凑、“临时抱佛脚”；另一方面从教师的角度而言，由于学生不积极主动，导致对于学年论文和毕业论文的完成都要求教师催交，由于每位教师指导的人数较多，在学校有没有固定的办公场所，提出的很多修改意见许多学生也并不能够按照要求保质保量地完成，使得最后的论文提交勉强通过甚至经不起严格的检查，这也会严重削弱教师的专业指导积极性。

2. 教师的尊严难以实现。“不以教师为中心”，对于学生要求教师服务学生，对于学校职能部门要求教师服从管理，来自各方面的考核使得教师自身也会出现职业认同度偏低，出现职业倦怠。选择当教师，既不能像官员一样手中有权，也不能像商人一样腰包里有钱，本意是想追求精神的富有，通过传道授业、答疑解惑得到学生的尊重，通过知识生产和社会批判的职业责任伦理获得社会的尊重，然而，在市场风向标导向下的师生关系使得传统尊师重教的“师生伦理”受到极大的冲击；在所谓偏重“科学化”的对教师的管理，由于过于强调制度化、指标量化和同行竞争，而使得忽视对教师自主性的保护，导致对教师人文关怀的短缺，也难以确保教师很享受很有尊严地去工作。在“以学生为中心”和“以行政为中心”双重挤压的夹缝中生存的教师对教师职业的认同度就会大打折扣，导致不少教师仅仅把当老师当作一份养家糊口的职业而已，根本谈不上职业的崇高性和创新性，难以在工作中获得成就感、荣誉感和使命担当感，教师的尊严难以得到体现，难免产生职业的倦怠感，“做一天和尚撞一天钟”。

3. 也可能引起社会对教师职业的忽视乃至漠视。也对学生做过问卷调查，超过 90%以上的学生不愿意将来选择从事教师职业，觉得难以实现人生价值，他们也觉得教师的教学科研很辛苦，付出与收益不成正比。从家长和社会层面看，普遍追求社会地位高、工资水平高的职业，更看重“权力本位”和“金钱本位”，而往往把教师职业作为备胎，作为退而求其次的选择,缺乏对“知识本位”的应有的重视。由于教师的工资水平普遍偏低,在上海房贷的压力和子女教育的压力下,使得教师生活比较窘迫,绝大多数教师都只能过上精打细算的小日子,很多老师可能都碰到过,在装修房子的过程中,很多装修老板都流露出很不愿意给教师装修房子的神情,因为他们觉得教师没钱,精打细算使得装修老板赚不到钱。加上长期在象牙塔和书斋里生活的教师,往往比较理想主义,社会批判精神也使得在性格方面比较清高,不会很圆滑地与社会妥协,也使得教师的交往圈子有限,反过来影响社会的能力也有限,这些都带来社会对教师职业的忽视甚至低估,难以传承尊师重教的传统,这恰恰需要给教师足够宽容的自由环境,提高社会对教师的职业认同度。

四、如何“以教师为中心”
来更好地实现人才培养的目的

1. 以其专业性帮助学生搭建起相对完备的知识体系。大学,在乎大师,而不在乎大楼。由此看,名师、良师十分重要,突出教师的知识专业性,在课程实际上给予教师充分的专业自主性,以缜密的规划、完整的知识结构和真知灼见的说理来吸引学生,而不是刻意迎合学生“碎片化”的需求,也通过反复的邀请专家参与论证,以便使专业内部的课程设置更加合理,既合理配置好专业必修课和专业限选课以及全校公选课之间的关系,也合理设计好这些课程之间的先后顺序,打通课程之间的知识联系。当然,也有必要把如何设计专业的过程告诉学生,以便于让学生更好地理解专业的整体性结构和如何学习好各门课程,避免学生对教师的误解和不配合。对于如何写学术性论文和如何展开调研如何撰写调研报告,也需要教师手把手的带领,通过专业的传授以便学生学会学术性表达、学会从事科学研究。可以在专业学习的过程中,为每个班级配备专业教师,也为每位学生配备专业指导教师,全程跟踪学生的学习情况,以便于非常有针对性地对学生展开辅导。事实上,突出教师的专业性也是对教师自身提出很大的挑战,意味着教师自身必须足够专业,有足够的知识水准,能够对知识融会贯通,有知识生产和知识创新的能力,真正以渊博的专业知识来吸引学生、贡献社会。

2. 教师价值的充分实现,有助于更好地服务于学生。教师,是人类灵

魂的工程师；教师，不仅仅是知识的先知先觉者和知识的传播者，还是知识的生产者和对知识的创新性使用者，只有充分发挥其价值，才能更好地调动起教师的积极能动性，不断地提升教师自身的知识水准和道德修为，也才能更好地创造性服务于学生、服务于学校、服务于社会。这也要求无论是从学生、从学校还是从社会而言，都要给予教师足够的空间、足够的尊重和足够的配套保障，以便教师能够很有尊严地生活，也有能力去提供更多的优质服务，对社会进行更好地批判和提升。诸如学校的职能部门管理教师不能把教师管理得过于死板，高超的管理是实现从"要我做"到"我要做"的转变，真正落实和体现"教授治校"①，推动高校的"去行政化"②改革，以"服务教师"的理念出发来落实对教师的管理，最大可能地调动起教师的工作积极能动性，使教师能够严以律己、创造性推动自身工作。诸如在管理制度的制定过程中真正吸纳教师参与决策，而不是在决策已经制定之后仅仅召集告知会，只有自己真正参与的制度，才能更好地了解制度的背景、如何更好地使制度制定更加科学，而且在制度的落实结果，因为是自己参与制定的也就不会反对制度的执行，从而减少制度执行的阻力，这样有助于发挥教师的专业性和更好地兼顾作为利益相关者的教师利益。

3. 发扬尊师重教的传统，以潜移默化的方式扎根于学生的内心。中国是一个尊师重教的礼仪之邦，传统中优良的东西不能被过度的世俗化冲击得体无完肤。我们在维护学生权益、主张学生与老师人格平等的同时，也需要保留和发扬尊师重教的很多仪式，有些做得比较好地方值得继续发扬光大，诸如每年九月一号开学的《开学第一课》由中央一套在全国层面去推广，在教师节通过形式多样的活动来表达对教师的尊重及其对全国教育楷模事迹的宣讲，这些都能使人们内心充满感激，也备受鼓舞。当然，还需要加大力度来推动很多对尊师重教有助益的活动，诸如对于每年评选出来的"十佳优秀教师"的颁奖典礼应该让更多的师生来参与，也要对每年每人十万元的缘法奖教金的获得教师加大宣传力度，对于普通教师的入职和退休都要举办隆重的庆祝仪式，以便留下美好的记忆，激励

① 苟朝莉：《教授治学：国内文献回顾与研究展望》，《重庆工商大学学报》（社会科学版）2019 年第 6 期。

② 乔元正、贺修炎：《"去行政化"问题的再审视——大学行政级别的历史钩沉、合理辨析及实践策略研究》，《内蒙古师范大学学报》（教育科学版）2019 年第 11 期。

和鞭策教师自身砥砺前行。尊师重教的传统不仅使教师自身感到选择教师职业的神圣性，也使教师自身意识到只有勤勉努力，“打铁还得自身硬”，有真才实学、有人格魅力才能不辜负学生、学校和社会的期望，这样也激励教师自身不断地提升自我，更好地服务学生、学校和社会，构建起良性互动的师生关系，重新找回师生之间的亲密情谊，而不是市场契约关系。也即是说，只有从内心深处打动教师，让整个社会找回“尊师重教”的传统，获得心理认同的教师也被极大地调动起工作的能动性和创造性，更加全身心地投身于伟大的教育事业中来，也不需要过多的外在的制度管束来督导教育，对教育再好的督导都还是被动的施压模式的教育，真正好的激励就是激发起教师内心，让他们自觉地自我督促、实施积极能动性的引领式教育。这种看上去是“以教师为中心”，真正受益的不仅仅是教师本人，获得更大收益的是学生和社会。

参考文献

［1］杨鹏：《“以学生为中心”的高校思政课教学体系实践探索——以西北农林科技大学为例》，《黑龙江教育·高校研究与评估》2020 年第 7 期。

［2］廖文：《构建以教师为中心的区域教师培训模式的探索——以广东顺德区“双塔层”校本研训模式为例》，《中小学教师培训》2018 年第 3 期。

［3］渠敬东：《项目制：一种新的国家治理体制》，《中国社会科学》2012 年第 5 期。

［4］苟朝莉：《教授治学：国内文献回顾与研究展望》，《重庆工商大学学报》（社会科学版）2019 年第 6 期。

［5］乔元正、贺修炎：《“去行政化”问题的再审视——大学行政级别的历史钩沉、合理辨析及实践策略研究》，《内蒙古师范大学学报》（教育科学版）2019 年第 11 期。

公共事业管理专业“政法”特色课程体系研究

——以上海某政法高校*为例

胡志平　许小贞

摘　要：中国特色社会主义进入新时代，人民日益增长的美好生活需要为公共事业发展提出了新的要求。特色课程体系建设是公共事业管理专业的特色发展的基础。作为政法类高校，公共事业管理专业课程应该凸显“政法”特色。在明确“政法”特色课程体系建设的基础要件、核心要件和拓展要件三个层次基础上，通过对上海某政法高校该专业教学计划的梳理，发现该校公共事业管理专业课程体系“政法”特色不明显。为推动公共事业管理专业的“政法”特色课程体系建设，提出了要在改革设计原则上实现政法课程与公共管理课程的有机融合；在改革动力上设置凸显专业特色发展的特色课程比例；在队伍保障改革上要体现政法特色的师资队伍的“三维联动”路径。

关键词：公共事业管理；专业特色；政法特色；课程体系

一、前　言

我国东北大学和云南大学是最早招收公共事业管理专业学生的大学之一，后来其他高校相继开设这个专业，1999 年各高校开始向全国各地招收大量本科生，积极发展和培育公共事业管理专业，力图为文教、卫生、环保、社会保险等公共事业单位行政管理部门源源不断地培养和输送管理型的高精尖人才。教育部规定，公共事业管理专业应主动适应国家和区域经济社会的发展要求，适应知识创新、科技进步以及学科发展的需要，更好地满足人民群众接受高质量高等教育的需求；应遵循高等教育规

* 文中也称“该校”。

律和人才成长规律，优化专业结构，促进学校办出特色，提高人才培养质量。该专业要求学生掌握现代管理科学基本理论、管理技术与管理方法，能从事公共事业单位的管理工作，成为城市经济、交通、电力、体育、卫生、环境保护、社会保障等广泛领域任职的高级专门人才。随着中国特色社会主义进入新时代，我国社会主要矛盾已经转化为人民日益增长的美好生活需要和不平衡不充分的发展之间的矛盾，人们对公共事业管理的人才需求在逐渐增长。同时公共事业管理专业发展过程中问题也逐步凸显，其中专业特色不明显，无法满足社会公众对该专业的特色人才需求是较为普遍性的一个问题。从学科发展的趋势和专业建设的评估趋势来看，作为政法类高校，理应构建政法特色课程体系，未来必须走专业特色发展之路，塑造具有学校特色、专业特色与课程特色相融合的课程体系，有效区分各高校公共事业管理专业，特别是与行政管理专业的不同，塑造专业认同，建设成具有各自显著特色的公共事业管理专业。

二、“政法”特色课程体系建设的基本框架

(一)“政法”特色课程体系的基本内涵

1997—1998 年 3 月 9 日，国家教育委员会按照“宽口径、厚基础、高素质”原则调整了本科专业目标，将原师范院校的教育事业管理、医学院校的卫生事业管理、艺术院校的文化事业管理、理工科技院校的科技事业管理等专业(方向)归并为公共事业管理专业。1999 年全国高等院校按照新设的公共事业管理专业招生，原有专业作为新专业的方向，不再作为独立的专业。①1998 年，教育部颁布修订的《普通高等学校本科专业目录》，其中特别提到，公共事业管理专业可授予管理学、教育学、文学或医学学士学位，说明了公共事业管理涉及管理、教育、文学、医学等相关领域。②教育部的规定说明了公共事业管理专业可以设置特色方向，即公共事业管理专业发展需要根据各自学校的特色，自然**政法类高校公共事业**

① 徐家良编著：《公共事业管理学基础》(第 2 版)，北京师范大学出版社 2017 年版，第 23 页。

② 同上书，第 16 页。

管理专业的特色应是政法特色。政法类高校,与体育类高校、工科类高校、医学类高校的公共事业管理专业的“体育”“科技”“医学”特色方向相区别。专业应依托学校的政法特色,推进专业特色发展,其中“政法”特色课程是基础,是关键。但是,是否公共事业管理专业课程体系中设置较多的政法类课程就具有了政法特色?因此,我们首先需要厘清“政法”特色课程体系的基本内涵。所谓**公共事业管理专业的“政法”特色课程体系是指融合管理学(公共事业管理专业属于公共管理一级学科,是管理学大类的学科)、政治学、法学三大主干学科于一炉,精心设置该专业的基础课程群、核心课程群和拓展课程群,实现三者的有机融合。**从学生就业的角度出发,衡量各种课程的重要程度,从学生的需求中倒推教学环节的攻坚点,综合多种教学方法,提高教学手段,精心塑造具有政法特色的课程体系,以体现该学科的特色与优势;①从而让学生掌握一定的法律知识,同时具有现代管理理论、技术与方法等方面的知识,以及运用这些知识的能力,能在文教、体育、卫生、环保、社会保险等公共事业单位的行政管理部门从事管理工作。

(二)“政法”特色课程体系建设的基本要件

政法特色课程体系建设的基本要件是构建特色课程体系的关键一环,理解“政法”特色课程体系建设的基本要件有助于更好的破除传统的“政法”特色课程体系等于简单加几门“法学”课程的思维,能够实现特色课程从单一维度到多维度的课程体系建构;能够进一步了解政法特色课程体系的基础课程群、核心课程群和拓展课程群设计的原理与原则;能够理清作为归属公共管理一级学科下的公共事业管理专业在“政法”特色课程体系中是如何贯彻公共管理的学科属性。按照大学本科专业课程设置的层次与要求,构建“政法”特色课程体系建设的基本要件应包括基础要件、核心要件、拓展要件等三个层次。其中基础要件对应的是基础课程群,核心要件对应的是核心课程群,拓展要件则是拓展课程群。只有更加清晰地理解“政法”特色课程体系建设的基本要件,才能实现基础课程群、核心课程群与拓展课程群的“政法”特色课程的匹配。

众所周知,目前大多数高校的公共事业管理专业的课程主要设置为三大块,第一块是通识教育课程,主要包含自然科学和人文科学这些基础

① 姚园、高莉敏、张勇、王志伟:《公共事业管理专业课程设置及技能需求现状研究》,载《中国地方病防治杂志》2016 年第 8 期。

课程，这些课程在整个专业的课程设置比例上基本固定，例如思想教育类理论课程是任何专业的学生都必须学习的公共基础课程，这部分所占总学时一般为 25%—35%；第二块是专业教育课程，主要包含专业基础课、专业核心课和专业选修课；第三块是实践教育课程。因此，从课程设置的板块内容上来看，对特色课程的设置应主要围绕专业教育课程和实践教育课程这两块。具体来说，公共事业管理专业要建设“政法”特色课程体系，必须把握好专业基础与专业特色的关系。**首先，应清楚“政法”特色课程体系建设的第一层次即基础要件，在课程设置中表现为基础课程群**。公共事业管理专业的基础课程群必须要紧紧抓住公共管理这个一级学科来设置，以便公共事业管理专业更好地贯彻公共管理类的学科属性，这部分的设置则可以参考教育部公共管理学科本科教学指导委员会对公共管理类学科的课程体系提出的主干课，同时将具有法学特色的课程内容融入主干课中，突出法学与公共事业管理专业的交叉融合。**其次，要厘清“政法”特色课程体系建设的第二层次即核心要件，在课程设置中表现为核心课程群**。这部分的课程需要进一步理清特色课程与专业特色发展的关系，来打造专业特色发展的“政法”特色课程体系，从而充分体现该专业的特色性。所以这部分的课程设置，一要根据政法类大学自身的法学特色开设课程，如“公共事业管理法律制度”；二要开设能反映该专业所属学院的学院特色的课程，该专业隶属政管类学院，因此可开设“政治学原理”；三要开设能反映公共事业管理专业与其他管理类专业不同特点的课程，如“公共事业管理”“公共部门绩效管理”等课程，三种特色课程要实现交叉融合。**最后，要把握“政法”特色课程体系建设的第三层次即拓展要件，在课程设置中表现为拓展课程群**。公共事业管理专业的拓展课程群是指该专业的专业限制性选修课，应侧重于公共事业管理专业通识类和法学类通识课程，如“非营利组织法”“教育政策”等课程。

在社会主义市场经济体制逐渐完善的大趋势下，专业有特色才有竞争力，因此塑造有特色的专业至关重要，而特色课程体系的建构是专业特色的重要一关。“政法”特色课程体系建设有机结合政法高校的法学特色，对公共事业管理专业的“特色塑造”与“认同感”培养有较大的促进作用，也能实现课程特色、专业特色和人才培养的内在有机连接。只有厘清“政法”特色课程体系建设的内涵与基本要件，才能更好地把握政法类高校公共事业管理专业课程改革的原则与动力，才能打造有学校特色、有学院特色以及有专业特色的“政法”特色课程体系。

三、公共事业管理专业“政法”特色课程体系面临的构建困境

(一) 专业发展的现状

“该校”于2003年正式开设公共事业管理专业，同时开始招收该专业的本科生。经过十几年的探索与发展，目前该校已经形成培养目标明确、专业方向清晰的人才培养计划，本专业基本修业年限4年，最高修业年限为6年，毕业授予管理学学士学位。该校公共事业管理专业从2003年开始招收本科生，本专业学生须修满160学分方可毕业，其中理论课程144学分，实践类课程16学分。理论课程学分中必须完成普通教育必修课48学分，普通教育限选课11学分，专业必修课67学分，专业限选课12学分，任选课6学分。

(二) 专业发展存在的问题

1. 学校特色不明显

该校是以法学见长的，兼有经济学、管理学、文学和工学等学科的多科性大学。但通过该校公共事业管理专业的课程设置以及复旦大学、华中科技大学、东北大学、中国政法大学等重点高校公共事业管理专业课程设置的对比分析，发现该校公共事业管理专业的学校特色不明显，即政法特色不突出。根据教育部学位与研究生教育发展中心最新公布的第四轮公共管理学科评估结果可知，全国共有102所开设管理学学科/公共管理类/公共事业管理专业的大学参与了评估，排名靠前的有复旦大学(A－)、华中科技大学(A－)、东北大学(B＋)等。这些学校公共事业管理专业之所以能评上A类或B类，与学校特色课程的设置有密切关系。复旦大学是“985”工程、“211”工程、“双一流”A类建设高校，在全国第四轮学科评估中，复旦大学的理论经济学、政治学、数学、临床医学、基础医学等专业获批A类，进入全国前列。从复旦大学本科公共事业管理专业(卫生事业管理方向)的课程安排中可以看到“概率论与数理统计”“财务管理”“会计学”“卫生经济学”“流行病学”“医疗保险”等体现该校数学、理论经济学、医学特色的课程。华中科技大学公共事业管理专业的学校特色也比较明显，在教育部第四轮学科评估中，该校的机械工程、光学工程、

生物医学工程、公共卫生与预防学等 4 个学科进入 A+，突出了华中科技大学电子化和医学的专业特色。从华中科技大学 2018 级本科公共事业管理专业培养计划中可以看到该校该专业设置了“管理信息系统”“电子政务”“网络技术与网络安全”三门课程，这三门课程体现了该校王牌专业的特色。再如东北大学，它是教育部直属的高水平研究型全国重点大学，是我国最早开设公共事业管理专业的大学，其计算机、自动化、冶金和公共事业管理专业是该校国家级的特色专业，从东北大学的本科公共事业管理专业培养方案中也可以看到“科技决策”“应用统计”“电子政府学”“科技管理”等体现该校理工科特色的课程。与该校同属五院四系的中国政法大学，其法学、政治学与行政学、社会学是国家级特色专业，在第四轮学科评估中，法学、政治学、社会学都取得不错的成绩，在一定程度上，这些专业代表了中国政法大学专业的学校特色。从中国政法大学本科公共事业管理专业的课程设置中可以看到“政治学原理”“外国行政制度”“社会学概论”等体现该校政治学和社会学特色的课程。该校的学校特色在于法学学科和政治学学科，但是体现**该校特色课程的数量比较少**，在该校的教学方案上只能找到一门法学类专业必修课程，即“公共事业管理法律制度”（3 个学分）和三门法学类专业选修课程：“经济法学”（2 个学分）、“行政法学”（含行政诉讼法）（2 个学分）和“环境与资源保护法”（2 个学分），并且这些法学课程属于大法，而非具体的公共事业管理专业层面的法律，出现**学校特色课程内容粗质化**的现象。并且培养方案里只能找到一门政治学学科的课程“政治学原理”（3 学分），在**政法特色课程融合上出现浅层化**的问题。这对于 160 个学分要求的课程设置来说，难以体现该校政法类的学校特色，这与未来的学科发展趋势和专业特色发展建设的竞争力也不相符合。

表 1　各高校学校特色课程的比较分析

学　校	学校特色	课程性质	课程名称	学分	占专业课程总学分比例
复旦大学	数学、理论经济学和医学特色	专业必修	财务管理		
		专业必修	概率论与数理统计		
		专业必修	会计学		
		专业必修	卫生经济学		

续表

学　校	学校特色	课程性质	课程名称	学分	占专业课程总学分比例
复旦大学	数学、理论经济学和医学特色	专业必修	流行病学		
		专业必修	医疗保险		
		专业必修	医院管理学		
		专业必修	卫生事业管理学		
华中科技大学	电子化、医学特色	专业选修	管理信息系统	3	30%
		专业必修	电子政务	2.5	
		专业选修	网络技术与网络安全	2	
东北大学	计算机、自动化特色	专业必修	科技决策	2	12.23%
		专业必修	应用统计	3.5	
		专业必修	电子政府学	4	
		专业必修	科技管理	2	
中国政法大学	法学、政治学和社会学特色	专业必修	政治学原理	3	9.6%
		专业必修	社会学概论	3	
		专业必修	外国行政制度	2	
上海某政法高校	政法特色	专业必修	公共事业管理法律制度	3	12.5%
		专业必修	政治学原理	3	
		专业选修	经济法学	2	
		专业选修	行政法学(含行政诉讼法)	2	
		专业选修	环境与资源保护法	2	

2. 专业课程设置同质化

公共事业管理专业的课程一般是根据教育部颁布的普通高等学校本科生专业目录来进行设置,但是教育部只是硬性规定了这一专业的基础课程,专业选修课程和实践课程没有做强制规定。同时公共事业管理专业在不同高校应该体现不同的专业方向,如公共卫生事业管理、公共体育管理、公共艺术事业管理和教育事业管理等,在课程的数量、性质和分布等方面应呈现出一种参差不齐的现象,例如,复旦大学公共卫生学院的公共事业管理专业(卫生事业管理方向)设置的"卫生管理心理学""卫生法与卫生监督""卫生经济学""流行病学""卫生统计学""医院管理学""卫生事业管理学""医疗保险""卫生政策研究理论""卫生服务研究"等课程充分体现了该校该专业卫生事业管理方向的专业特色。再如,东北大学的公共事业管理专业主要以"社区管理""文化事业管理"为发展特色。从该专业的课程设置来看,东北大学设置的"文化事业管理学""社区管理""中国传统文化概论"高度体现了该专业的发展特色。

表 2　复旦大学和东北大学公共事业管理专业特色课程

学　　校	专业特色	课程名称
复旦大学	卫生事业管理方向	卫生管理心理学
		卫生法与卫生监督
		卫生经济学
		流行病学
		卫生统计学
		医院管理学
		卫生事业管理学
		医疗保险
		卫生政策研究理论
		卫生服务研究
东北大学	"社区管理" "文化事业管理"方向	文化事业管理学
		社区管理
		中国传统文化概论

但该校公共事业管理专业的课程设置同质化现象严重,主要体现在两个方面。**第一,该校公共事业管理专业与其他高校该专业的课程设置高度相似**。综合对比华中科技大学、中国政法大学、东北大学等高校公共事业管理专业的课程设置后,研究发现该校公共事业管理专业设置的课程与这些高校该专业设置的主干课程相似度较高。例如,该校该专业与华中科技大学公共事业管理专业有三门主干课程完全相同,五门高度相似,占该校公共事业管理专业主干课程的 36.36%,而体现专业本身的特色课程数量少,如表 3 所示。

表 3　与华中科技大学本科公共事业管理专业课程的比较分析

上海某政法高校				华中科技大学		
课程类别	课程代码	课程名称	占主干课程比例	课程类别	课程代码	课程名称
专业基础课与专业主干课	1070323	政治学原理	36.36％	专业基础与专业核心课程	PUA0511	政治学原理
	1070923	公共管理学			PUA0551	公共管理学
	1070953	非营利组织管理			PUA0541	非营利组织管理
	1072063 1072073	西方经济学1、2			PUA0591	微观经济学
					PUA0571	宏观经济学
	1072763	公共危机管理			PUA2014	政府危机管理
	1070383	公共政策学			PUA2031	公共政策分析
	1072693	公共部门人力资源管理			PUA0581	人力资源管理

表 4　该校与中国政法大学本科公共事业管理专业课程的比较分析

该　　校				中国政法大学		
课程类别	课程代码	课程名称	占主干课程比例	课程类型	课程代码	课程名称
专业基础课与专业主干课	1060154	高等数学	31.81％	专业基础课与专业必修课	309010033	高等数学(一)
					309010043	高等数学(二)
	1070323	政治学原理			305010013	政治学原理
	1071133	管理心理学			305030153	管理心理学
	1070943	公共事业管理概论			305030443	公共事业管理概论
	1071753	公共经济学			305030413	公共经济学
	1070953	非营利组织管理			305030223	非营利组织管理
	1072693	公共部门人力资源管理			305030523	人力资源开发与管理

该校公共事业管理专业与中国政法大学公共事业管理专业也有六门主干课程完全相同，一门高度相似，占该校公共事业管理专业主干课程的31.81%，如表4所示。

第二，该校公共事业管理专业与该校行政管理专业的课程设置同质化现象严重。通过分析该校公共事业管理专业和行政管理专业教学计划的课程，发现该校公共事业管理专业与行政管理专业的区分度较低，“同质化”倾向严重，如表5所示。

表5 该校本科公共事业管理专业与行政管理专业课程的比较分析

该校公共事业管理专业				该校行政管理专业		
课程类别	课程代码	课程名称	占主干课程比例	课程类别	课程代码	课程名称
专业基础课与专业主干课	1070323	政治学原理	57.14%	专业基础课与专业主干课	1070323	政治学原理
	1070853	行政学概论			1070853	行政学概论
	1070923	公共管理学			1070923	公共管理学
	1072763	公共危机管理			1072763	公共危机管理
	1071753	公共经济学			1071753	公共经济学
	1070893	市政学			1070893	市政学
	1071133	管理心理学			1071133	管理心理学
	1070383	公共政策学			1070383	公共政策学
	1072693	公共部门人力资源管理			1072693	公共部门人力资源管理
	1070373	地方政府学			1070373	地方政府学
	1070953	非营利组织管理			1070953	非营利组织管理
	1070163	公共关系学			1070163	公共关系学

通过上表对比发现，这两个专业一共有二十二门专业基础课和主干课，其中“政治学原理”“行政学概论”“管理心理学”“公共管理学”“公共危机管理”“公共政策学”“地方政府学”“公共部门人力资源管理”“非营利组织管理”“公共关系学”“公共经济学”以及“市政学”这十二门课程完全相同，相似性高达57.14%。这直接导致该校政管学院培养出的

学生定位宽泛、缺乏公共事业管理的专业思维。因此有必要增强该校公共事业管理专业与行政管理专业的差异性，在课程设置上体现区分度，重视“专才”的培养，以提高公共事业管理专业的学生在自己领域的核心竞争力。

3. 专业认同度不高

该校的法学学科具有明显优势，而公共事业管理专业由于设立时间较短、师资队伍较弱与就业率较低等原因，导致学生对该专业的认同度普遍较低。学生对该专业的不认同主要表现在以下三点：**一是表现在该专业被选率较低，学生对该专业的专业身份认同度不高**。**2017—2019 年政管学院的两年大二学生专业分流中，自愿选择公共事业管理专业的人数仅仅是个位数，在近 300 人的学生比例中处于最低的排位**。学生受父母意愿和该专业就业率等因素的影响，大多数会倾向于选择该校的王牌专业，如民商法学、经济法学和刑法学等优势专业。**二是表现在学生对该专业的专业发展水平认同度不高**。公共事业管理专业的学生毕业后可以在政府部门、交通、旅游、企业和宣传等公共事业单位和各类社会中介组织、社会团体等机构从事管理和服务工作；①但研究发现，该校公共事业管理专业的教学目标不清晰，培养方向不明确，缺少针对培养方向的具体实践培养，导致大部分被迫调剂到该专业的学生会同时选择辅修一门法学类专业，作为自己的第二专业，进一步减少了学生对公共事业管理专业的学习积极性和主动性。**三是表现在学生对该专业的专业认知度不高**。由于该校公共事业管理专业的专业特色不明显和专业性不强，与其他管理类专业的区分度不高，因而无法吸引学生，学生随意敷衍课程的安排，未从心理上认同该专业。因此，如何从课程体系建设上打造特色课程，塑造学生的专业认同感成为该校学院的重要课题。

4. “政管法”师资力量较弱

该校学院本科生教育有政治学与行政学、行政管理、劳动与社会保障以及公共事业管理四个专业，在职教师（教授、副教授、讲师）一共 54 位，其中获政治学博士学位的有 20 人（基本都是政治学理论专业），获管理学博士学位的有 9 人，获经济学博士学位的有 5 人，获历史学博士学位的有 1 人，获社会学博士学位的有 1 人，获教育学博士学位的有 1 人。

① 马晓燕、吴丹：《公共事业管理专业实践教学体系改革初探——以山东交通学院公共事业管理专业为个案》，《当代教育科学》2014 年第 1 期。

表 6　该校政治学与公共管理学院师资队伍情况

<table>
<tr><td rowspan="3">政治学与公共管理学院师资队伍情况</td><td>博士学位</td><td>管理学</td><td>法　学</td></tr>
<tr><td>人　　数</td><td>20</td><td>9</td></tr>
<tr><td>比　　例</td><td colspan="2">72.5%</td></tr>
<tr><td rowspan="3">公共事业管理教研室师资队伍情况</td><td>博士学位</td><td>法　学</td><td>管理学</td></tr>
<tr><td>人　　数</td><td>1</td><td>1</td></tr>
<tr><td>比　　例</td><td colspan="2"></td></tr>
</table>

从政治学与公共管理学院教师总体数量上看，该院教师队伍并不强大，师资力量也不雄厚；从教师学历水平上看，拥有博士学位的“政管法”教师只有 29 人，且法学专业毕业的教师只有 1 人，“政管法”教师占比 72.5%；从教师具体博士专业方向上看，各个教师的博士专业参差不齐，且没有公共事业管理学士学位出身的教师。显而易见，公共事业管理专业方向的师资力量较薄弱，不具备该专业的发展优势。

综合来看，目前该校公共事业管理专业的发展面临诸多瓶颈，主要表现在政法特色不明显，专业特色不突出，课程特色不显著与师资特色不具备，导致该专业缺乏吸引力、竞争力和创新力，无法培养满足市场需要和人民多元化需要的专业人才。

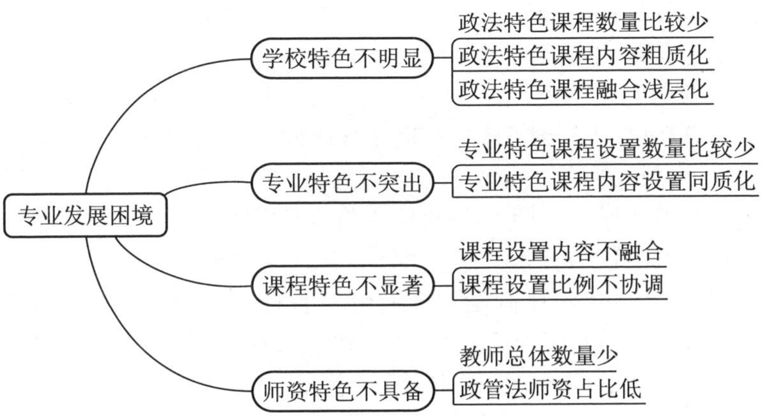

图 1　该校公共事业管理专业发展面临的困境

四、公共事业管理专业“政法”特色课程体系构建路径

该校公共事业管理专业课程存在学校专业特色不明显、与其他高校课程设置同质化、公共事业管理专业与行政管理专业区分度较低、专业认同度不高以及“政管法”师资力量较薄弱等问题。根据公共事业管理专业“政法”特色课程体系建设的基本构成要件，为推动该校公共事业管理专业建设，提出了该专业“政法”特色课程体系建设的“三维联动”具体路径。

（一）“政法”特色课程体系改革设计原则：政法课程与公共管理课程的有机融合

“政法”特色课程体系的构建必须坚持政法课程与公共管理课程的有机融合，**首先，由“人”的融合推动跨学科课程的融合**。一是不同专业背景教师间的融合推动课程的融合，政治学理论专业的教师、公共管理学专业的教师以及法学专业的教师可以共同合作编著有“政法”特色的著作，用于教学；二是学生跨学科交流实现课程的融合，政治学理论与行政学专业的学生、法学专业的学生以及公共事业管理专业的学生可以共同学习“政治学原理”“公共管理学”“法学概论”等课程，以方便学生跨学科交流。**其次，在课程设置内容上实现融合**。该校应以试点的形式开设具有法学特色的通识类专业必修课即专业基础课，如“公共管理学”。这门课除了主要讲授公共管理的基础知识外，一方面，还应大量增加法学和公共事业管理相融合的教学内容。另一方面，还需增加一些政法背景与管理学知识交叉融合的内容，主要给未来从事法律、司法鉴定等相关工作的学生提供相关专业基础知识。①**最后，在课程设置比例上实现融合**。公共事业管理专业在专业基础课程群、专业核心课程群与专业拓展课程群中均需要按比例设置能体现政法特色与公共管理特色的课程，如基础课程群中可以开设“政治学原理”“行政学概论”“公共管理学”课程；核心课程群中可以开设“公共事业管理法律制度”“政府危机管理”等课程；拓展课程群中可以开设“国家公务员法”“电子政务”等课程，以实现公共事业管理专业保持公共管理特色的同时，突出“政法”特色。

---

① 单美静、王永全：《凸显法学特色的计算机课程体系探索——以该校为例》，《工业和信息化教育》2017年第3期。

(二)“政法”特色课程体系改革动力:专业特色发展的特色课程设置比例

专业特色发展的特色课程中专业基础课程群、专业核心课程群和专业拓展课程群的设置比例是“政法”特色课程体系改革的动力,只有明确特色课程的设置比例,才能更有效地推动实施该校公共事业管理专业的课程改革计划。从课程性质来看,该校公共事业管理专业“政法”特色课程体系包含专业基础课程群、专业核心课程群和专业拓展课程群三部分。其中专业基础课程群是使学生掌握学习本专业的基本理论知识和基础知识;专业核心课程群是学生熟练掌握本专业的精髓,提升自己的专业性;专业拓展课程群是使学生培养自己的专业兴趣爱好,使学生未来在社会就业中更具有竞争力,进一步锻炼和提升专业能力。

课程设置受一定的教育目标与教育价值观的决定与制约。①特色课程体系建设的思路要以特色课程建设为抓手,以优势学科专业为依托,以新建专业课程为主要任务,以培育优势创新为重点。②因此,该校公共事业管理专业创建“政法”特色课程体系应当鼓励和引导该专业与法学特色深度融合,“不断积累搭建具有本校法学特色的课程体系经验和成果,从搭建特色课程体系框架、完善课程体系结构、充实特色课程内容三个阶段,加强引导、扎实推进、逐步实施。”具体来说,在搭建特色课程体系框架阶段中,**专业基础课程群**应包括“政治学原理”“行政学概论”“公共管理学”“公共事业管理学”“公共管理研究方法”“管理定量研究方法”“非营利组织管理”“公共部门人力资源管理”“行政法学”“高等数学”等课程,这部分课程约占总课时的25%。**专业的核心课程群应包括能体现法学特色、政治学特色、管理学特色以及公共事业管理专业特色的四块课程内容**,可以设置“公共事业管理法律制度”“地方政府学”“管理经济学”“公共经济学”“公共组织财务管理”“城市公用事业管理理论与实践”等特色课程,约占总课时的20%。**专业拓展课程群应侧重体现法学特色和专业特色的通识类选修课**,可以设置“国家公务员法”“行政救济法”“环境与资源保护法”“行政伦理学”“行政组织学”“电子政务”“社区管理”“社会保障学”“管

① 宋志杰、姜天娇、谷雪然、张铎龄、张莹:《医学院校卫生事业管理专业课程设置研究》,《中国卫生事业管理》2014年第8期。

② 郭彪:《中国音乐学院特色课程体系建设探索与实践》,《中国大学教学》2013年第11期。

理思想史”“体育事业管理”“卫生事业管理”“公共工程项目管理”等专业选修课程，约占总课时的 10%。其中“政治学原理”“行政法学”“政府危机管理”“公共事业管理法律制度”与“环境与资源保护法”等是“政法”特色课程；“管理文秘”“公共管理研究方法”等是公共事业管理专业特色课程，两者形成“政法”特色与专业特色相互融合的局面。

表 7　该校本科公共事业管理专业课程群的具体安排

该校公共事业管理专业课程群								
课程类型	课程名称	比例	课程类型	课程名称	比例	课程类型	课程名称	比例
专业基础课程群	政治学原理	25%	专业核心课程群	公共事业管理法律制度	20%	专业拓展课程群	国家公务员法	10%
	行政学概论			地方政府学			行政救济法	
	公共管理学			公共经济学			环境与资源保护法	
	公共事业管理学			管理经济学			行政伦理学	
	公共管理研究方法			公共组织财务管理			行政组织学	
	管理定量研究方法			城市公用事业管理理论与实践			电子政务	
	非营利组织管理						社区管理	
	公共部门人力资源管理						社会保障学	
	行政法学						管理思想史	
	高等数学						体育事业管理	
							卫生事业管理	
							公共工程项目管理	

(三)“政法”特色课程体系改革的队伍保障:“政管法”师资队伍建设

“政法”特色课程体系的构建必须匹配相应的“政管法”师资力量,才能推动特色课程体系框架的搭建、课程体系结构的完善以及特色课程内容的设置。因此“政管法”师资队伍建设的重要性被凸显出来,必须从“选才、用才、留才”三个方面保障“政管法”师资队伍的建设。

首先,从选才源头上保障“政管法”师资队伍建设。该校公共事业管理专业所属学院一共只有40位教师,在选才过程中,在教师数量上,有必要再扩招青年教师以扩大教师规模;在教师质量上,可以招聘1—2名国内知名教授,或是有巨大发展潜力的优秀青年教师;在专业背景上,可以招聘本科是公共事业管理专业,硕士是政治学理论专业,博士是法学专业,在学科背景上属于“政管法”学科的教师。从数量、质量和专业背景三个方面保证“政管法”师资队伍的建设。**其次,从用人过程中保障“政管法”师资队伍建设**。“政管法”各学科的教师存在交流的壁垒,构建不同学科老师间交流的平台成为必要之举,如举办学术交流会、成立教研室等,由此促进各学科老师的专业交流,组建研究团队,打造融合“政管法”三学科的特色课程,共同构建“政法”特色课程体系;同时鼓励青年教师参与属于“政管法”三学科性质的国家课题,把专业知识成果化,做到物尽其用,人尽其才。**最后,从留才结果上保障“政管法”师资队伍建设**。一是设立有吸引力的薪资待遇和奖励机制;二是保障后勤事务,解决教师子女入学、配偶工作等难题;三是营造浓厚的研究氛围与学术氛围,使教师从心理上认同和热爱公共事业管理专业。

五、结　　语

课程特色、专业特色、学校特色之间的内在逻辑,推动公共事业管理专业的特色课程体系建设。从客观上看,该校公共事业管理专业与该校其他专业出现发展不均衡现象,公共事业管理专业处于发展的劣势方;同时与其他高校公共事业管理专业相对比,该校公共事业管理专业又不具备核心竞争力。因此,该校公共事业管理专业有必要构建特色课程体系,以提升本专业的影响力。再加上该校具有明显的法学优势学科与发展特色,为公共事业管理专业构建“政法”特色课程体系提供了现实基础。从主观上看，该校公共事业管理专业的学生有打造本专业特色课程的需求，以提升自身对该专业的认同度；同时该校作为上海政法类高校自身进入地方高水平大学建设行列，迫切需要专业特色的发展，非常支持建设该专业的政法特色课程体系，以形成有吸引力、有竞争力和有创新力的特色专业。主客观的需求与专业特色课程体系的建设矛盾推动政法类高校的“政法”特色课程体系建构。

参考文献

[1] 陈锐、刘晓玲：《协调发展：高校学生核心素养培养的质量理念》，《大学教育科学》2017 年第 2 期。

[2] 马晓燕、吴丹：《公共事业管理专业实践教学体系改革初探——以山东交通学院公共事业管理专业为个案》，《当代教育科学》2014 年第 1 期。

[3] 姚园、高莉敏、张勇、王志伟：《公共事业管理专业课程设置及技能需求现状研究》，《中国地方病防治杂志》2016 年第 8 期。

[4] 单美静、王永全：《凸显法学特色的计算机课程体系探索——以该校为例》，《工业和信息化教育》2017 年第 3 期。

[5] 宋志杰、姜天娇、谷雪然、张铎龄、张莹：《医学院校卫生事业管理专业课程设置研究》，《中国卫生事业管理》2014 年第 8 期。

[6] 郭彪：《中国音乐学院特色课程体系建设探索与实践》，《中国大学教学》2013 年第 11 期。

基于本科生科研能力提升的“研教融合”教学模式研究

——以“社会保障基金管理”为例

郭秀云

摘　要:“教学”与“科研”密切联系、相互促进,如何协同“教学”与“科研”的关系,一直是教学质量和教学改革建设研究的长期性课题。本文以“劳动与社会保障”专业课程“社会保障基金管理”为例,在阐述“研教融合”教学模式的实践价值的基础上,从教学内容和教学方法角度,结合示例分析了适合课程特点的“研教融合”教学模式,可以为相似类型课程的教学提供一些借鉴。

关键词:本科生;科研能力;研教融合;社会保障基金管理

“教学与科研相融合”是当代高等教育普遍遵守的办学理念,这一理念包含“教学”与“科研”两个密切联系、相互促进的要素。所谓“研教融合”,就是教学研究与教学实践的深度融合,核心要义是“教学研究的过程是教学实践的过程;教学实践的过程就是教学研究的过程”。①“研教融合”以教师和学生共同参与科学研究为联结纽带,该模式以学生参加科研为条件,突出以学生为主体、教师为主导、科学研究为载体的协同统一的作用机制,既注重在研究的基础上以研究促教学,又注重教学反馈研究,最后达到“教—学—研”相长的目的。实践中,由于大学办学定位、专业办学条件以及课程建设特色等因素影响,表现为各高校之间在办学风格、专业特色和课程特色方面存在巨大差异。如何协同“教学”与“科研”的关系,一直是教学质量和教学改革建设研究的长期性课题。本人从事“劳动与社会保障”专业本科课程“社会保障基金管理”教学多年,尝试通过“研

① 沈峰、丁青、项平:《研教相融:“深耕式”课堂教学研究的有效抓手》,《江苏教育》2016 年第 4 期。

教融合”教学模式，提升本科生的科研能力，取得了良好的教学效果。

一、“社会保障基金管理”教学中实施“研教融合”教学模式的实践价值

“社会保障基金管理”是“劳动与社会保障”专业的必修课，属于应用层次的社科类课程，具有理论性、政策性、应用性相结合的特点。本课程既要系统性、条理性地阐述社会保障基金管理的专业知识，又要注重让学生深入了解国内外社会保障基金管理的现状、政策法规及改革趋势。因此，本课程内容不是单纯地论述理论，而是要秉持理论与实践相结合的原则，以求学以致用，做到理论性与实用性的统一，将社会保障基金管理的基本原理与社会保障基金管理政策和制度改革取向相结合。通过“研教融合”教学模式，提升“社会保障基金管理”的课程教学质量，对于完善人才培养模式，培养合格的“劳动与社会保障”专业人才具有重要意义。

首先，实施“研教融合”教学模式是提升人才培养质量、满足社会需求的重要手段。随着社会保障体系的日益完善，各级政府、企事业单位对“劳动与社会保障”专业人才的需求也日益增加。“劳动与社会保障”专业毕业生的去向大体分为三类：一是进入高校和科研机构从事教学和科研活动，这类学生需要具备扎实的专业理论知识和科学研究能力；二是进入劳动和社会保障、民政等政府部门，成为各级政府公务员，从事政策法规制定、业务指导及管理工作，这类学生需要对制度改革和政策调整具有敏感性；三是进入企事业单位人事部门或人力资源部门从事具体业务工作，这类学生需要在掌握专业基础知识和熟悉政策的基础上，具有较强的实务操作能力。尽管不同类型用人单位的工作性质和人才需求存在差别，但是在人才需求方面也存在共性，即，均要求学生具有敏感的问题意识和分析解决问题的能力，以及主动参与的团队协作能力和自主研究能力。“研教融合”教学模式恰恰与上述人才需求导向相契合。

其次，国内外“社会保障基金管理”领域的改革举措多样化，存在多个值得关注的研究议题，通过“研教融合”教学模式，可以让学生及时了解学科前沿的研究动态，培养学生发现和分析问题的敏锐性，有利于营造将专业理论知识与改革实践紧密对接的学习氛围。“研教融合”教学模式是研究性教学的主要形式，该模式的合理运用，对于学生选择研究议题、分析

解决问题能力的锻炼，是一次规范的科研训练，能够让学生更好地掌握“研学”结合的技能。目前，随着世界范围内人口老龄化加剧，多数国家推行多层次社会保险体系改革，刺激并鼓励各类补充保险计划的迅猛发展。社会保障基金管理呈现多元化发展态势，基金监管越发受到关注，补充保险基金异军突起，基金的保障作用有所加强，其投资运营和监管问题成为新的课题。社保基金与资本市场的互动创新成为广泛关注的热点领域，后国际金融危机时期社会保险基金投资管理呈现新思路。“研教融合”教学模式的实施，既可以带动学生紧密跟踪改革进展和学术前沿，又有利于培养学生的科研素养。

二、“研教融合”模式在“社会保障基金管理”教学中的实践路径

（一）将理论阐述与实践运用、科学研究相结合，推动教学内容的“研教融合”

第一，知识生产模式的首要特征就是“知识生产更多地置于应用的语境中”，现代学科范式进行科学研究也是以应用性为主，以生产丰富的应用技术知识体系为目的。①因此，教学中需要根据当前国内外社会保障基金管理发展态势及改革取向，结合现实问题，引导学生深入思考，让学生能够对现实问题进行理论层面的阐释，加深对基础理论的理解和掌握，培养学生严谨求实的学习风气。

示例：2015 年我国进行机关事业单位工作人员养老保险制度改革，意味着多年饱受争议的养老金“双轨制”彻底结束。不可避免，隐性债务及其化解问题，将成为困扰养老保险制度改革实践和影响制度可持续发展的核心问题。因此，需要引导学生思考：(1)机关事业单位养老保险制度改革涉及近 4 000 万人，那么，机关事业单位养老保险的隐性债务究竟有多大？关于隐性债务，根据世界银行养老保险专家罗伯特 · 霍尔兹曼(Robert Holzmann)的总结，有三种口径的隐性债务：计划终止时债务、当前参保人口债务和开放系统债务。需要明确三种口径的隐性债务之间

① 彭健：《地方本科院校转型发展过程中基层学术组织重构》，《湖州师范学院学报》2016 年第 12 期。

如何界定，隐性债务与转轨成本属于不同概念，但彼此密切联系，必须厘清“隐性债务”与“转轨成本”的关系。(2)在理论层面，“隐性债务”从何而来，是否存在与之相对应的“显性债务”？结合养老保险筹资机制：“现收现付制”和“基金积累制”，让学生理解养老保险隐性债务产生于现收现付制所暗含的契约关系。现收现付制下的雇员缴费没有以资金形态储存积累起养老基金，有的只是以隐性债权形式积累起来的养老权益。这种债权的对立面——债务也未记录在政府的资产负债表内，既不表现为当期的养老金赤字，也没有明确的偿债时间和具体的偿还金额约束，因而属于隐性债务。而基金积累制下则使强制性缴费形成的债权债务关系呈现出显性化，属于显性债务。(3)改革的转轨成本应如何分摊，才能保障制度的财务可持续性？关于这一问题，在教学过程中，首先要让学生熟悉我国现行做法是，将“新人”纳入系统之后，无论是作为存量的隐性债务，还是作为流量的转轨成本，规模和平稳性均有很大改观。我国现行制度之所以保留相当比例的现收现付成分，政府的意图在于通过“新人”的缴费来偿还部分显性化的隐性债务。但必须注意到，这种做法的弊端，“新人”缴费的同时也在积累着未来的养老金权益，形成新的隐性债务，“寅吃卯粮”的做法只是推迟了养老金支付的时间，毕竟现收现付的养老保险制度对人口年龄结构的稳定性要求较高，而随着人口老龄化程度不断加深，当大量“新人”步入老年，有可能引发养老金支付危机，进而引导学生延伸出“如何才能保障制度的财务可持续性”的关键所在。虽然短期内可以利用“新人”缴费改善统筹基金收支状况，承担一部分制度转轨成本，但是从长远看，应该建立“新人”养老基金的财务自平衡机制，更加有利于改革的顺利推进的制度可持续发展。(4)政府应该在化解隐性债务方面承担何种责任？关于这一问题，课堂讨论中，相当部分同学深入分析并能够发表自己的真知灼见。比如，由于隐性债务规模巨大、转轨时间跨度长、不确定性高，制度内解决办法有限，不可避免需要制度外筹集资金。社会保险作为一种契约关系，政府作为主导者，是隐性债务的主要责任主体。特别是在制度转轨时期，政府应避免过度依赖扩面“新人”带来的短期结构性利好，通过财政补贴、发行债券、建立专门的机关事业单位养老保险储备基金(或从现有的全国社会保障基金中划出一部分)等举措加大投入，承担相当比例的转轨成本。财政承担机关事业单位养老保险制度改革的转轨成本是必然选择，机关事业单位改革后财政支出是国家早晚都要支付的一个转型成本，整个改革过程将经历“成本期”到“收益期”的过渡，需要政府部门根据经济发展态势和财力状况进行合理安排。

第二，将教师的科研积累用来提升课堂教学质量，以科研成果丰富教学内容，是“研教融合”的一个重要目标。为了使教学活动紧密关注学科前沿，授课老师必须通过科研活动提高自身的学术水平，老师完成的研究成果要及时地吸收到授课内容中来，及时地应用于教学实践。同时，积极组织学生参与课题研究，努力将科研问题转化为教学素材，促使学生带着问题进行学习和研究，调动学生学习的积极性，拓宽知识视野，及时了解学科领域的最新研究成果，提高自主学习能力和科研创新能力。

示例：笔者尝试在主持的课题“上海基本养老保险风险评估：模型与实证”“上海常住人口老龄化分析预测”研究中，将学生纳入课题组，分派部分研究任务，由多个学生相互合作完成，以培养学生的创新精神与合作意识，取得了较好的教研效果。比如，关于养老保险替代率，应存在适度水平，也称为“合意替代率”，养老保险替代率过高，可能带来的财政负担，替代率过低，无法实现政策执行的初衷。从养老保险建立和运行的程序上安排，“上海基本养老保险风险评估：模型与实证”课题研究中，将基本养老保险替代率风险分为制度设计风险和制度运行风险。制度设计风险包括缴费基数风险、缴费年限风险、缴费率风险、计发系数风险等。其中的缴费基数风险，表现在缴费基数不实，主要体现为实际缴费工资总额偏离规定缴费工资总额，养老保险缴费基数是单位和个人缴纳社会保险费的依据。关于这一点，学生通过查阅政策法规和相关资料，了解到：根据《社会保险法》第二章第十二条规定，用人单位应当按照国家规定的本单位职工工资总额的比例缴纳基本养老保险费，记入基本养老保险统筹基金。职工应当按照国家规定的本人工资的比例缴纳基本养老保险费，记入个人账户。但由于各种原因，少报、错报缴费基数的情况一直发生，使实际缴费基数低于规定缴费基数，甚至存在部分单位为了缩减用工成本，只缴纳最低保险费，缴费基数与职工工资不相符合。按政策规定，单位缴纳养老保险费的比例为 20%，实行社会统筹，职工缴纳养老保险费的比例为 8%，计入个人账户。当缴费工资低于实际工资的低缴费时，将不可避免导致低养老金，低替代率，当职工在退休后，养老金与在职工作时工资落差很大。另外，缴费基数总量大小直接与基本养老保险费总量的大小相关，如果缴费基数大而实，那么缴费率相对就会低，缴费基数小而虚，缴费率相对就会高，目前基本养老保险缴费率已经非常高，如果再提高缴费率，将会增加企业负担，产生恶性循环。最后，缴费基数直接影响养老基金，缴费基数不实会导致养老基金来源的缺口，带来支付风险。同学们在调研过程中发现，现实中的确存在费率过高与缴费基数不实并存的悖论。

（二）探讨适合课程特点的教学组织方式，推动教学方法的"研教融合"

将"研教融合"的教学内容传授给学生的路径，就是研究型教学方法的问题①，其中包括教学组织形式。在教学活动中，始终以学生为中心，真正把学生学习的积极性、主动性和创造性放在教学活动的首位，使学生学会模拟科学研究的方法和过程，发现问题、分析问题并解决问题。课程的不同教学阶段，教学内容和侧重点不同，基础理论、实践运用以及科学研究的融合程度和方式不同，适用的教学模式也存在差异。因此，有必要对课程内容进行细化，最终形成与课程大纲对应的组合式"研教融合"教学方法体系。笔者在"社会保障基金管理"教学过程中发现，以下三种教学组织形式：一是"理论—现实问题"导向式教学，二是案例讨论式教学，三是探究式教学（包含自主研究型和课题参与型两类），均可以取得不错的教学效果。其中，探究式教学，除了上述提及的课题参与型之外，自主研究型模式也极具实践价值。

示例：我国基本养老保险制度统筹层次较低产生的负面效应一直饱受各界批评，但全国统筹实施阻力较大，因此建立养老金中央调剂金制度作为全国统筹的过渡。2018 年 7 月，"养老金中央调剂制度"推行之后，养老金中央调剂金制度同养老保险全国统筹之间存在较大的区别，L 同学对"如何实现中央调剂制度与全国统筹有效对接"问题极具研究兴趣，在老师指导下自行开展研究，并提出实现有效对接所面临的诸多问题，如中央政府和地方政府间的博弈加剧、地方政府对养老金的责任弱化、基金征缴层级低，基础数据缺失、基金结余地区抵制情绪和"道德风险"和养老保险覆盖面扩大受阻等。该同学在研究中借鉴国内外实践经验，进行大量实证测算，分析透彻、有理有据，所提出的明确央地政府在中央调剂金制度中的责任、完善居民信息和养老金数据系统、健全激励约束机制，防范道德风险以及稳步提高各级政府养老保险财政补贴等对策建议，具有一定的可操作性。

---

① 朱长江、胡中波：《研教结合推动国家精品课程建设升级》，《中国高等教育》2013 年第 1 期。

示例：我国的城镇职工养老保险为“统账结合”模式，个人账户目标替代率为24.2%，对于能否实现这一替代率水平，C同学专门以“我国个人账户养老金替代率及其影响因素”为题开展研究。该同学通过建立精算模型进行实证测算，其中涉及初始工作年龄、缴费年限、工资增长率、记账利率等参数设置问题，谨慎假设、反复论证，治学态度极为严谨。该研究所延伸出的个人账户产权界定、个人账户空账问题，研究中提到“在个人账户养老金问题上，不仅仅是拓宽投资渠道，我国个人账户的产权界限一定要清晰，责任要明确”，对我国个人账户现状而言具有一定深意。面对个人账户“空账运行”，学界主要有两种改革思路：第一种是通过政府财政补贴、划转国有资产等多种途径真正地做实个人账户，这种方式的好处在于账户做实后形成了基金储备，并且通过科学的投资获取合理的回报，个人自我保障能力得到提升，国家财政负担得以减轻。但是难点在于短期内筹集巨额资金的难度很大。此外，个人账户资金能否得到合理的回报也是争论焦点。第二种改革思路是实行名义账户制，其制度的核心是职工向个人账户缴费，但该账户没有真正的资金，资金被用于当期养老金给付。同时对职工缴费情况进行记录，并且按照一个记账利率记录收益率。当职工退休时，根据缴费记录与记账利率进行计算养老金并给付。这种将个人账户做虚的好处在于减轻了政府做实个人账户的财政压力，同时将个人缴费记录在册有利于鼓励职工个人多缴多得。但缺点也很明显，由于名义账户制本质上还是现收现付的运作方式，并没有实际解决我国老龄化日益严峻的现状。如果维持现今的待遇水平，将难以应对未来巨大的养老金缺口，并且为了维持收支平衡，则会引起养老待遇下降，退休职工的基本生活可能无法得到保障。此外，名义账户制的设计需要考虑长期精算平衡问题，制度设计比较复杂。以记账利率为例，如果记账利率＞资金实际投资收益率，则政府养老金支出压力将会增加；如果记账利率＜实际投资收益率，则意味着个人养老金权益将受到损失。当然，对于个人账户空账问题，应如何处理更为稳妥，但该问题在制度改革中可能引发的后果，特别是对于制度可持续性的影响值得反思。

综上所述，根据“社会保障基金管理”的课程特点，通过“理论—现实问题”导向式和案例讨论式教学，可以提高课堂多边互动的效果，培养学生运用专业基础理论知识分析问题和解决问题的能力。在教学过程中，老师以学术思想、学术观点引领理论教学和基础知识传授，激发学生在问题导向引领下获取知识、掌握技能。同时，通过探究式教学模式的运用，以科研成果回馈和充实课程内容,激发学生的学习热情和科研创新能力。“以科研项目为依托,以团队协作为导向”,鼓励学生自主确定研究选题,或参与指导教师科研课题。“自主研究型”教学均可以让学生根据自己的实际能力,针对感兴趣的理论问题或实践问题进行研究,获得能力充分发挥的空间。“课题参与型”教学可以使学生在老师的启发和指导下开展研习,培养学生的独立思考精神和思辨能力。这两种方式均可以以项目合作的方式开展教研活动,充分调动学生的兴趣和积极性,激发其研究热情,突出团队合作模式的应用价值。

此外,通过“研教融合”教学模式,可以为学生提供丰富的研究素材,帮助学生有效吸取和驾驭专业知识,培养学生对社会保障基金管理领域学科前沿和研究动态的兴趣,捕捉兴趣点,老师也可以适时拟定学年论文或毕业论文选题,提高研究的深度和系统性,同时为学年论文或本科毕业论文质量提供保障。在此过程中,可以发现学术创新能力和科研潜质较好的学生,有意识地引导部分同学攻读学术型学位研究生。

参考文献

[1] 沈峰、丁青、项平:《研教相融:“深耕式”课堂教学研究的有效抓手》,《江苏教育》2016 年第 4 期。

[2] 彭健:《地方本科院校转型发展过程中基层学术组织重构》,《湖州师范学院学报》2016 年第 12 期。

[3] 朱长江、胡中波:《研教结合推动国家精品课程建设升级》,《中国高等教育》2013 年第 1 期。

本科教学管理规范化研究

黄安余

摘　要：本科教学管理主要包括“三项管理”和“五大建设”。前者是指教学运行管理、教学质量管理和教学档案管理。后者是指本科专业建设、课程建设、教材建设、实验室建设和实习基地建设。

关键词：教学管理；三项管理；五大建设

本科教学管理工作琐碎，从事这项业务的人会感到整天忙碌，每学期结束时却难以说清其工作内容。这就需要他们尽可能从纷繁的事务性工作中予以解脱，建立规范化的教学管理制度，明确并抓住教学管理的核心任务，切实推进本科教学管理规范化，以提升本科教学质量和人才的培养质量。十二年来，笔者在本科教学管理工作中探索出“三项管理”和“五大建设”。现将这些做法予以梳理与反思，旨在总结教学管理经验，期待同行的批评指正。

一

“三项管理”，是指本科教学运行管理、教学质量管理和教学档案管理。教学运行管理，是日常基础性工作，是以稳定基本教学秩序、防止出现任何教学事故为目标。没有教学秩序的正常运转，教学质量将难以保障。教学质量管理，是一切教学管理工作的重中之重和根本归宿，没有教学质量的稳步提高，提升人才培养质量就会流于空谈，一切教学管理工作都是低效甚至是无效的。①教学档案管理工作的重要性在于：一方面，教

① 黄茹、孙亚星：《基于教学质量监控视角的学生教学信息员制度探索》，《文教资料》2011 年第 6 期。

学档案承载着教学运行管理和教学质量管理的真实历史，记录着两者在不同阶段的发展状况以及其经验和教训，是整个本科教学过程的实录，并为后继的教学管理者提供参考和借鉴；另一方面，有效的教学档案管理必然要建立健全教学档案卷宗，使学院能从容地应对各类本科专业评估、本科教学工作水平评估或审核评估，防止弄虚作假和败坏高校的学风和工作作风。事实上，不重视教学档案管理反过来会影响教学运行管理和教学质量管理。因为如果没有完备的教学档案留存，在面临各类评估之时，教学管理者必然会手足无措，从而不得不驱使教师加班突击，以弥补教学评估材料的短缺，必然会分散教师备课和科研精力，既容易出现教学运行事故和教学质量下降，又可能使教师对教学管理者产生埋怨，影响同事关系的和谐。由此可见，三项管理工作是相辅相成的，成为教学管理者必须重点抓好的要项。

首先，教学运行管理规范化。规范化的教学运行管理内涵较为广泛，其主要方面包括师资使用规范化、教学要件规范化、考试和毕业论文指导规范化。要保证教学运行有序，首当其冲就是科学合理地排课，排课实质就是师资的有效使用。在排课过程中，要基本了解各门课程和各位教师的研究领域和专业特长，将教师放在最适合的教学工作岗位上。这既提升了教学工作效率和教学质量，又能使教师心情舒畅地工作。为此，在精选专业教师的同时，实现教师讲授课程的相对固定，防止教师在不同的课程教学之间过于频繁地转换。因为这种转换既是师资使用不规范的表现，又会消耗教师的备课精力，降低科研产出与水平，从根本上削弱教师的教学后劲和核心竞争力，影响教师的职业发展。因此，师资使用规范化旨在实现各门课程主讲教师相对固定。教师长期从事一至两门课程教学，授课质量能得到有效保证，未来的排课也更为便利。教学要件规范化，主要包括教材选用(优先使用“马工程”教材)、教学大纲、教学进度表、教案、课件、案例库、题库等，其选用和编制规范化。如果没有这些教学要件，或者它们的选用与编制没有达到规范化，不但教学正常运行成为难题，而且教学质量也难以得到保障。在教学运行管理过程中，要查验这些教学要件是否齐备与规范，是否具有较高的质量。为了防止他们陷入日常事务性工作，可以采取抽查和网上课堂相结合的方法，要求教师将这些教学要件传输至网上课堂，从而使其他教师和学生也成为监督者。出于个人情面和职业责任，教师通常不会将质量差的教学要件传输至网上课堂。①

考试是检验课程教学质量的有效手段之一，是本科教学运行的重要一环。在保证考试秩序运行正常的基础上，更为重要的是以规范化管理提升考试质量。②这些措施有：一是考试命题规范化。要对题型数量、题目数量、试卷重复率、知识点分布、试卷校对、试卷审核、试卷提交等各个环节予以规范化管理。各门课程要求编制两套试卷、参考答案和评分标准，逐步形成了命题制度。二是试卷批阅规范化。要求专业教师流水作业，批阅试卷要有明确的对错标识、扣分、签名、修正后再签名、核实分数签名等，以防止教师送学生人情分，导致教学评价失真。三是试卷归档规范化。要求教师在考试后 5 个工作日内必须上网登录学生考试成绩，然后再将试卷、考试分析表、考试成绩单等文件一并归档入库。毕业论文是对本科教学质量的总体评价，要求学生运用本科阶段学习的理论知识分析解决实际问题。论文指导规范化管理主要表现为：一是选题规范化。选题不能过大，题目指向清晰；选题不能偏离学生的专业方向；选题不能与往届学生论文选题出现重复；选题要紧密结合国家或地方经济社会发展，体现出实用性和前瞻性。要根据这些基本标准对论文选题质量进行管理，然后发布供学生选择。二是论文指导过程规范化管理。要求教师对每篇论文指导不得少于 4 次，撰写指导意见，通过网络平台进行监控。三是论文评阅和答辩规范化。本科毕业论文一律采用交叉评阅的方式进行，并且按照一定的比例抽检盲审，以杜绝论文抄袭并确保论文质量。教师必须对每位学生论文给出有针对性的评语，涵盖选题意义或价值、研究理论或方法、论文素材、论文结构、创新性见解、论文不足、表态七个主要方面。通过严格的论文答辩，评定出学生论文等级并予以公示。

其次，教学质量管理规范化。规范化的教学质量管理通常是通过质量监控实现管理目标的。这些监控措施主要包括学院领导听课督导、教师“师徒结对子”、公开教学与教学竞赛、教研室教学研讨、开展教学研究。在教学质量管理过程中，学院领导班子全体成员必须深入课堂教学第一线，完成规定的听课数量，并将听课记录留存归档。每位学院领导要求完

① 付瑞国、张立新：《高校课堂教学评价内容及方式改革研究》，《河北科技师范学院学报》(社会科学版)2011 年第 4 期。

② 白菲、谭豫之：《高校本科课堂教学质量评价现状分析》，《中国农业教育》2012 年第 1 期。

成 6 节课的听课任务,要在学期开始和学期中间进行。领导听课后,他们对教学秩序和课堂教学的整体情况有了一个基本的了解。通过事前告知,教师必然会加强备课;通过事后指导与交流,发现教师教学上的不足,包括知识传授本身,以及教学技能技巧等方面的问题,以便于教师及时改进,有利于未来的课堂教学。在此基础上,学院还增加了教师教学督导员,要求他们每学期听课 12 节。与传统做法恰恰相反,学院并非选择有经验的资深教师担任教学督导员,而是优先选择经验不足的青年教师担当督导员。因为督导的过程就是比较和学习的过程,既能发挥教学督导工作的监督作用,又能对青年教师培养产生积极的影响。事实表明,担任过教学督导员的青年教师教学技能进步较快,课程评教成绩大幅度上升。①

资深教师对青年教师的教学帮带十分重要,为此,学院建立了老教师和新教师"师徒结对子"制度。那些刚刚走上教学岗位的青年教师,特别是非师范类院校毕业的教师,他们没有接受过系统的教学法和教学实习的培训,教育学、心理学以及备课技能存在某些欠缺。老教师的帮带重点不是专业知识,而是教学技巧。具体规范如下:一是新老教师每学期相互听课 10 节以上,在此基础上,双方就课堂教学中的具体技巧问题进行深入交流,诸如有效组织教学、语言表述规范、策划师生互动、突出教学重点和难点等。②二是老教师指导新教师备课,包括撰写教案、案例运用选择、课件与视频制作等。三是老教师鼓励并带领新教师参与教学研究活动,诸如研讨课堂教学、申请教学研究项目、申报教学成果奖励等。

事实上,"师徒结对子"只能解决少数教师的教学技能不足问题,而本科教学质量的提升有赖于全体教师学术研究和教学能力的增强。有鉴于此,规范全员教学行为就显得至关重要。学院要求教师必须参加公开教学和教学竞赛活动。那些教学效果好的教师每年至少要举办一次公开教学课,供全体教师学习和参考;同时,鼓励他们参与本科教学竞赛。这些公开教学课和教学竞赛课就成为教研室教学研究的案例。学院还聘请华东师范大学教育学、教材教法专业的教授点评课堂教学,给教师开设教学

① 高海生、王卫霞:《论高校教学督导制度》,《国家教育行政学院学报》2010 年第 1 期。

② 李卫华、刘雪春:《高校教学督导制度建设与导师制教学督导模式的构建》,《桂林航天工业高等专科学校学报》2012 年第 1 期。

法方面的讲座。有些教师在此基础上撰写了教学研究论文，或参与案例制作比赛，既有教学研究论文发表，又能获得了上海市级教学成果奖励。离开了日常规范化的教学质量管理，这些成绩的取得都是难以想象的。

再次，教学档案管理规范化。规范化的教学档案管理要始终贯穿于日常教学管理的全过程，并且行之有效。2008 年，本科教学工作水平评估的成功，教学档案管理规范化发挥了至关重要的作用。当时，学院纸质教学档案建档十分全面，并配置了一个教学档案室。根据当年本科教学工作水平评估指标体系中的大小观察点，建立了完备的卷宗归档，以实现“以评促建、以评促改、以评促管、评建结合、重在建设”的发展目标。2007 年 8 月初，在浙江诸暨召开的评建工作研讨会上，学院制作的本科教学工作水平评估汇报报告得到了上海师范大学副校长丛玉豪教授的高度评价。随后，华东政法大学副校长顾功耘教授陪同复旦大学前副校长孙莱祥教授参观了学院的教学档案室，并给予了肯定的评价。华东政法大学副校长王立民教授将政治学与公共管理学院的评估报告在全校评估工作会议上作了介绍。但是，随着信息技术的发展，纸质教学档案显然难以适应新形势的要求。后来，学院主要是以建立健全电子教学档案为主、纸质教学档案为辅的档案管理目标。根据新的本科教学工作水平审核评估指标体系建立文件夹和子文件夹，对照指标层层分解并归档，以备评估时查验。凡是与本科教学工作有关的一切文件和教学资料全部归入其中。每个教学年度结束时，学院都要组织专人对教学档案进行整理和排查，并及时追缴尚未归档的教学文件。

教学档案管理规范化的另一项任务是，规范化上报教学档案材料。每学期结束时，学院都要将最重要的教学档案整理上报至学校档案馆。这既是学校档案建设的当然要求，又是规范化管理的题中之义。它不但丰富了学校的档案内容，而且也将学院有价值的教学档案予以备份，以防止档案的损坏或丢失。如果出现这种情形，教学秘书还可以在学校档案馆申请复制教学档案以备查验。

二

“五大建设”，是指本科专业建设、课程建设、教材建设、实验室建设和实习基地建设。如果说“三项管理”是本科教学质量监控的牛耳，那么“五大建设”则是其极为关键的支撑点。没有“五大建设”的有效实施,“三项管理”可能会流于形式。事实上,两者是相互交织与渗透的,共同成为本科教学管理的主体内容。就“五大建设”的相互关系而论,专业建设是关键和引领,其他四大建设都要围绕专业建设来推进,是专业建设的有力支撑,实质就是一个专业的基本办学条件是否具备的问题。四大建设之间也是相互交叉与密切关联的。课程建设首先就会触及教材选用问题,而实验室建设必须与课程建设紧密结合,使课程教学中实验教学内容能在实验室中顺利完成,还有可能涉及实验教学的教材选用问题。学院要根据具体课程中的实验教学内容来采购相应的教学软件。实习基地建设旨在丰富本科教学的实践环节,防止人才培养过程中出现理论与实践脱节的情形;同时,实践教学不但提升人才培养质量,而且检验专业建设、课程建设、教材建设、实验室建设的成果。因为这一切都集中反映在人才的培养质量上。

首先,本科专业建设。这是直接关系到人才培养质量和毕业生就业的关键性问题。因为用人单位录用高校毕业生十分重视其专业培养质量,即使是同一专业的毕业生,也会选择名校的名牌专业。毕业生就业竞争力本质上就是其所学专业的市场竞争力。毕业生的未来发展也与专业建设和培养质量紧密相关。在这种意义上讲,无论如何强调专业建设的重要性都不为过分。学科更加重视科学研究,专业较多注重人才培养;当然,学科也从事人才培养,诸如培养研究生之类的高层次人才,两者既是相互联系的,又各自有所侧重。本科专业建设是提升人才培养质量的基础性工作,不能不引起办学主体的高度重视。第一要务是,精准确定专业发展定位,专业发展到何种程度,在全国同类专业中处于何种地位,专业特色何在等。该专业究竟是培养研究型人才,还是培养应用型人才,抑或培养复合型人才。在此基础上,学院会根据国家、地方经济社会发展,以及劳动力市场的新变化、学生的反映等因素综合考虑,适时调整各个专业的培养方案,并结合课程设置的变化,及时引进专业课程教师,以确保专业教学力量和师生比例基本合理。可见,专业建设也是一个与师资队伍建设紧密相关的问题,没有一支强有力的师资支撑,专业建设不可能取得成功。

在本科专业培养方案的调整时,学院力求实现三大目标:一是课程结构的优化。在确保教育部专业核心课程的基础上,删除那些过时的课程,增设新颖实用的课程;扩大实践教学的课时比重;增加选修课程的数量,以提升学生学习的自主性和选择性等。二是开课顺序的科学化。针对课程内容的特点，先开设先修课程，以保障学生学习知识的连贯性，减轻学习压力和情绪焦虑。例如，先开设高等数学，再开设西方经济学；先开设西方经济学或宏观经济学，再开设劳动经济学或发展经济学，等等。三是基础课程力求打通，课程主讲教师相对固定。例如，政治学与行政学专业、行政管理专业、劳动与社会保障专业、公共事业管理专业都必须开设管理学原理这门课程。这时，通常安排精通管理学的教授专人讲授，提高学生对课程教学的认同度。监控的难点在于，课程结构优化暗藏着教师工作量分配和经济利益的调整，一些教师可能会在培养方案的修订中减少或丧失授课机会。学院会坚决杜绝因人设课现象，这需要在教学工作中体现出智慧和人文关怀。

其次，本科课程建设。没有好的课程，如何能办出好的专业呢？可见，专业建设的最终落脚点是具体的课程。没有扎实的课程建设支撑，专业建设也将归于失败。因此，必须规范课程建设监控，实现三大发展目标：一是规范教材选用，制定出明确的教材选用标准，根据需要及时调整。二是加强课程教学档案建设。各门本科课程都要求建立完善的教学档案，这是专业评估的重要支撑。一切教学要件都要求归档，旨在保障课程建设的传承。不能因为教师的更换使某一门课程从零开始，丧失了原来的教学经验和教学资料；同时，如果同一门专业课程由两位教师共同承担，建立课程档案能促使他们相互切磋，取长补短，将课程建设质量推向更高的水平。不仅如此，规范化管理还要求教师定期更新课程教学资料，诸如修正教学大纲，或者及时更新案例库中的案例，以保障教学内容的新颖性。三是鼓励教师积极申报各级课程建设项目。一旦项目获得立项，课程建设可以得到一定的资金支持，必将提升课程建设的质量。多年以来，学院有几十门课程先后获得了上海市教委精品课程、上海市教委重点课程，华东政法大学精品课程、重点课程、特色课程、教授研讨课程等。事实表明，这些课程建设项目完成后，课程教学要件质量得以全面提升，特别是案例库建设更加完备。值得注意的是，少数教师在课程建设项目完成后，因各种原因放弃了该门课程的教学工作，而后继者又无法再申请这门课程建设项目，造成获得资源的教师中断教学，从事教学的教师又难以获得资源的不公平局面。因为建设资金的分配是根据课程决定的，而不是根据教师决定的。课程建设监控要尽可能杜绝此类事件，或者安排青年教师和老教师共同申请一门课程建设项目，使建设成果得以延续。

再次,本科教材建设。教材是教学活动不可或缺的重要资料,是教学信息传递的主要载体。邓小平曾经指出:"教书非教最先进的内容不可,当然,也不能脱离我国的实际情况。"①可见,大学教材要反映出现代科学文化的先进水平。对教师而言,教材是备课最重要的依据,讲稿和课件的制作都离不开对教材的系统阅读和认真研究,讲授的主要素材同样来自教材。如果没有教材,教学随意性就会上升,教学质量监控和评价的难度就会增加。如果没有优质的教材,教学质量和人才的培养质量都将难以得到保障。因为学生主要是通过阅读优质教材理解一门课程的基本概念、理论或原理,建构一个较为系统的课程和专业知识体系。在此基础上,扩展课外书籍的阅读,拓宽与加深对教材知识的理解,进而培养灵活运用理论知识分析实际问题的能力。规范化的教材建设管理措施有:一是选用国内口碑好、影响力大的优质教材,如国家级的规划教材、马工程教材等。在教材选择时,要求教师把握三个主要指标,即教材出自国内名家、来自著名出版机构、教材销量巨大且多次再版。二是鼓励教师结合自己的教学实践编写教材,旨在提高教材的针对性。十多年来,学院出版了二十多部教材。有些教材已产生了良好的社会反响,反复再版,成为其他院校的本科教科书。令人困惑的是,本科教材建设的难点是双语课程教材建设。引进国外原版教材作为双语课程教材,有一个知识衔接和文化差异性问题。因为教材既是课程教学的依据,又是一个国家传播本民族文化,开展思想政治教育、爱国主义教育、民族情感教育的载体,对于强化青年学生的爱国思想和民族自豪感产生潜移默化的影响。自编双语课程教材可能会受到教师英文水平的制约,以及现行的科研考评制度没有给予教材足够的权重,既不能享受科研成果奖励,又不能拿教材成果参与职称评定。这直接降低了教师参与教材建设的积极性,需要高校从制度设计的源头加以解决。

第四,本科实验室建设。学院十分重视本科实验室建设,成功申请了"中央与地方共建特色高校优势学科实验室"建设项目,获得了中央财政资金 100 万元、上海市地方财政资金 100 万元,以及华东政法大学匹配维护资金 30 万元的资助。该实验室下设电子政务、公共绩效评估、社会弱势群体利益救助与保障三个特色实验项目,有效地解决了本科实验教学

① 《邓小平文选》第 2 卷,人民出版社 1983 年版,第 69 页。

问题。实验室规范化管理的主要措施有：一是硬件软件设施管理。支持实验室正常运转的硬件设施主要包括服务器、网络、电脑设备、投影仪，以及其他办公家具。这类设施管理相对容易，只要资金到位并协调好与学校后勤部门、网络中心的关系即可。软件管理难度更大，不是内部人能完全解决，需要外部人的有效合作。软件供应商一般在合同款到位后不愿提供持久的售后服务。这需要学院与供货商建立联络，及时得到其技术人员的后续软件更新和升级服务。二是实验室规范化使用，重点在于确保利用率。有些学院斥巨资兴建了实验室，但使用率不高甚至处于闲置状态。为了保证实验室的高使用率，学院硬性规定实验教学内容必须在实验室开课，并将课程表在网上公布，以便于学生监督。有关人员和教学秘书经常不定期检查实验教学的开课率。三是实验教学文件规范化归档。要求将实验教学课程大纲、教学进度表和实验教学记录手册等资料归档，这是教学档案监控的盲区，因为这些教学文件很容易被忽视。这部分教学资料在专业评估中是十分重要的，而且很难有效弥补。因为实验手册牵涉到各年级的学生。四是实验室日常维护规范化。学院要求实验员从硬件、软件、安全、卫生四个主要方面定期进行维护。硬件清洁保护与更新，软件更新与升级，水电和消防通道安全，卫生保洁与名牌更换等事项，成为实验室常规维护的重要内容。

第五，本科实习基地建设。近年来，实践教学越来越受到教育行政部门和用人单位的重视，使之成为人才培养的重要环节，并且拥有 7 个学分。学院采取多种措施解决本科生的毕业实习问题。一方面，推荐学生进入学校开辟的实习基地完成实践教学任务；另一方面，鼓励学生自己寻找实习单位。因为学生自主联系的实习单位往往与未来就业有密切的关联，他们可以利用家庭的社会网络进入自己更加满意的实习单位。与此同时，学院建立了一批实习基地，有效地解决了部分学生的实践教学问题。规范化的实习基地建设管理措施有：一、选择层次较高的单位作为实习基地。学院现有的实习基地主要包括上海市级党政机关、区级党政机关、市区两级事业单位、大中型国有企业等。二、实习单位提供的实践岗位要与学生专业基本对口，防止出现实习岗位与学生专业完全脱节的情形，使本科实践教学成为一种程序，象征意义大于实际价值。三、实习基地的容量相对较大，能一次性吸纳较多的学生进入基地实习，以便于教师巡视与管理，力求消除学生实习单位过于分散和监管困难的问题。四、与实习基地保持较为稳定的合作关系，使实习基地的使用具有可持续性，防止双方因为人事变动造成合作关系的松散甚至被迫中止。五、建立健全双方规范化的协调与沟通机制。一方面，辅导员老师和学院领导要定期走访实习基地，向基地的指导老师全面了解学生实习的表现和存在的主要问题，再与学生交流并指导他们改进。每次走访都要有实习单位的回执以备存档，防止巡视工作流于形式。另一方面，学院也为实习基地提供智力资源支持，或优先录取实习基地青年干部攻读公共管理专业硕士学位。

实习基地建设的主要瓶颈有：一、基地提供的实践岗位可能与部分学生的实际需求不一致，造成部分学生选择放弃基地的实践岗位。因为部分学生怀有功利主义思想，不恰当地认为实习要与未来就业相结合。如果不能被实习单位录用，进入基地实践岗位等于无端浪费时间。出于此种考虑，实习基地提供的实践岗位经常出现空缺，使双方合作关系出现了微妙的变化，少数实习单位甚至削减接受实习生的数量。二、少数学生在实习基地表现欠佳，诸如不遵守实习单位的工作纪律、不能完全服从指导老师的工作安排和指导、不能按质按量地完成工作任务，甚至顶撞师长，从而给实习基地领导留下较差的印象，影响合作关系的健康发展。这些都是实际工作中需要妥善解决的问题。

参考文献

[1] 梁宏中：《完善高校学生教学信息员制度的思考》，《黑龙江教育》2008 年第 5 期。

[2] 黄茹、孙亚星：《基于教学质量监控视角的学生教学信息员制度探索》，《文教资料》2011 年第 6 期。

[3] 李卫华、刘雪春：《高校教学督导制度建设与导师制教学督导模式的构建》，《桂林航天工业高等专科学校学报》2012 年第 1 期。

[4] 刘翰德：《建立科学的教学督导制度是提高高教质量的保障》，《黑龙江高教研究》2008 年第 12 期。

[5] 梁杰华、熊少青：《论高校教学督导制度建设的理论支撑》，《天津市工会管理干部学院学报》2009 年第 3 期。

[6] 左树强：《浅议教学督导制度在加强高校教学质量监控中的作用》，《辽宁教育行政学院学报》2007 年第 4 期。

[7] 付瑞国、张立新：《高校课堂教学评价内容及方式改革研究》，《河北科技师范学院学报(社会科学版)》2011 年第 4 期。

[8] 白菲、谭豫之:《高校本科课堂教学质量评价现状分析》,《中国农业教育》2012 年第 1 期。

[9]《邓小平文选》第 2 卷,人民出版社 1983 年版,第 69 页。

[10] 高海生、王卫霞:《论高校教学督导制度》,《国家教育行政学院学报》2010 年第 1 期。

基于混合式教学管理系统 Kahoot 的“公共危机管理”教学改革探索

雷丽萍

摘　要:公共危机管理是政府现代管理体系构建的新内容,公共危机管理课程是一门理论性与实践性紧密结合的课程。为了克服传统教学单向信息流动的弊端,充分尊重学生在课堂上合法使用各种移动电子设备的欲望,充分调动学生主动参与课堂积极性,混合式教学管理系统 Kahoot 的引入为这类问题的解决提供了一个新思路。

关键词:混合式教学管理系统;公共危机管理;教学改革

一、课程简介与授课痛点

公共危机管理是当今转型期的中国面临的挑战之一,是政府现代管理体系构建中的新内容。①“公共危机管理”课程是为公共事业管理、行政管理、国际政治专业本科生开设的课程,是以“政治学原理”“管理学原理”“公共管理导论”为基础的专业课程,也是帮助学生了解当代公共管理最新发展,即非常规管理的专业课程有助于提高理论水平、分析问题能力和追踪当今公共管理前沿水平的课程。

“公共危机管理”课程的教学,结合当今中外社会发展的最新实践,使学生了解公共危机管理的基本概念、基本原则,掌握公共危机管理的时代社会背景及其在当今时代发展过程,理解公共危机管理的理论基础与运行机制,以及在当代中国尤其是 2003 年 SARS 事件以来中国公共危机管理的社会实践与探索。在此基础上,通过梳理公共危机管理的理念与实

---

① 王宏伟:《总体国家安全观视角下公共危机管理模式的变革》,《行政论坛》2018 年第 4 期,第 18—24 页。

践，促使学生了解当今进行公共危机管理的重要性与必要性，以及危机预防、应对措施与善后处理机制，公众的参与程度与媒体沟通等，培育学生的危机管理意识和当最坏的情况发生时应对突发事件的素质与能力，提高学生的相关理论水平与问题分析辨别能力，对将来有志于从事公务员职业和公共管理职业的学生有极大的帮助。

“公共危机管理”课程是一门理论性与实践性紧密结合的课程。公共危机管理的教学内容包括理论和实践两大部分，前者注重对公共危机管理基本概念、基本原理与最新理论研究成果的阐释，后者侧重对公共危机管理基本技能和方法的介绍，特别是应急管理方面的分析。在课堂上，理论性、述评性和研究性的内容由老师讲授为主，但是为了学生更好地理解公共危机管理与常态的日常公共管理的差异，需要把理论讲授与大量的案例分析结合起来，并且需要运用最新、最典型的丰富案例分析来启发学生深入理解危机管理的核心内容。另外，侧重实践性的公共危机管理过程、程序、方法、技巧等内容，更需要结合大量的案例，引入学生创造性的思维和集体讨论来认识、理解这些实践性内容的内在规律和逻辑。①

由此可见，案例教学在公共危机管理这门课程的讲授中举足轻重。但是传统的案例教学一般还是以老师讲授为主，首先用 PPT 文本方式进行案例的展示，然后进行案例的分析。但是这种呈现方式最大的问题在于参与性和启发性不够。学生只是作为被动接受的群体在进行等待式“喂养”，而没有将自己融入案例的角色方，进行参与式决策。因此，只要案例的过程稍微复杂，文本内容稍微一长，分析讲授的比例稍微一重，学生从一开始兴趣盎然地“抬头”，最后都会基本上变成不在状态的“低头族”，沉浸在自己的小世界里。老师在课堂上声嘶力竭，慷慨激昂，学生觉得课堂上老师在自嗨，了无生趣，还不如看手机。因此，教学效果大打折扣。

教与学之间，本身就是一种互动。信息的输出和输入，存在着微妙的联系和流动性。在过去的传统教育中，我们看到了许多单向教学方式的弊病和局限性。刻板的教学往往会冷冻教、学之间的流动性，阻碍学生在积极主动中最大化地获取知识。②因此，公共危机管理教学，尤其是公共

① 张斌、刘宇霞：《翻转课堂教学模式在危机管理案例教学中的应用探究》，《内蒙古统计》2019 年第 3 期，第 25—27 页。

② 孙芙蓉：《健康课堂生态系统研究刍论》，《教育研究》2012 年第 12 期，第 77—83 页。

危机管理的案例教学到底以一种什么样的方式来呈现才能更具有启发性，才能更具有趣味性，才能更加吸引学生投入参与？真的做到寓教于乐呢？现代的信息技术是否有新的方式和方法为这一问题的解决提供新思路和新途径呢？这是笔者在授课的过程中一直在探索、思考并试图着力解决的痛点。而混合式教学管理系统 Kahoot 让笔者看见解决这一问题的新希望。

二、初识混合式教学管理系统 Kahoot

（一）混合式教学管理系统的 Kahoot 特点

Kahoot 是加入了游戏元素的混合式课堂，也是一个在线测验平台。①该平台为参与者创建了一个有趣的学习空间，以互动的形式完成信息的传递和测验。无论是老师、学生还是商务人士，都可以在 Kahoot 这个在线平台上进行测验问答。通过创建者和玩家在线上及线下的混合式互动，将参与者拉入引人入胜之地。老师可以在该平台编辑测试题目，配合生动有趣的画面和背景音，从而增强互动性和感染力。每完成一道题目，系统会提供即时回馈，包括多少学生参与该题目、班级正确率、学生排名和得分情况等等。在教学、测验的过程也如同玩游戏一样，既有趣味，也能达到测试的目的。

Kahoot 第一个特点是互动。移动端的多屏幕互动是 Kahoot 的特色，每个学生都可以通过自己的手机登陆 Kahoot 官网或者下载 App 加入老师的“测试游戏”中来，通过抢答、积分、胜负等多种概念创造了一个游戏化的混合式课堂。而这一游戏也是老师在上课前根据当天的课程环节单独设计出来的，在学生完成了答题之后，老师会获得学生的正确率、易错项、排名等综合数据。

Kahoot 第二个特点是自由。不只是老师，其他的角色一样可以在 Kahoot 中创造自己的“游戏”。因为 Kahoot 拥有着简单的操作方法，所有游戏其中的环节和模块都已经准备好，只要操作者选择一些主题、选项以及图片就能轻易创造出一个新的“游戏”。“这有助于激发学生的创造

① 详情参见 Kahoot 官网：https://kahoot.com/schools-u/。

力”，在欧美一些国家，有些学生甚至家长们都会想方设法的设计一些更加有趣及新鲜的玩法分享给其他人，在这一过程中，学生自己也巩固了所学习的知识。

Kahoot 第三个特点是简单。不一定需要 App，只要能上网就行。Kahoot 平台的兼容性很强大，可以通过各种电子设备和网络浏览器来进行游戏问答题、讨论或者问卷调查，无论是在电脑笔记本 Mac/PC，iPad，iPhone，安卓系统，Chromebook，还是 Windows 手机上。Kahoot 的测验模式，让学生在带有游戏感的互动环境中，完成测试和学习。许多教学实验课都尝试使用了这个平台。很多用过的老师都对这个平台给予了积极的反馈意见，表示在有趣的测验过程中，学生们积极地参与，主动地查阅课本或者笔记资料。

（二）混合式教学管理系统的功能 Kahoot

混合式教学管理系统的功能 Kahoot 的主要功能有如下四个方面。

(1) Kahoot 支持教师在平台上创建讨论题（discussion）、调查问卷（survey）、小测试（quiz）、复杂问题（jumbe）等，实现多种评价手段。教师设置的测试题和相应的选项会在显示屏上显示出来，而学生的手机端只会显示选项的颜色。

(2) Kahoot 支持多个学生同时在线答题。学生可以在规定的时间内同时进行答题，平台采取积分制，检测每一位参与者的答题情况（包括答题的速度，答题的正确率）进行积分。

(3) Kahoot 提供实时反馈的功能。在每一道题结束后，平台会显示答题者的人数，参与者的积分排名等等。教师可以通过系统的统计情况，实施奖励机制。

(4) 用音乐和答题音效营造游戏的氛围，用倒计时显示营造累张刺激的答题氛围。

因此，使用 Kahoot 能够实现基于游戏的形成性评价，能够实现课堂学生与老师、学生与学生之间的趣味互动，能够激发学生学习兴趣从而提高学习积极性，能够提供实时反馈的课堂教学。基于此，有很多用过混合式教学管理系统 Kahoot 的老师对该系统进行了形象化的解释，认为它就是可以将被动学习者变为主动学习、积极参与者的魔法棒。

三、运用 Kahoot 的“公共危机管理”教学改革设计

(一) 使用 Kahoot 的教学准备工作

1. 环境准备工作

首先,需要确认教室的软硬件环境设备:有 Internet 通讯方式(手机 4G 以及校园的无线网络都可以)、大屏幕和投影仪(多媒体教室基本都具备该条件)。其次,需要通知学生自带移动设备:智能手机、平板电脑、pc 机等移动设备都可以。

2. Kahoot 平台准备

首先,登录官网 https://kahoot.com/welcomeback/,注册 Kahoot 平台的账号。可以使用谷歌和微软的账号注册,也可以用邮箱新注册一个账号。注册好账户之后进入 Kahoot 在线测试平台,老师需要邀请学生输入测验代码,之后进入预先设置好的 Kahoot 测验系统。老师和学生双方确认平台是否使用正常。

3. 教学内容准备

在 Kahoot 平台新建课堂互动的内容,根据课本和课上的讲义,将设计好的测试题目输入到 Kahoot 平台上,Kahoot 平台提供四种互动形式。测验可以是针对每个学生个体的,或者可以分小组来比赛。例如,在讲述公共危机事件概念时,为了让同学先有一个感性的认识,可以让大家先从直观上判断一下,哪些日常事件是属于公共危机的范畴,从而可以引出公共危机事件的概念。可以在教师的 Kahoot 账户设置如图 1 所示的题目,

图 1 Kahoot 上准备“公共危机管理”测验内容

当然答案在学生的 Kahoot 账户是不可见的。

(二) 教学流程

1. 进入 Kahoot 在线测试平台

老师需要邀请学生输入测验代码(PIN 码),之后进入预先设置好的如图 2 所示 Kahoot 测验系统。

图 2　Kahoot 测试系统及 PIN 码

2. 测验方式和数据采集

老师可以规定测验的规则,包括正确率和速度。测验的方式有两种:可以选择经典方式——个人答题和小组方式——组团答题两个方式进行。个人答题方式最后采集的数据就是每个人的答案,而小组方式采集的答案则是一个小组(系统会在测试之前会要求输入的团队名字和小组成员名字)经过团体协商之后的答案。同时授课老师还可以设置答题的时间,屏幕左上方的数字就是倒计时的数字,学生需要在这个时间内选择自己认为对的答案。

3. 趣味互动过程

题目和选项的内容会在如图 3 所示的大屏幕上出现,学生自己的电子设备上只会显示出如图 4 所示的每个选项的颜色。学生需要对照大屏幕上的题目和选项,在自己的电子设备上选择认为正确的答案。例如,正式测验之后进入教师教学的大屏幕上会出现如下的界面:

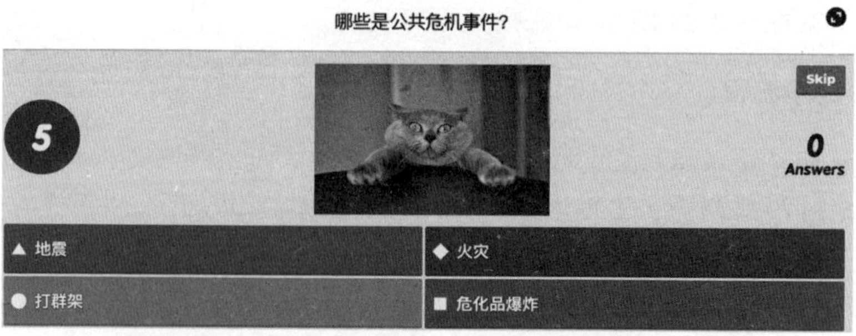

图 3　正式测试的 Kahoot 教室大屏幕界面

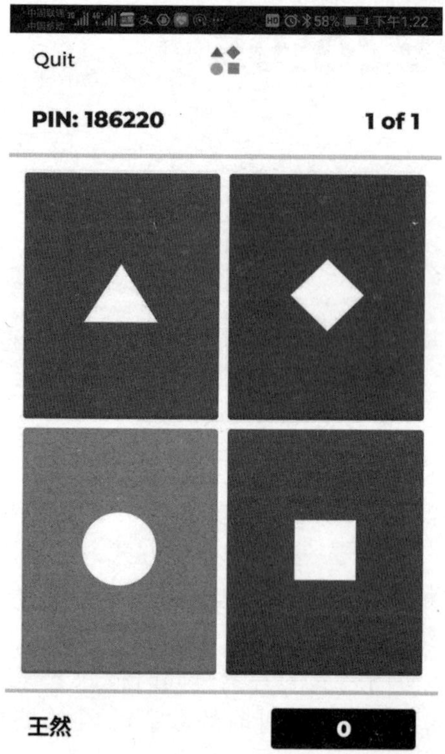

图 4　正式测试的 Kahoot 学生界面

4. 即时性反馈和引导性讨论

老师可以即时地了解到学生的参与情况、完成情况。尤其是当答案出现分歧的时候，可以引导进行讨论。例如，通过如图 5 所示的测试结果表明，有人认为火灾是公共危机事件，有人认为打群架是公共危机事件，那么持不同意见的同学可以分别陈述自己的理由。在陈述、讨论、辩论中引导学生进行更为深入的思考，从而对公共危机事件的内涵和外延有了更为理性的认识。

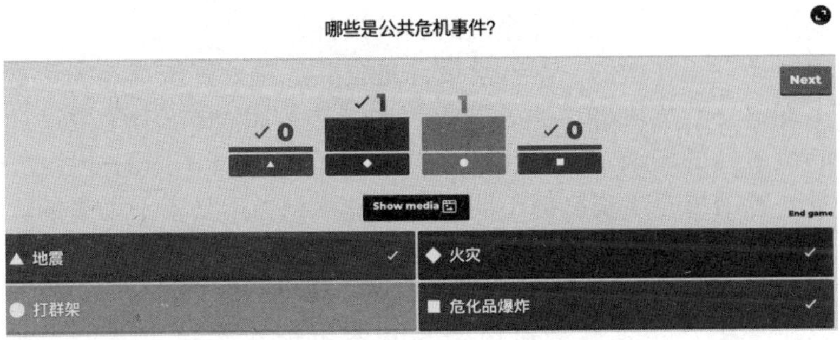

图 5　测试结果反馈界面

四、教学效果和运用心得

到目前为止，“公共危机管理”课程在 Kahoot 系统上的运用笔者还处在探索和设计中，其中的部分内容在小团体中进行了测试。

从教学效果上看，运用了 Kahoot 系统之后，同学们的确因为有了合法使用手机、平板等电子设备之后上课的兴趣更加浓厚了，对于教学内容的参与程度更高了。尤其是在测试选择的过程中，会抓紧在倒计时的时间段内跟周围的其他同学进行讨论，“你选了什么，为什么?”，“我觉得你选的不对，我觉得应该是另外一个，因为……”无形之中，大家开始真正手、脑都融入了课堂。另外，当大家在大屏幕上发现了答案的分歧之后，大家会迅速自发形成自己的小阵营，并为自己的选择进行辩护。如果是团队作业，一个团队会迅速为自己团队的意见进行辩护，这显著增强了学生的合作精神。在这个过程中，加入了老师的适当的引导，学生会主动查阅课本或者笔记资料，学生的参与度极大提高，尤其是主动深入思考比例极大增加，这显著提升了教学效果。

但是运用 Kahoot 系统之前，需要教师对于原来一些直接讲述的内容进行精心设计，设计成不同的测试题，可以让学生进行投票选择的题目。这对于教师备课而言，需要花不少心思。例如，在之前公共危机管理授课的过程中,可以跟学生直接讲述什么是公共危机事件的定义,并讲解他界定的由来。但是用了 Kahoot 系统之后,你需要根据一般人对于公共危机事件的直观感受来设计哪些事件可能会被人误解成公共危机事件,从而从答案引导学生理解公共危机事件与一般的事件、事故的区别。因此,教师需要更进一步深入思考并作出问题的设计。

笔者最近正在做的一个教学设计是公共危机处置流程。为了让学生更好地理解公共危机事件的处置流程和处置逻辑,准备为学生设计一个公共危机事件的场景,然后让学生在不同的阶段选择不同的处置措施,最后看看处置结果会出现有何不同。整个过程相当于是基于场景的模拟危机决策的过程。这个过程初步设计是进行团队测试,每个团队在测试给出自己的答案之后,需要为这种选择进行令人信服的解释。希望这种尝试能够让学生真正理解危机决策与常态决策在底层逻辑和原则上的差异。

参考文献

[1] 王宏伟:《总体国家安全观视角下公共危机管理模式的变革》,《行政论坛》2018 年第 4 期,第 18—24 页。

[2] 张斌、刘宇霞:《翻转课堂教学模式在危机管理案例教学中的应用探究》,《内蒙古统计》2019 年第 3 期,第 25—27 页。

[3] 孙芙蓉:《健康课堂生态系统研究刍论》,《教育研究》2012 年第 12 期,第 77—83 页。

[4] 详情参见 Kahoot 官网:https://kahoot.com/schools-u/。

助推卓越人才培养的多元差异化法学教学模式探索

——以劳动与社会保障法学教学为例*

谭金可　续倩雯

摘　要：法学教学的重点在于培养专业基础扎实、社会意识强、实践能力好的复合型应用人才，但传统的教学模式仍然以讲授理论知识为主，不能很好地培养学生的实践能力与创新能力。基于国家教育改革的需要以及目前教学模式的缺陷，以劳动与社会保障法学的教学为例，构建了多元差异化教学模式。在该模式下，教学目标、教学理念以及教学方案以“学生为本”，提高学生的实践能力与创新能力，致力于突破传统教学模式的困境。

关键词：劳动与社会保障法；教学改革；多元差异化教学模式

教育是开发人力资源的主要途径，对于人才的培养一直都是高等院校教学改革的核心内容。教育部2010年颁布的《国家中长期教育改革和发展规划纲要(2010—2020年)》，明确指出“着力提高学生的学习能力、实践能力、创新能力”、高等学校要“更新人才培养观念”“提高人才培养质量”“创新人才培养模式”。①教育部、中央政法委员会2012年颁布的《关于实施卓越法律人才教育培训计划的若干意见》，指出卓越法律人才教育培养计划的重点是培养应用型、复合型法律职业人才。“每一个学生都存在差异性”。②如何培养厚基础、宽口径的卓越法律人才需要考虑教学对

---

* 原文发表于《南昌师范学院学报》2019年第1期。

① 中华人民共和国教育部：《国家中长期教育改革和发展规划纲要(2010—2020年)》，2010年7月29日。Http://www.moe.gov.cn/jyb_xwfb/s6052/moe_838/201008/t20100802_93704.html.

② 黄莹：《中国国内差异化教学的相关研究》，《文教资料》2010年第4期。

象的兴趣爱好、知识储备，天赋或特长的差异化，实施教学目标的针对化、教学策略的具体化与教学考核的差异化，①多角度多侧面地照顾教学中的差异问题，最大限度地让每个学生在自身的基础上得到发展。

本文以劳动与社会保障法学的教学为例，针对现有教学的不足，探讨进一步改进和完善助推卓越人才培养的多元差异化法学教学模式。之所以以劳动与社会保障法学的教学为例，一方面，因为我国的社会保障相比较发达国家来说，还处于起步阶段，相关工作的专业化水平不高，但是从未来的经济和社会发展趋势来看，我国对劳动与社会保障专业人才的社会潜在需求量比较大；②另一方面，目前劳动与社会保障法在由冷转热的过程中，相关的高校毕业生实践能力不足，难以满足于社会的需求，这就要求劳动与社会保障法这门课程能够主动适应高等教育的改革形势，及时地为国家和社会培养出更多合格的专业人才。多元化差异化教学模式是一种对传统教学模式的创新，通过提供多样化的教学内容可以提升学生的学习能力、创新能力与实践能力，对探索该专业应用型人才的培养具有十分重要的意义。

一、“一元化”课程教学现状及存在的问题

笔者基于劳动与社会保障法学的教学实践，选择两个年级的学生群体作为研究对象，通过深度访谈、焦点小组、民族志/田野调查来了解劳动与社会保障法学教学改革的反馈、经验与教训；辅以历史—比较研究探索、描述和解释改革前后的差别，予以发现和提炼现有教学模式的现状与问题。学生们普遍反映了目前专业化、单一化、集中化的教学模式，体现了“一元化”的教学模式特征，主要表现为以下几点。

(一) 重教师的讲授，轻学生能动性的教学方式

传统的法学课堂教学上，重教师的讲授，轻学生的能动性，③课堂知

---

① 黄莹：《中国国内差异化教学的相关研究》，《文教资料》2010 年第 4 期。

② 徐娟娟、王岩、王敬：《劳动与社会保障专业人才需求调查分析》，《劳动保障世界》2018 年第 20 期。

③ 焦富民：《地方综合性大学法学素质教育的目标与法学教育改革》，《法学家》2003 年第 6 期。

识的传授以法律条文、书本知识与课堂笔记为重心，主要是教师通过书本、多媒体设备等教学资料来向学生讲授专业知识，忽视了学生多样化的个性差异与主观需求，①学生在专业知识的学习上形成一种被动接受的习惯，缺乏主动思考、参与课堂讨论的积极性，在这种模式下教师为主，学生为轻，以照单全收的方式进行灌输教育，学生自主性意识被大大压制，创新性意识也被大大降低，②不利于学生个性的张扬。③近年来，针对传统教学的不足，我校劳动与社会保障法课程在教学上适当运用了师生互动教学的方法，在指定选题的范围内或者自由选题的情况下，由学生进行课题研究式分析，然后进行汇报演讲，完成对一个问题的完整的分析和讲解的全过程，最后任课教师进行点评。这种教学方式给予了学生在课堂上一定的自主权，但是容易流于形式，简单地变成了教师不讲、学生讲的课堂模式，不能形成师生之间在教学内容上真正的双向交流，这样就违背了教学改革的目的，并不能激发学生的积极主动性，也不能培养学生的主动发现问题、解决问题的能力。

（二）以课堂知识传授为重点的教学内容设计

“法学是一种社会化的实践，一种职业性的知识”。④劳动与社会保障法的课程应该是注重培养学生的实际运用法律知识的能力，但是传统教学模式下课程内容的设计上仍然偏重理论教学，以既有的法律条文、书本知识为主，把所有的学生都置于一个共同性平台进行无差别化的教育，⑤以照单全收的方式灌输教育，在实践教学方面的探索不够。现在的劳动与社会保障法课堂教学内容虽然改变了以前单一的知识理论传授状况，加入了一些案例研讨的内容，在一定程度上把理论知识融入了社会实践，增强了学生学习的实践性，但是教学所用的问题和案例缺乏足够的有效性和针对性，降低了学生学习法律的兴趣，难以挖掘学生的潜力。

---

①②⑤　陈伟:《从法学通识教育到法学实践教育的转向》,《法治研究》2015 年第 1 期。

③　焦富民:《地方综合性大学法学素质教育的目标与法学教育改革》,《法学家》2003 年第 6 期。

④　苏力:《反思法学的特点》,《读书》1998 年第 1 期。

（三）以教室场域为焦点的教学环境

在教学的过程中学生学习的主要时间集中在课堂上，课余时间内学生的自主性比较大，很少在课前对教师所讲内容进行预习，课后进行及时整理回顾，在生活中运用专业知识的动机不够高，机会比较少。此外，教师进行教学活动基本都是在教室中，很少到教学地点进行，在学校里有模拟法庭，学校外可以旁听审判，这些都是可以利用起来的教学资源，反而没有得到充分利用。所以目前的教学模式局限于一定的时间（课堂时间）和一定空间（教室）范围内，在课余时间的生活中学生实践锻炼的机会较少，对校内外教学资源的利用也比较少，形成了一种课内课外脱节的现状，加深了学生实践能力不足的问题。

二、“多元差异化教学模式”的提倡

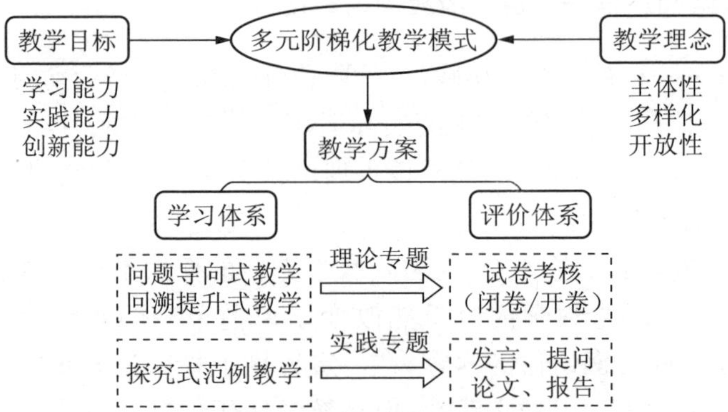

图 1　多元阶梯化教学模式基本思路

多元差异化教学模式的基本思路主要包括了教学目标、教学思路和教学方案三大板块的内容。其中教学目标是该教学模式的出发点，改革后的教学模式目的就在于弥补传统教学的弊端，在培养学生学习能力的基础上加强培养学生的实践与创新能力。教学思路指导整个教学模式的设计，在实施教学的过程中要围绕教学主体性、多样化和开放性的思路来进行。所以多元差异化教学模式以此教学目标和教学思路为基础构建了具体的教学方案，主要包括师生互动的学习体系和教师对学生学习成果的评价体系两方面。学习体系和评价体系都分为理论专题和实践专题两部分，在理论专题上主要依靠问题导向式教学和回溯提升式教学来帮助学生打好理论知识基础，培养学生的学习能力，相对应的评价考核采用传统的开卷或者闭卷的方式来进行；在实践专题上用探究范例式教学方式，充分利用校内的教学资源来重点培养学生的实践与创新能力，基于实践教学的特点，考核方式也相对多样化，除了记录学生课堂发言、提问的情况之外还可以用提交论文和实践报告的方式考察。针对现有教学模式上“教师为重，理论为主，课上为主，教室为主”的问题，多元差异化的教学模式增加了实践教学，有利于提升课堂的吸引力和综合培养功效，满足学生的不同需求，更好地培养学生的综合能力，以下为该模式的详细内容。

（一）教学目标上的革新

法学教学改革的主要目的就是为了能更好地培养出符合社会需求的法学专业人才，原有的法学教学模式主要专注于法学理论知识的学习方面，学生缺乏主动发现问题、研究问题、解决问题的实践能力和创新能力。改革后的法学教学模式目的就在于能弥补原有模式的不足，培养学生法律思维、训练学生法律职业技能、培育学生法律职业伦理，增强学生实践能力和创新能力的培养，让学生在认识上和学习上更有积极性和主动性，转变以往被动地位。整个多元差异化教学模式围绕教学目标开展，重点在于培养学生三方面的能力：首先，学习能力是其他能力的基础，是一种通过有效的方式，不断吸取新的理论知识并且将已有知识进行融合从而不断改变知识结构的一种能力，学生必须具备能够自主获取知识，整合优化知识体系的能力才能指导实践力与创新力。其次，实践能力就是将所学到的知识理论运用到实际生活中，发现问题、汇总问题、运用知识解决问题的能力。实践能力是劳动与社会保障法这门课程培养的主要能力，是要让学生在具体的学习过程中有参与实践活动的积极性和强烈的发展意识。最后，创新能力是在学习能力与实践能力之上的一种能以现有的思维模式和知识体系来提出有别于常规的见解或者解决一些社会实际问题的能力，创造力的培养学生必须要以学习能力和实践能力为基础。学生学习能力、实践能力、创新能力培养的教学目标设置能够为社会培养出更多优秀的应用型人才。

(二)教学理念上的提升

在劳动与社会保障法的教学过程中应该改变以教师为中心的现状,逐渐强调学生的主体意识,激发学生参与课堂学习讨论的积极主动性,变成以学生为中心的教学模式,增强教学的主体性。在教学安排中还要保证教学内容的开放性和教学形式与手段的多样化,教学内容要跟国内外的研究进度接轨,开放地融合各个国家的学术观点,引导学生关注国内外前沿的社会问题与争议,同时充分利用现有的各种教学资源采取多样化的教学形式培养学生的学习能力、实践能力与创新能力。

(三)教学方案的改进

多元差异化教学模式强调“多元化”和“差异化”,其中“多元化”是在教学方式、手段以及内容上的丰富性具有能满足不同学生需求的特征,与多样化的教学理念相呼应。“差异化”强调一个循序渐进的过程,教学过程中根据培养目标按照“学习能力、实践能力、创新能力”的顺序,设置多层次的培养方案,采用分层次、分阶段的学习和考核开展教学,以提高学生三方面的能力,完成教学目标,培养出综合型的应用性人才。该模式下的教学方案始终以教学目标为基准,融入主体性、多样化和开放性的教学理念,构建了学习体系和评价体系两方面。学习体系和评价体系都分为理论和实践两大方面的内容,在理论学习上主要运用回溯提升式教学方法和问题导向式教学方法,基于理论学习的特点相应的评价考核方式采用开卷或闭卷的形式;在实践学习上主要采用融合案例教学、判例研究和社会实践教育“三位一体”的探究式范例教学的方法,重点培养学生的实践能力和创新能力,相应的评价方式有发言、提问、完成论文和报告等。

1. 实践导向式法学教学法的推广

“法学本身就来源于实践,并且要服务于实践,法学的发展有赖于实践的发展和推动。”①问题导向式教学是一种从法学实践性特征出发,以探究为主的教学方式,在教师引导之下,改变过于偏向通识性知识的传导的现状,增设相应的案例练习课,②学生以原有的知识、现实生活和周围

---

① 张文显:《法哲学通论》,辽宁人民出版社 2009 年版,第 149 页。

② 葛云松:《法学教育的理想》,《中外法学》2014 年第 2 期。

世界为参照，进行自主学习和相互讨论，重视实践专业性与操作技能提升。其中问题的设置是关键，直接影响到学生的学习质量，在本门课程的教学中可以改革现有按章节分点教授的方式，在“基本原理、制度分析、案例分析”的模块分类基础上，将现有制度划分为若干理论与实践并重的专题，不拘泥于一章一节，而是以问题的形式把基础理论框架分成不同部分，再安排到学生中去形成小组在课前自主学习，课堂上进行讲解。①此外，问题的设置除了要包括基础理论知识以外，还要包括相关理论内容的社会前沿问题和学术界争论的议题，这样可以让学生充分利用课前和课上的时间进行自主学习，同时还能联系实际生活，以所学知识为基础来思考社会上的前沿问题，参与讨论学术界争议议题，表达自己的看法。这种问题导向式教学使基础课程专题化，更具有针对性和开放性，能够激发学生的学习动机和积极探索的精神。

2. 回溯提升式法学教学法的运用

回溯提升式教学法“回溯”的内容，是学生之前学习中积累的知识。②“提升”的对象，以在回溯中被激活的学生积累的知识为基础，使学生已有知识再定位、再提升，从而从根本上改变学生的知识结构、认知水平和辨识能力。这种方式需要与问题导向的教学方式相互配合，学生通过课前的自主学习在课上共享学习成果的过程是学生自主积累知识的过程，在学生共享知识后教师首先需要帮助学生“回溯”知识，也就是把他们所掌握的理论知识定位在整个课程内容的框架中，帮助学生梳理知识脉络，使学生能够从整体的框架脉络上给知识进行定位和理解。学生共享知识成果后就教师布置的社会前沿问题和学术界争议议题进行讨论发言的同时教师根据学生的讨论情况再不断补充和修正学生的知识体系是“提升”的过程。理论知识是不断发展的，学生必须要有不断学习的意识，“回溯”的过程是能够让学生从宏观上把握知识，“提升”的过程则是让学生不断修正和改进知识体系与现实问题接轨，是帮助学生把理论运用到实践生活中的重要一步。回溯提升式教学方法与问题导向式教学方法相互配合就

---

① 马蔚姝：《PBL 教学模式在“社会保障学”课程中的应用探索》，《经济研究导刊》2011 年第 30 期。

② 徐奉臻：《中国近代史纲要的回溯提升教学法微探》，《吉林教育》2007 年第 1 期。

构成了基础理论专题的主要教学模式，通过这种模式学生能有更有主动学习的认识，而且结合社会实际加深对知识的掌握和理解，有效培养学生提出问题、分析问题和解决问题的能力和创新能力。

3. 探究式范例法学教学法的落实

探究范例式教学是融案例教学、判例研究和社会实践教育“三位一体”的教学方式，这种教学方式主要运用于课程的实践专题中。案例是实践专题中的主要内容，对案例的学习可以分为两个模块——案例评析和判例研究，其中案例评析在旁听审判或模拟法庭的方法上采用双师教学（专业教师与实务教师的双师型教师）的模式，学生通过旁听或者自己组织案情分析、角色划分、法律文书准备、预演、正式开庭等环节模拟刑事、民事、行政审判及仲裁来了解案例内容，针对案例疑难问题积极参与讨论，同时专业教师和务实教师又从理论基础和实践基础两方面对学生给予指导，这种师生互动，同辈共济的手段与方法能增强学生的实践能力。判例研究是教师帮助学生梳理司法裁判经典案例，组织开展案例分析竞赛，将学生从案例评析当中培养的实践能力在竞赛中得到巩固和加强。最后将案例评析和判例研究与社会实践教育三位融为一体加强培养学生的实践能力和创新能力，实现教育部提出的“推进高等学校教学改革，加强实践教学，培养高层次应用型人才”的教育战略。

4. 动态性、常规化法学教学考评体系的引入

引入动态性、常规化的考评体系，针对不同课程模块设计具有针对性的考试系统，建立多样化考评体系，不仅仅注重平时考评的方法和评分比重，更要探索有利于创新能力培养的本科必修课考试模式：在理论专题方面学生学习的重点是掌握全面的知识理论，这个教学过程更注重学生最后的学习成果，所以在理论专题的考核上运用常规化的试卷考核方法，可以采用闭卷的形式考查学生基础知识掌握和简单运用以及分析的能力，也可以设置一些开放性的问题采取开卷的形式进行考核，观察学生分析问题、解决问题和创造性的思维能力。①试卷形式的考核可以根据专题的完成情况分段进行，也可以安排在学期末进行。在实践专题的学习过程中培养学生把知识运用到实际生活中，解决现实问题的能力，这种教学更

① 彭伊凡：《高校课程考核及评价体系改革思考与研究》，《现代商贸工业》2016年第1期。

注重学生参与学习的过程，所以在考核的形式上依据此特点采用论文和实践汇报的方式，同时记录学生学习过程中的发言和提问的表现，实时记录。最后将试卷考核、论文汇报、提问发言按照一定的分值比重进行加总，以全面考核学生的学习、实践与创新能力，以考促学，以学提升能力。

三、结　　语

多元差异化教学模式平衡了理论教学和实践教学，理论教学相对于实践教学来说对学生的吸引力较小，很容易形成师生之间的零互动问题：教师不了解学生的知识水平和学习兴趣，学生也缺乏主动学习的积极性。因此采用问题导向式的教学方式可以帮助学生主动参与到学习中来，加强学生的话语权，配合回溯提升式教学方式可以让教师发现学生对理论知识理解和掌握的不足，帮助他们构建正确丰富的理论框架内容。只有理论教学是不够的，还需要有配套的实践教学，基于法学课程的特点，实践教学主要利用案例进行，采用探究式范例教学方式能帮助学生学会运用所学知识来解决实际生活中的问题。探究式范例教学与问题导向式教学、回溯提升式教学针对的课题性质不同，前者针对实践专题，后者针对理论专题。理论专题与实践专题构成了一个完整的教学内容，而劳动与社会保障法这门课程是以问题为导向将整个知识框架分割成不同的内容，所以在每块内容的教学上都分为理论与实践两个专题，再采用相对应的教学方式完成教学活动，这三种方法需要相互配合使用才能达成教学目标，为社会培养出更多优秀的应用型人才。

参考文献

[1] 中华人民共和国教育部：《国家中长期教育改革和发展规划纲要（2010—2020 年）》，2010 年 7 月 29 日。Http://www.moe.gov.cn/jyb_xwfb/s6052/moe_838/201008/t20100802_93704.html.

[2] 黄莹：《中国国内差异化教学的相关研究》，《文教资料》2010 年第 4 期。

[3] 徐娟娟、王岩、王敬：《劳动与社会保障专业人才需求调查分析》，《劳动保障世界》2018 年第 20 期。

[4] 焦富民:《地方综合性大学法学素质教育的目标与法学教育改革》,《法学家》2003 年第 6 期。

[5] 陈伟:《从法学通识教育到法学实践教育的转向》,《法治研究》2015 年第 1 期。

[6] 苏力:《反思法学的特点》,《读书》1998 年第 1 期。

[7] 陈伟:《从法学通识教育到法学实践教育的转向》,《法治研究》2015 年第 1 期。

[8] 张文显:《法哲学通论》,辽宁人民出版社 2009 年版,第 149 页。

[9] 葛云松:《法学教育的理想》,《中外法学》2014 年第 2 期。

[10] 马蔚姝:《PBL 教学模式在“社会保障学”课程中的应用探索》,《经济研究导刊》2011 年第 30 期。

[11] 徐奉臻:《中国近代史纲要的回溯提升教学法微探》,《吉林教育》2007 年第 1 期。

[12] 彭伊凡:《高校课程考核及评价体系改革思考与研究》,《现代商贸工业》2016 年第 1 期。

本科专业课程案例教学的优化

李汉卿

摘　要：案例教学法改变了传统的以教师为主的课堂讲授方式，有利于激发学生学习积极性与主动性，提升其分析问题、解决问题的能力。尽管很多老师正在主动采用案例教学法，但是效果并不尽如人意。笔者在自授的“行政组织学”课堂中开展了案例教学，并对学生案例教学的偏好及效果进行了问卷调查。调查发现，既有的案例教学法存在着学生知识准备不足、部分学生参与积极性不高、案例撰写与选取难度高、教师角色定位尚不清晰等困境。那么，对于如何优化本科专业课程案例教学，可以借助近几年兴起的“翻转课堂”教学法，提升学生主动性与积极性，实现学生个性化学习。

关键词：本科专业课程；案例教学；“翻转课堂”教学法；优化路径

一、引　言

案例教学法是一种以案例为基础的教学法（case-based teaching）。案例本质上是提出一种问题的两难情境，没有特定的解决之道，而教师于教学中扮演着设计者和激励者的角色，鼓励学生积极参与讨论，教师不再是传统的知识传授者角色。这种教学方法能够推动学生进行广泛的阅读，进而激发学生思考问题的积极性，帮助学生提升解决实际问题的能力。

尽管华东政法大学部分教师已经开始在本科生的专业课程教学过程中有意识地采用案例教学方法，但是效果总是不尽如人意。其问题就在于教师在选取案例时，并没有充分尊重学生意愿与需求，而是依据自身的判断对教学案例进行甄选，如此就可能导致学生专业课程学习兴趣的低下。而且案例教学过程中，教师与学生的互动不足，这也是致使案例教学法效果差的原因之一。本文旨在探讨如何在尊重学生学习兴趣基础上撰写教学案例，并通过互动式案例教学法，激发学生主动学习及其发现问题与解决问题的能力。

本文主要采用问卷调查法。针对行政管理专业（行政管理专业有政府管理与电子政务两个班级），为了方便区分，本文分别将其标识为行政管理1与行政管理2及政治学与行政学专业的130名学生，选取了60名学生进行问卷调查。问卷调查在本人讲授的"行政组织学"课堂上进行，共分为两部分：一部分是围绕案例教学的偏好进行的调查，这既有助于了解学生们对于案例教学的偏好，又可以为案例的撰写提供一定的参考；另一部分则是针对案例教学效果进行的调查，由于在案例教学时采用了小组展示式与无领导小组式两种案例教学法，调查时分别选取了40名学生（小组展示式案例教学）与20名学生（无领导小组式案例教学）。在案例教学过程中，主要采用的案例文本是《明星村的治理困境："乌坎事件"透视》。同时，本人还针对2014级行政管理专业的学生开展了"还我绿色启东在行动：江苏启东'7·28反排污项目'群体性事件记"的案例教学，并进行了有效观察。

二、案例教学中学生偏好的调查

为了更好地把握本科生对于案例教学的兴趣，笔者特意制作了《本科专业课程案例教学偏好调查问卷》，并针对行政管理专业学生（共82名学生）发放了40份问卷，对政治学与行政学专业学生（共48名学生）发放了20份问卷。60份问卷全部收回，有效问卷为60份。下面就围绕本科生对于案例教学的偏好进行分析。

（一）关于本专业喜好的调查

学生对于本专业的喜好程度直接影响着他们对案例教学的兴趣，所以笔者首先要对他们对于自己所学专业的喜好进行调查。其喜好程度如下：

通过图1可以发现，政治学与行政学专业的学生对于自己的专业有较高的认同感，表示喜欢自己专业的学生有95%，比较喜欢及非常喜欢的占比70%；相对而言，行政管理专业的学生则对于本专业的认同与兴

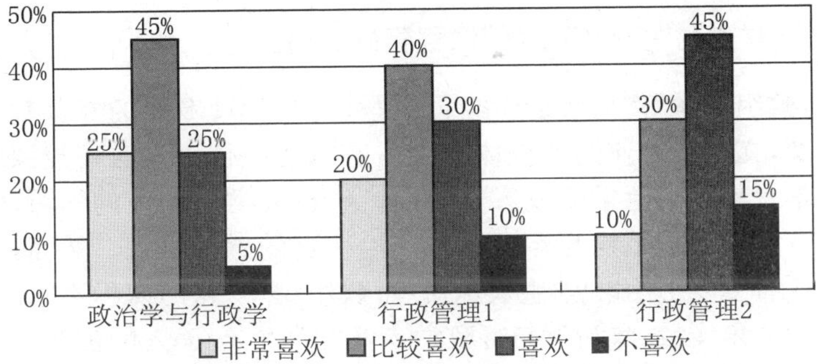

图 1　学生对本专业的喜好程度(分专业)

资料来源:作者依据调查问卷整理而成。

趣稍低,比较喜欢及非常喜欢的占比 60%(行政管理 1)和 40%(行政管理 2);而不喜欢本专业的学生占比分别为 10%(行政管理 1)和 15%(行政管理 2)。两个专业的学生对本专业的喜好程度不同,直接影响了他们对于课程的兴趣。在案例教学过程中,他们对于案例讨论的积极性与准备程度表现出了较大的差异。在分小组讨论和小组展示过程中,政治学与行政学专业学生比行政管理专业学生的积极性要高很多。

如果不区分专业,则仍然有大约 10%的学生对本专业不感兴趣,而比较喜欢及非常喜欢的占比 57%(见图 2)。导致这种情况的一个很重要的原因是本校是以法学为鲜明特色的院校,入学的学生大都首选法学学科,而政治学与行政学、行政管理的学生大都是专业调剂的,因此有部分学生表现出对本专业的不喜欢。总体上看,学生对于本专业还是有着较高的认同与较浓厚兴趣的。

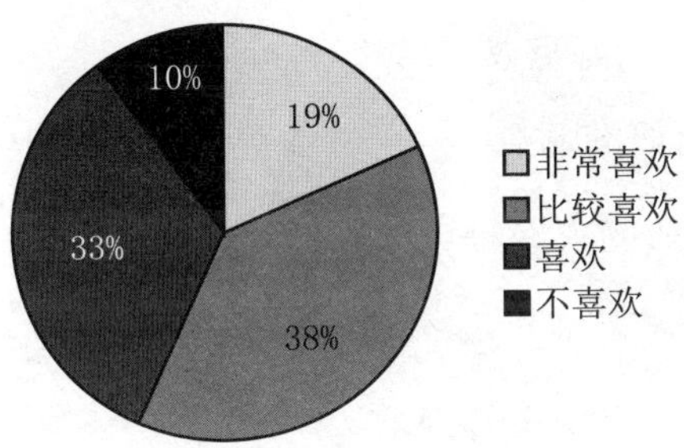

图 2　学生对本专业的喜好(不分专业)

资料来源:作者依据调查问卷整理而成。

（二）关于学生对“行政组织学”课程喜好的调查

“行政组织学”作为政治学与行政学、行政管理专业的专业基础与专业主干课，在两个专业的课程体系中占有重要地位。该课程授课时间一般在大学二年级的上学期或者下学期。经过大学一年级的学习，学生应该对本专业的课程结构与知识体系产生一定的感性认识。然而，笔者经过调查还有28%比例的学生表示对“行政组织学”这门课程不了解（见图3）。从专业角度看，政治学与行政学专业的学生有55%的被调查学生表示不了解；而行政管理专业两个班级均只有15%的被调查学生表示不了解。所调查的学生中没有对该课程非常了解的。

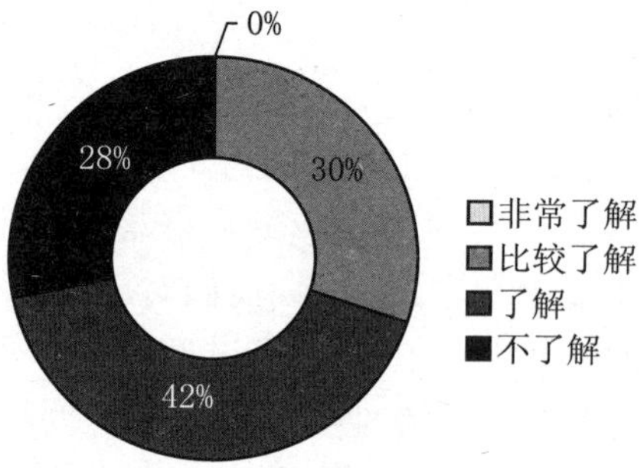

图3　学生对“行政组织学”课程的了解程度

资料来源：作者依据调查问卷整理而成。

虽然两个专业的大部分学生对于“行政组织学”课程处于比较了解与了解的程度，但是他们对该课程表示了较高的兴趣，比较感兴趣及非常感兴趣的学生占比66%（见图4）。学生对于这门课程比较感兴趣有助于案例教学活动的开展。

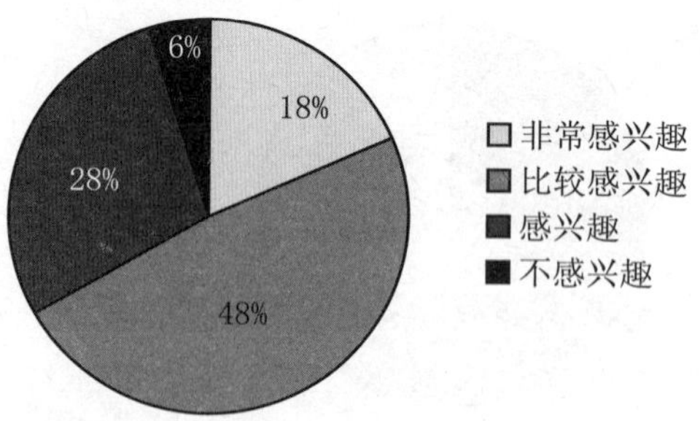

图4　学生对“行政组织学”课程感兴趣的程度

资料来源：作者依据调查问卷整理而成。

(三) 关于“行政组织学”课程案例教学喜好的调查

笔者通过调查得知，大约有 75%的学生表示比较喜欢与非常喜欢“行政组织学”开展案例教学，只有 2%表示不喜欢。这说明学生迫切需要将所学知识运用到实际问题的解决中来，同时提升自身分析问题与解决问题的能力。这正是案例教学的目标所在。这也为案例教学的开展及优化提供了坚实基础。

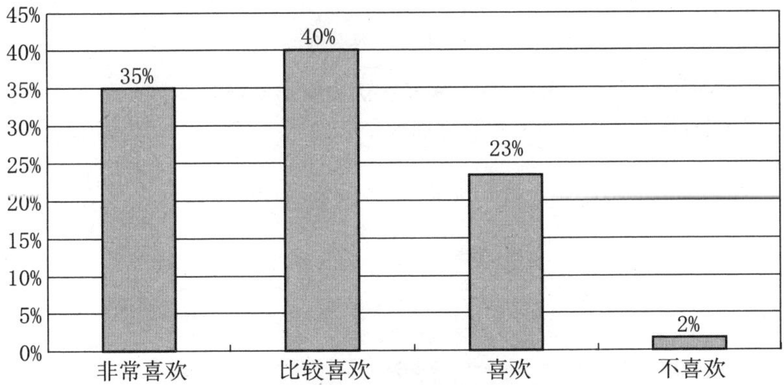

图 5　学生关于“行政组织学”课程案例教学的喜好

资料来源:作者依据调查问卷整理而成。

(四) 关于教学案例选取的偏好调查

为了更好地掌握学生们对于教学案例内容的偏好，笔者围绕“你喜欢什么内容的案例”进行了调查。经过调查发现，59%的学生喜欢社会热点案例，其次是历史性案例，比例大约为 17%，第三位的是公共管理型案例 13%，排在最后的则是政治性案例，占比约有 11%(见图 6)。一般而言，社会热点型案例具有综合性的特点，它可能涵盖政治型与公共管理型案例，这也反映出学生们并不喜欢单一性质的案例，而是更为喜好综合性案例；同样，约 17%的学生选择的历史型案例也是具有综合性的特点。这就为今后案例的撰写及选取提供了参考。

在针对“从国别看，你喜欢哪种案例”的调查中发现，大约 72%的学生选择了中外比较的案例，约 21%的学生喜欢中国的案例，而对国外的案例只有约 6%的学生喜欢(见图 7)。由此可以看出，学生们喜欢将中国

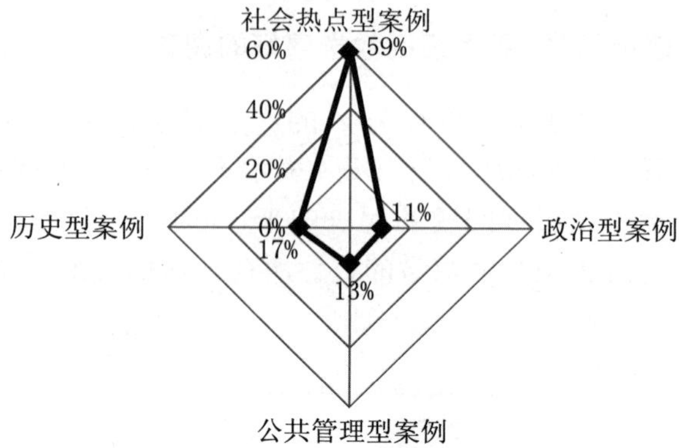

图 6　学生关于案例内容的偏好

资料来源：作者依据调查问卷整理而成。

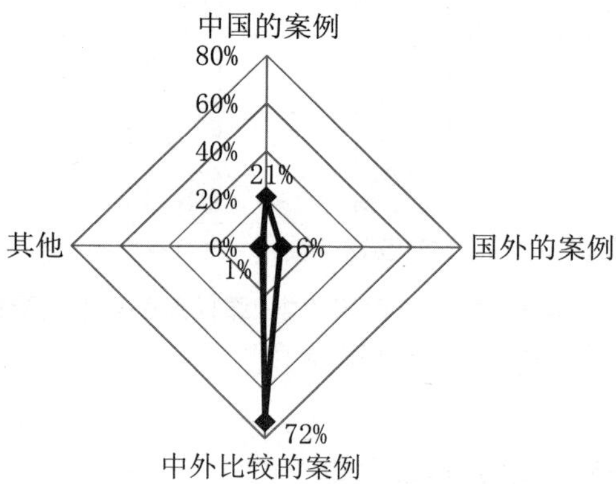

图 7　学生关于案例国别的选取偏好

资料来源：作者依据调查问卷整理而成。

与国外进行比较分析，这与日常教学的特点也基本吻合。单纯的讲授中国，虽然也有 21%的学生表示喜欢，但是只讲中国而缺乏横向的比较的话，可能导致问题分析与揭示的不充分。然而，中外比较的案例在撰写及选取过程中也存在着诸如两国案例的可比性及比较点的选择等问题，毕竟两国国情不同，产生的社会治理问题等也不尽相同。尽管中外比较的案例撰写较为困难，但为笔者提供了努力的方向。

关于案例形式的调查中，约 73%的学生选择了文字、视频及音频兼有的案例，喜好文字案例、视频案例的各占 10%，音频案例只有 6%的学生表示喜欢。这说明愈是形象生动的案例越能引起学生的兴趣，易于学生接受，愈加能引导学生深入探讨。然而，文字、视频及音频兼有的案例，从制作视角看比较困难。这也为案例制作者提出了新的挑战。

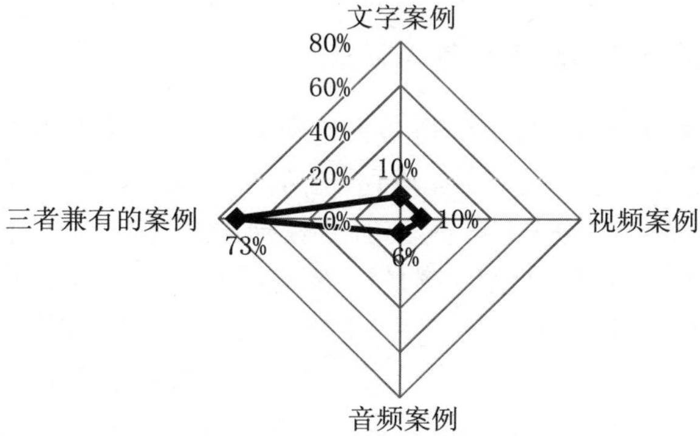

图 8　学生关于案例形式的偏好

资料来源：作者依据调查问卷整理而成。

（五）关于案例教学形式的偏好调查

经过调查，笔者发现 38％的学生选择了在课堂讲授中穿插案例的方式；24％的学生选择了前两节课知识讲授第三节课案例讨论；而要求学生自主学习性比较高的两种形式：案例提前发放并设置案例讨论课堂及无领导小组式讨论，则分别只有 18％、5％的学生选择（见图 9）。这一方面反映了学生学习的自主性还需进一步提升，另一方面说明了教师在案例

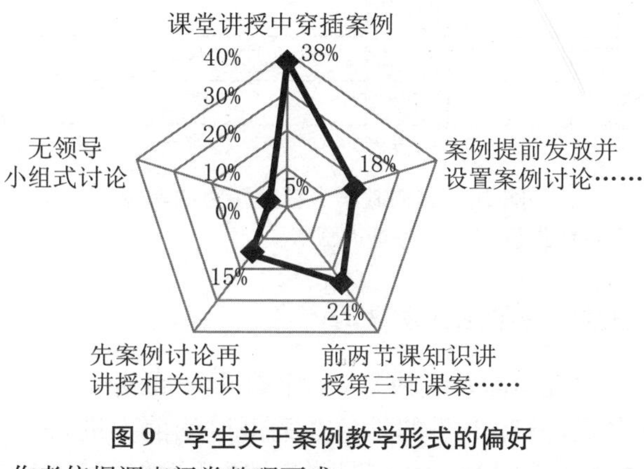

图 9　学生关于案例教学形式的偏好

资料来源：作者依据调查问卷整理而成。

教学中的角色不可替代。在关于案例讨论与知识讲授的先后顺序方面，有15%的学生选择了先案例讨论再讲授相关知识，这说明大部分学生认为应该遵循理论知识掌握→实际问题分析的顺序。

（六）关于案例教学中教师角色的调查

关于“在案例讨论中，你觉得授课老师的角色是什么”的调查中，笔者发现73%的学生选择了引导者角色，还有17%的学生选择了参与者角色。从总体上看，学生对于案例教学中教师的角色定位基本正确。在案例教学中，教师的主要角色应该是引导者，引导学生逐步进入案例的情景，并循循善诱的引导他们逐步深入并将问题层层揭开，从而达到抓住问题的本质之目的。实际上，在案例教学中，授课教师的角色除了引导者之外，在必要的时候还可以承担参与者、旁观者乃至指挥者的角色。因为在案例讨论与案例展示环节，可能会出现各种各样的问题，有时教师与学生共同探讨问题、观察学生案例讨论的状态及维护讨论秩序是必需的。由此看，案例教学中授课教师的角色是多元的，需要根据案例教学过程中的实际情境具体分析。

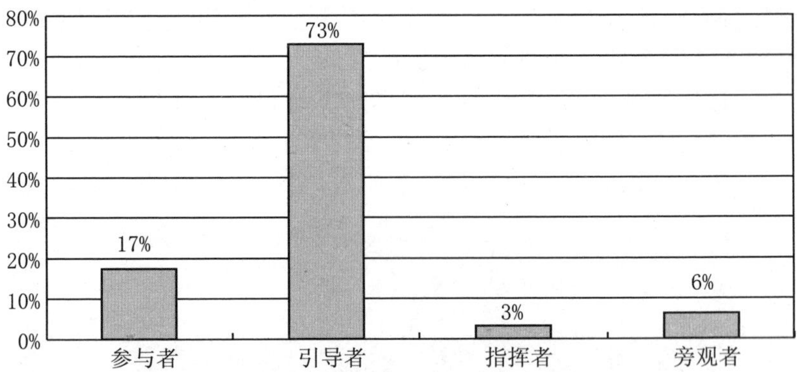

图10　案例教学中教师角色的调查

资料来源：作者依据调查问卷整理而成。

（七）关于案例教学中学生主动性的调查

在关于“案例教学前及结束后，学生是否开展相关材料延伸阅读”的调查中，笔者发现，仍有30%的学生在案例讨论前不进行延伸阅读，也不与老师进行讨论（见图11）。也就是说，这些学生仅仅停留在案例材料本身，而无法将案例材料反映的时代背景、问题本质等较好地揭示出来。学生在案例讨论前，进行相关材料的延伸阅读直接影响着案例教学的效果。在案例讨论结束后只有约58%的学生会进行延伸阅读(见图11)，这个比例也是不高的。这说明还有一部分学生认为案例讨论结束了就完结了，而不进行相关材料的阅读。这种观点及行为就会致使学生无法很好地把握相关知识，不能够将其融入自己的知识体系，也不能拓展自己的分析问题与解决问题的能力。在案例讨论结束后，进行相关材料的延伸阅读，是进一步提升学生知识水平与解决实际问题能力的重要步骤。

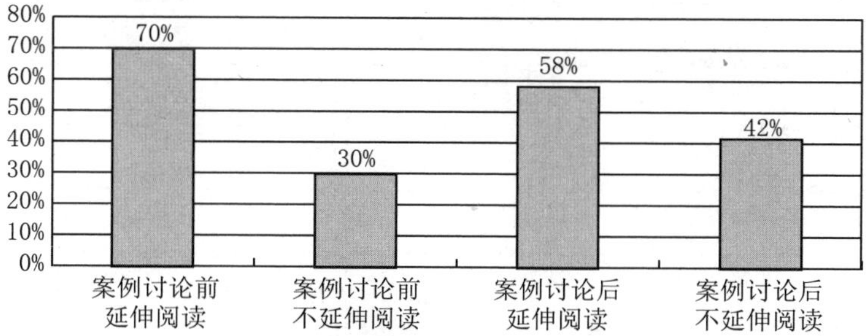

图11　案例教学中学生主动性的调查

资料来源：作者依据调查问卷整理而成。

三、关于案例教学效果的调查分析

在案例教学结束后，笔者进行了案例教学效果的调查问卷。因为案例教学中采用了小组展示式与无领导小组式案例教学法，所以此次问卷也分为两种。政治学与行政学专业、行政管理专业(一个班)采用了小组展示式案例教学，共发放问卷40份，另外一个行政管理专业的学生采用的是无领导小组式案例教学，共发放问卷20份。

(一) 小组展示式案例教学效果调查

小组展示案例教学是指在教学之前一周就将案例材料发放给学生，由学生依据自愿原则分组后利用课余时间阅读相关材料，准备案例讨论的问题，然后在课堂上展示探讨的一种案例教学方法。一般而言，小组展示式案例教学法可以给学生更大的自主权，可以让他们充分发挥学习主动性。下面就对小组展示式案例教学法的教学效果进行分析。

1. 关于案例喜好的调查

案例内容是否受到学生的青睐，将直接影响到案例教学的效果。因此，针对学生的兴趣选择案例就显得非常重要。在“你喜欢老师提供的案例吗”的调查中，所有的学生都选择了喜欢，其中比较喜欢与非常喜欢的学生占比 76%（见图 12）。这说明此次案例的内容与学生的兴趣较为吻合，将给此次案例教学带来良好的预期。

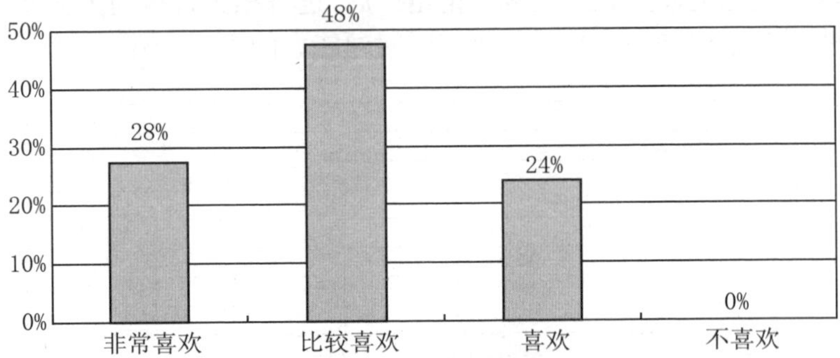

图 12　关于案例喜好的调查

资料来源：作者依据调查问卷整理而成。

2. 关于小组展示式案例教学的调查

此部分的调查也分为两部分：一部分是关于小组展示式案例教学的喜好调查；另一部分是关于小组展示式案例教学安排的调查。在第一部分的调查中，笔者发现有 5%的学生表示不喜欢小组展示式案例教学法，而比较喜欢与非常喜欢的占比 68%（见图 13），这说明学生对于此种案例教学法还是较为认同的。

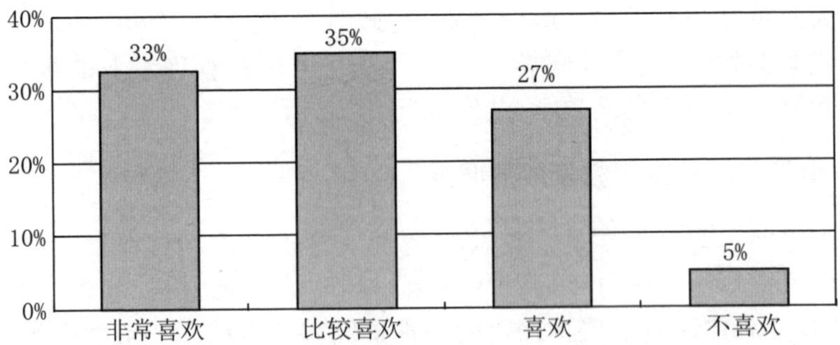

图 13　关于小组展示式案例教学喜好的调查

资料来源：作者依据调查问卷整理而成。

在小组展示式案例教学安排的调查中，关于小组成员人数，55％的学生认为5—6人比较合适，40％的学生认为3—4人比较合适，还有5％的学生认为1—2人合适(见图14)。一个小组成员人数少，便于成员间的沟通与合作，但是成员数过少也不会取得预期效果。在今后的案例教学过程中，可以依据学生们的意愿分别设置5—6人的小组与3—4人的小组，以便进行效果的比较。

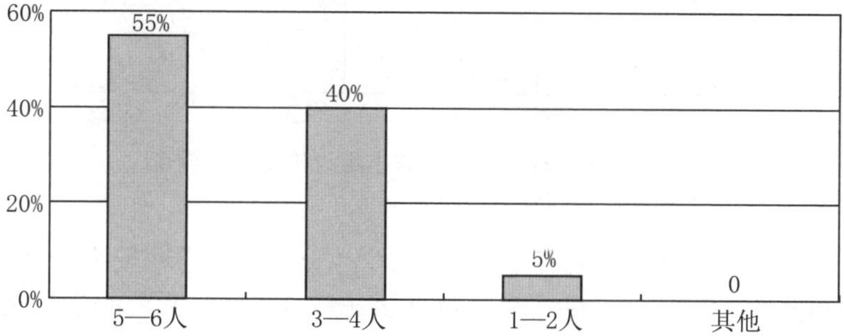

图14　关于小组成员人数的调查

资料来源：作者依据调查问卷整理而成。

在小组展示式案例讨论中，有55％的学生是一种被动参与者的角色，这说明小组成员内部缺乏沟通，协调不好。小组展示式案例教学需要组建一个有效的团队，每个成员的角色互补才能深入的探讨问题。被动参与者角色占比高的另一原因，则可能是学生积极性不高。

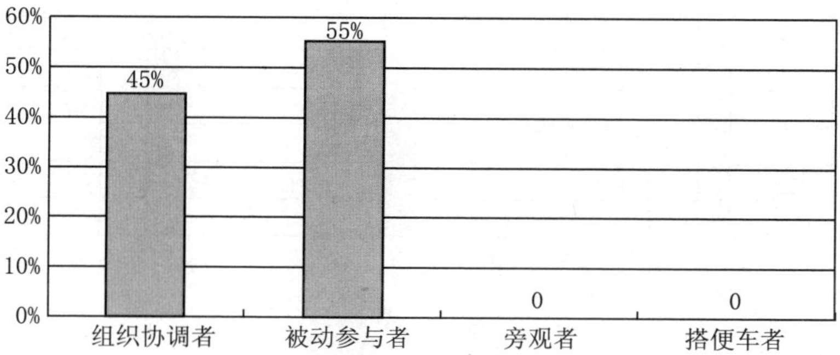

图15　关于小组案例讨论时承担角色的调查

资料来源：作者依据调查问卷整理而成。

关于“你是否愿意积极参与课余的小组讨论吗”的调查中，笔者发现97％的学生表示愿意，其中55％的学生表示比较愿意及非常愿意。这说明学生还是能够牺牲课余时间与其他小组成员共同讨论问题。

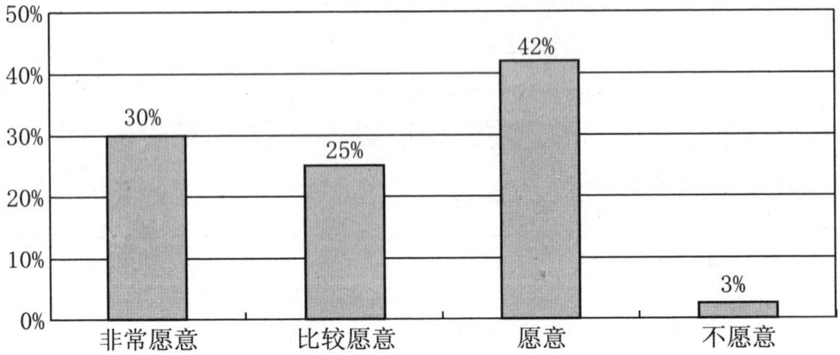

图 16　关于课余时间参与小组讨论意愿的调查

资料来源:作者依据调查问卷整理而成。

在小组展示时间的调查中,67%的学生认为 15 分钟较为合适;在展示方式的调查中有 60%的学生选择演讲+PPT 展示,38%的学生选择演讲+PPT 展示+板书,因为多种方式的小组展示,便于更加直观形象地了解展示内容。关于小组展示时多少人参与比较好,选择每组选派一名代表与成员轮流上台的学生各占比 50%。然而从实际效果观察,每组选派一个代表上台展示效果比较好,如果每个小组成员轮流上台展示则显得有些混乱。

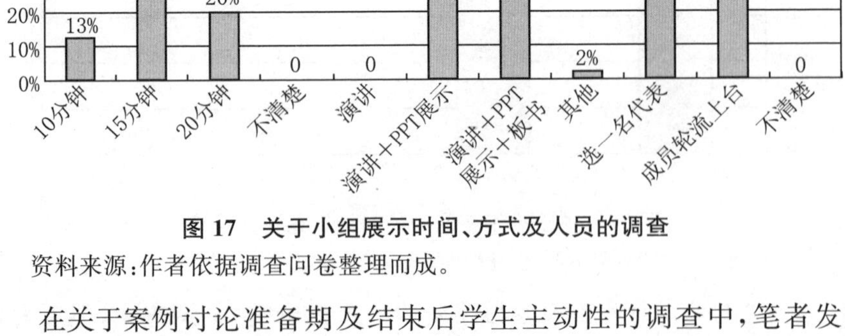

图 17　关于小组展示时间、方式及人员的调查

资料来源:作者依据调查问卷整理而成。

在关于案例讨论准备期及结束后学生主动性的调查中,笔者发现 85%的学生会做积极准备,而且 75%的学生认为积极准备效果很明显,在准备期间60%的学生遇到问题时会与老师交流(不与老师交流的占比40%),案例讨论结束后只有35%的学生进行延伸阅读。这里反映出两个问题:一是案例讨论准备过程中学生与老师的交流还不够;二是大部分学生认为案例讨论结束就可以了,而不进行延伸阅读。

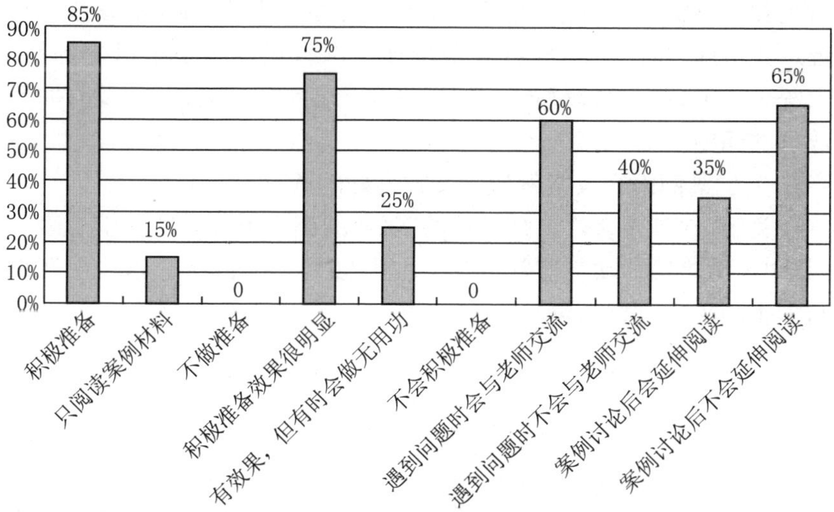

图18 关于案例讨论学生主动性调查

资料来源:作者依据调查问卷整理而成。

关于小组展示时教师角色的调查显示,76%的学生认为教师应该发挥引导者角色。实际上,在案例教学时教师的角色应该是多元的,这说明学生对于教师角色定位尚不是很清楚。

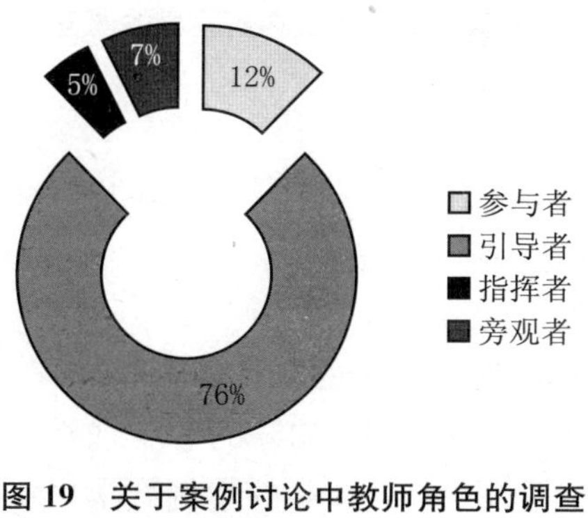

图19 关于案例讨论中教师角色的调查

资料来源:作者依据调查问卷整理而成。

（二）无领导小组式案例教学效果调查

无领导小组式案例教学，指的是提前一周将案例资料发放给学生，由学生自愿分组后阅读并准备相关材料，在案例教学的课堂中小组成员先进行无领导小组案例讨论，然后再分组展示的一种案例教学方法。与小组展示式不同之处在于，此种方法增加了课堂无领导小组讨论的环节。在无领导小组讨论中，教师还需要积极观察各小组的讨论，并及时回答小组成员的问题。

1. 关于案例内容及案例教学方式喜好的调查

在关于“你是否喜欢老师提供的案例”的调查中，100％的学生表示喜欢，其中表示比较喜欢与非常喜欢的占比 90％（见图 20）。这说明案例内容与学生的兴趣点相吻合。

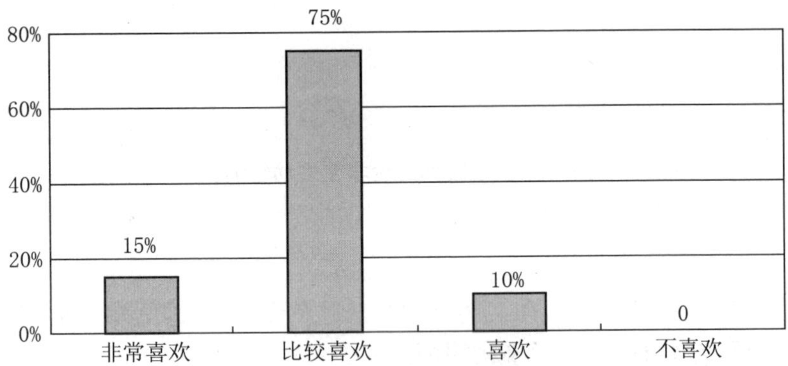

图 20　关于案例内容喜好的调查

资料来源：作者依据调查问卷整理而成。

在关于参与无领导小组式案例讨论意愿的调查时，90％的学生表示喜欢，其中表示比较喜欢与非常喜欢的占比 70％（见图 21）。大部分学生比较认可这种案例教学形式。

2. 关于无领导小组案例讨论的调查

在小组成员人数的认识方面，50％的学生选择了 5—6 人，40％的学生认为 3—4 人为宜（见图 22）。今后的案例教学中可以尝试比较这两组的差异，得出适宜的小组成员数。

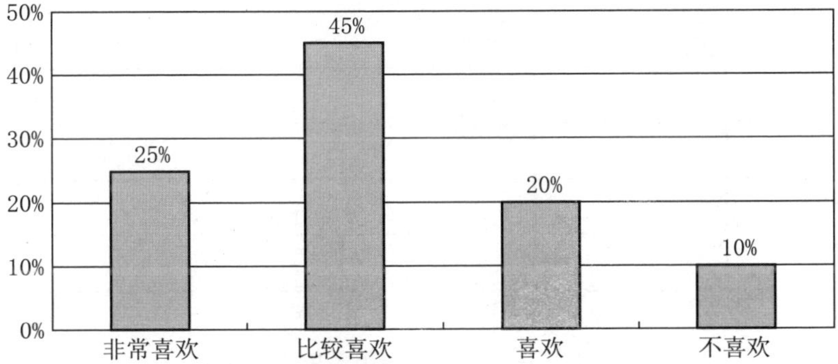

图 21　关于案例教学形式喜好的调查

资料来源:作者依据调查问卷整理而成。

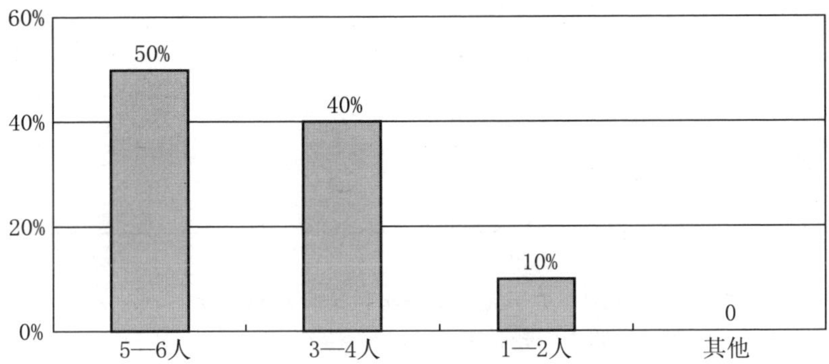

图 22　关于无领导小组人数的调查

资料来源:作者依据调查问卷整理而成。

关于在无领导小组中角色的调查中(见图 23),组织协调者与被动参与者各占 50%,还有 10%的旁观者。无领导小组讨论的一个很重要的功能就是考察每个人的角色潜质,45%的学生还只是被动参与者,说明他们无法积极主动进入案例讨论中。10%的旁观者,则说明了他们没有进入案例讨论。

关于无领导小组讨论时间,60%的学生认为 45 分钟(一节课)较为适宜(见图 24),在案例展示阶段,50%的学生认为 15 分钟即可,还有 35%的学生认为 10 分钟也可以(见图 25)。在实际案例讨论中,笔者观察发现讨论时 45 分钟比较合适,展示时 15 分钟能保障较为充分地表达小组的讨论内容。

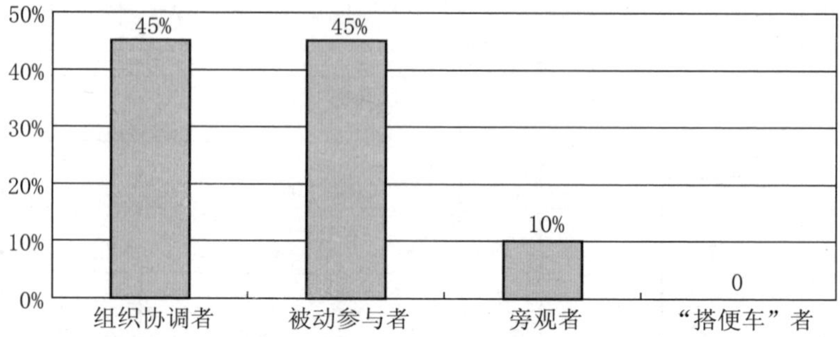

图 23　关于无领导小组角色的调查

资料来源:作者依据调查问卷整理而成。

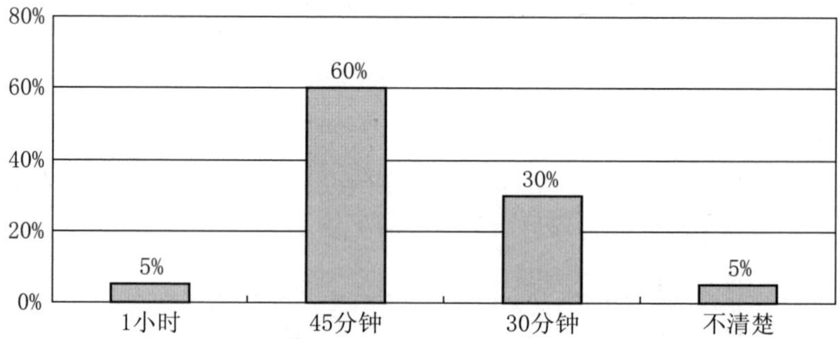

图 24　关于无领导小组讨论时间的调查

资料来源:作者依据调查问卷整理而成。

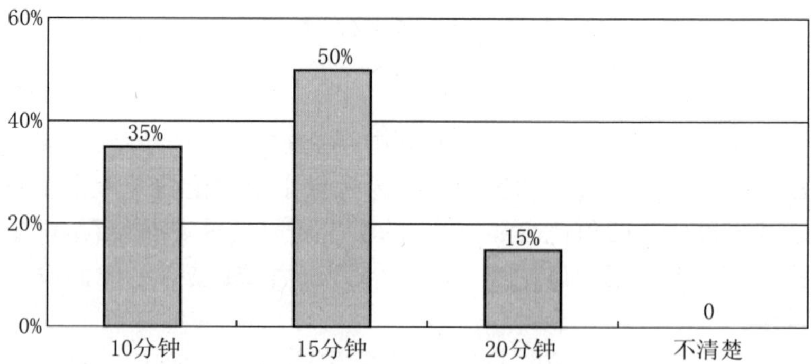

图 25　关于无领导小组展示时间的调查

资料来源:作者依据调查问卷整理而成。

在关于案例展示方式方面,55%的学生认为演讲+PPT 展示即可,在展示时 65%的学生选择成员轮流上台(见图 26)。后经过笔者的询问得知，成员轮流上台演讲能够避免“搭便车”行为的发生，也可以分别展示每个成员的风采。

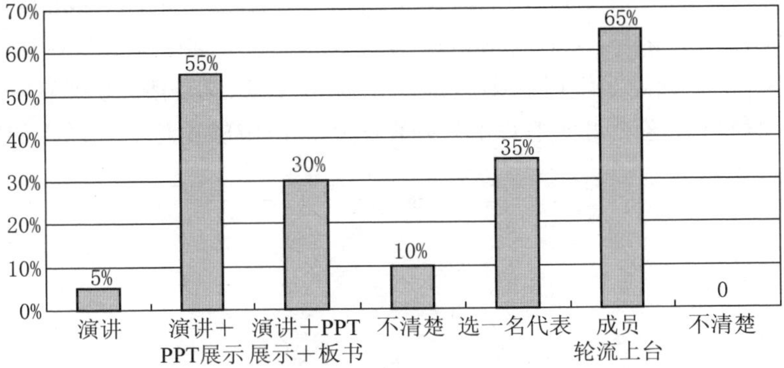

图 26　关于案例展示形式及参与人数的调查

资料来源：作者依据调查问卷整理而成。

关于学生案例教学主动性的调查，笔者发现 60％的学生积极准备，35％的学生只阅读案例材料，还有 5％的学生不准备（“搭便车者”）；85％的学生认为积极准备案例会产生良好的效果，15％的学生认为有时候准备的材料与小组讨论的不相符，可能会做无用功（小组成员缺乏沟通所

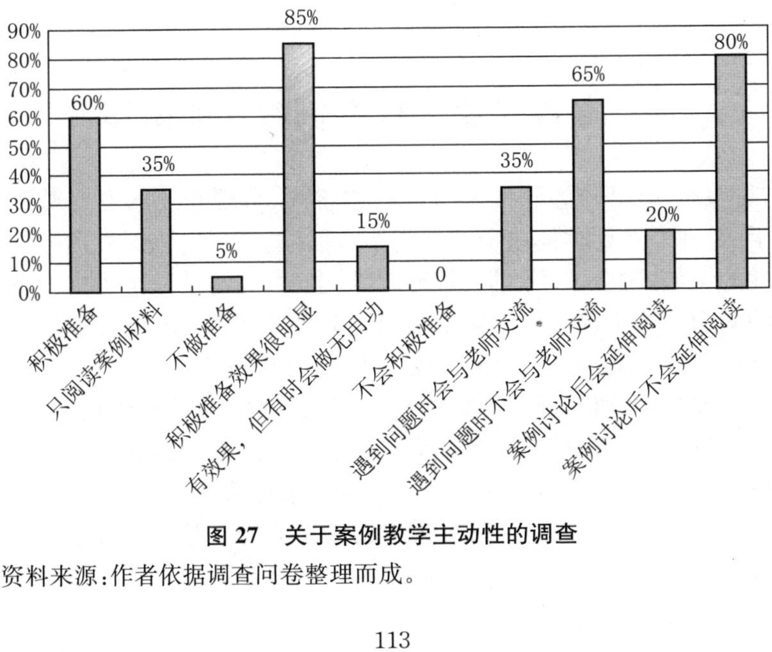

图 27　关于案例教学主动性的调查

资料来源：作者依据调查问卷整理而成。

致);但是在准备阶段只有35%的学生会与老师沟通问题,案例讨论结束后也只有20%的学生进行延伸阅读(见图27)。

关于教师在无领导小组案例讨论中角色的调查,有76%的学生认为教师应该是引导者,10%的学生认为教师也要参与到讨论中(见图28)。实际上,在无领导小组讨论中教师承担着引导者、参与者、旁观者及指挥者四种角色。这说明学生对于教师在案例讨论中的角色认知尚不明晰。

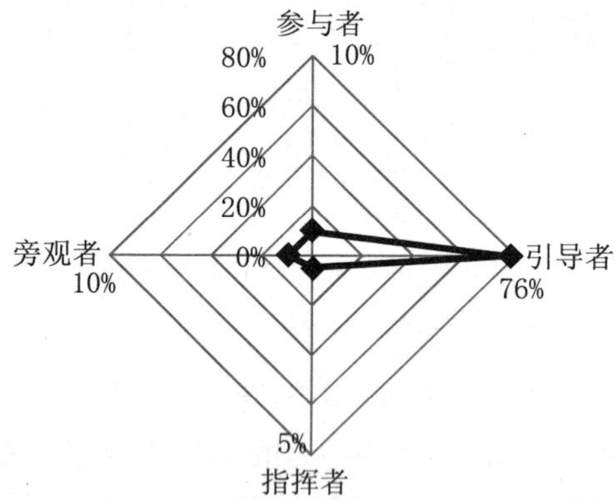

图28　关于案例讨论教师角色的调查

资料来源:作者依据调查问卷整理而成。

四、本科专业课程案例教学的困境

“行政组织学”作为政治学与行政学、行政管理专业的专业基础与专业主干课,在专业课程体系中的作用不言而喻。但是,该课程内容具有多学科性的特点,融合了政治学、管理学、社会学、经济学乃至历史学等诸多学科的知识。这不仅对于学生学习具有较高的难度,而且对于教师教学也颇具挑战性。案例教学有利于突破传统的知识传授型课堂教学,可以让学生在课余阅读相关知识,思考相关问题,以弥补课堂讲授之不足,也有助于促进学生关注社会热点问题,提升学生思考与解决社会问题的能力。可以说,案例教学可以帮助学生领会“行政组织学”多学科性的知识体系,同时PPT展示又可以锻炼学生的动手能力。但是经过笔者的调查与观察,在案例教学过程中还存在着一些主要困境。

(一) 学生知识准备不足

在案例教学过程中,学生知识准备不足突出表现为:在小组展示阶段,各个小组回答案例中问题时提供的答案大同小异。这说明学生们缺乏更为广阔的知识视野,还不能将所学的知识与社会问题有效地衔接起来。学生的知识呈现出碎片化的状态,还未形成体系。所以,在案例问题的讨论时大都还停留在表面问题的思考与解释,难以抓住问题的实质。原因有二:一是部分学生只阅读案例材料,而不主动去阅读案例相关知识;二是因为"行政组织学"大都在大学二年级开设,此时学生的知识体系还未建立。

(二) 部分学生参与积极性不高

虽然笔者遵循自愿原则划分讨论小组,但是还是有部分学生参与积极性不高。其间我曾接到过一个学生的短信,说他们小组只有他一个人准备,想加入其他小组。笔者面对这种情况只能满足他的要求。这虽然是个案,但是也从一定程度上反映出部分同学参与积极性不高。

学生参与积极性不高的另一表现就是在案例讨论的准备过程中缺乏与老师的交流。在笔者开展的四次案例教学中,没有一个小组主动联系老师商讨相关问题。这也从侧面反映出学生准备的积极性不高。

学生积极性不高还表现为:部分学生认为积极准备有效果,但是有时准备的材料与小组成员不一致,做无用功。持这种观点学生的最大问题就是:他们虽然划分了小组,但是他们小组缺乏沟通与协调,没有统筹,只是各自负责一个问题,然后拼凑起来。如此,他们的 PPT 展示就表现为问题间的内在逻辑性很差,有些小组的 PPT 制作也是十分粗糙。在 PPT 展示结束后,无法形成有效的互动,没有学生对展示小组提出有关问题。这些都是在小组展示中较为突出的问题。

很大一部分学生在案例讨论中承担被动参与者角色,这也在很大程度上说明了学生参与的积极性不高。因为他们缺乏与其他小组成员共同商讨的动力,只是听从其他成员的安排,表明了这些学生存在应付思想。还有部分学生选择了旁观者的角色,这说明部分学生仍存在着搭便车的行为。

可以说,如何提升学生参与的积极性是今后案例教学中的重点问题。

（三）案例的撰写与选取难度高

一般而言，案例教学中的案例来源有两大途径：一是教师自己撰写案例；二是使用他人撰写的案例。第一个途径的好处是自己撰写的案例，能够比较好地把握相关背景、知识点以及教学节奏，不足之处在于太费时间，撰写一个案例从材料梳理到写作完成，可能至少需要一两个月的时间（如果撰写调研类案例，所需时间会更长）。使用他人的案例好处在于节约时间，但缺点也显而易见，诸如难以把握作者的意图及相关知识体系等，教师需要仔细研读案例文本。

在此次的案例教学实验中，笔者使用的案例均为自己撰写，所以在教学方面开展得比较顺利。但是在写作期间耗费了大量的时间精力。同时还存有一个致命的问题，自己大费周章撰写的案例能否获得学生的喜欢与认可。所幸的是此次使用的两个与社会热点相关的案例都受到了学生的欢迎。

学生对案例的内容与形式非常看重，他们希望采用社会热点类案例、中外比较的案例以及形式上要文字、视频与音频兼有的案例。这对于教师提出了较高的要求。此次案例教学中，笔者采用的均是文字案例材料，部分学生反映案例材料有些枯燥与冗长。今后的案例教学中需要努力改善此种情形。

（四）教师角色定位尚不清晰

一般而言，案例教学中教师需要退出主讲者角色，主要由学生讲解。教师的主要角色是引导者。在问卷调查中，70％以上的学生也认为在案例教学过程中教师应当是引导者。教师退居幕后，引导学生开展案例讨论与讲解，是案例教学的内在要求。

但是，教师在案例教学中仅仅承担引导者角色很显然是不够的。教师可以参与小组的案例讨论，可以旁观小组的案例讨论（无领导小组式案例教学）及展示，更为重要的教师需要掌控案例讨论与展示的节奏。在小组展示结束后，教师最需要做的角色就是点评者，将学生们的讲解系统化，并帮助学生深化思考。

所以，教师在案例教学中承担着多元化的角色，每一种角色都不可或缺。这对教师的要求也是比较高的。

五、专业课程案例教学的优化："翻转课堂"教学法的引入

在案例教学中，教师需要将学习的主动权移交给学生，只需做学生学习的引导者、辅导者、支持者，成为学生学习的伙伴。这与近几年日益流行的"翻转课堂"教学方法实现了耦合。下面笔者就从"翻转课堂"教学法入手，分析专业课程案例教学的优化。

(一)"翻转课堂"的内涵

关于什么是"翻转课堂"(Flipped Classroom)，美国经济学家莫林·J.拉赫(Maureen J. Lage)与格伦·J.普拉特(Glenn J. Platt)最先对其做了解释，他们认为："翻转课堂"就是将在传统教室里发生的事情，变成了现在发生在课堂之外，反之亦然。学习技术的使用，尤其是多媒体的使用，为学生的学习提供新的学习机会。①布赖恩·冈萨雷斯(Brian Gonzalez)把"翻转课堂"称为"颠倒的教室"，认为是教育者把知识传授的过程放到教室外，让学生选择最适合自己的方式接受新知识；而在教室内完成知识的内化过程，让同学之间、同学和教师之间有更多的沟通和交流。②

国内学者马秀麟等指出："翻转课堂"教学模式就是颠覆"白天老师在教室里上课，晚上学生回家做家庭作业"的传统教学结构，让学生在课外时间自主完成针对知识点和概念的学习，课堂则变成教师和学生互动的场所，通过面对面的解答疑惑、合作探究等策略，促进学生知识的内化的模式。③钟晓流等人则进一步解释了"翻转课堂"的上课模式，即在信息化的环境中，教师提供与课程相关的教学视频等学习资源，学生在课前通过看视频等方式完成对知识的自主学习，课堂上则变成师生一起完成作业、

---

① Maureen J. Lage, Glenn J. Platt, and Michael Treglia, Inverting the Classroom: A Gateway to Creating an Inclusive Learning Environment, *Journal of Economic Education*, 2000:30.

② 《未来的课堂：颠倒的教室》，http://www.jyb.cn/ad/news/201110/t20111010_456993.html，2011-10-10。

③ 马秀麟等：《大学信息技术公共课翻转课堂教学的实证研究》，《远程教育杂志》2013年第1期，第79页。

交流答疑等活动。①

目前国内已经实践的“翻转课堂”模式教学，基本都是这种方式，即教师提前将基础知识录制成短视频，我们称之为微课视频或者慕课(MOOC)，学生在课余时间通过观看这些微课视频，完成对基础知识的学习，将学习中的疑问通过在线咨询等方式与教师进行交流，课堂上对学生学习的情况进行检测，即把传统教学模式下要拿回家的作业放到课堂上完成，并就一些重难点问题在课堂上探究解决，彻底颠覆传统的教学模式，不仅颠覆了以往“师教生学”的模式，也颠覆了课堂内外的学习对象，使学生的学习兴趣更多地被激发出来，真正变被动接受知识为主动渴望获得知识。②

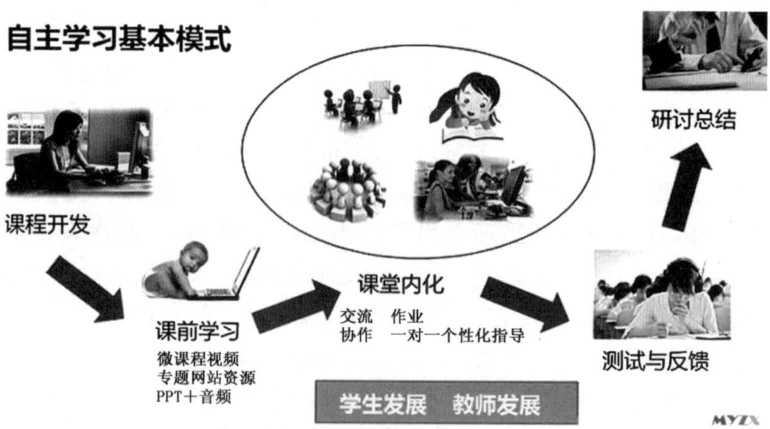

图 29 翻转课堂流程图

资料来源：《“翻转课堂”教学模型》，http://www.360doc.com/content/13/1125/21/14070959_332145620.shtml，2013-12-15。

由上可知，“翻转课堂”教学法利用现代信息技术的发展，将传统的课堂讲授放在课余时间，课堂上更多的时间则用来答疑、讨论和指导。这种教学模式颠覆了传统的教学秩序，有利于学生充分利用课余时间，激发其

① 钟晓流等：《信息化环境中基于翻转课堂理念的教学设计研究》，《开放教育研究》2013 年第 2 期，第 60 页。

② 李智：《基于信息技术发展的“翻转课堂”教学》，华东师范大学教育学 2015 年硕士学位论文，第 4 页。

学习主动性。在"翻转课堂"模式中,教师不再占用课堂的时间来讲授信息,这些信息需要学生在课后完成自主学习,他们可以看视频讲座、听播客、阅读功能增强的电子书,还能在网络上与别的同学讨论,能在任何时候去查阅需要的材料。教师也能有更多的时间与每个人交流。在课后,学生自主规划学习内容、学习节奏、风格和呈现知识的方式,教师则采用讲授法和协作法来满足学生的需要和促成他们的个性化学习,其目标是为了让学生通过实践获得更真实的学习。

"翻转课堂"的本质是利用现代信息技术发挥学生自主学习的积极性,自己查阅学习资料,自行控制学习节奏,将自主学习中遇到的问题拿到课堂上进行讨论,教师不再是"演员",而成为"导演"。这正好与案例教学的宗旨(激发学生自主学习的意识,提升分析与解决问题的能力)是不谋而合的。

(二) 以"翻转课堂"教学法优化案例教学

"翻转课堂"教学法可以优化案例教学的流程,克服既有案例教学的一些弊端。比如,教师与学生在课下互动少,学生缺乏学习积极性、学生案例教学难以测评等。在笔者进行的案例教学中,小组展示式案例教学是最贴近"翻转课堂"教学法。小组展示式案例教学就是将案例讨论放在课余时间,学生依据自愿分组原则,讨论结束后制作 PPT 以便于在课堂上与老师、学生分享。小组展示式案例教学法如图 30 所示。

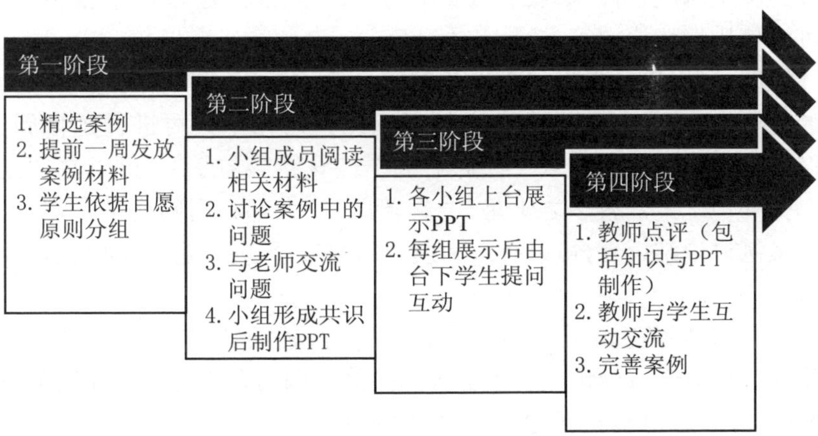

图 30 小组展示式案例教学流程

资料来源:作者自制。

但是上述小组展示式案例教学法还存在学生知识准备不足、参与积极性不高、案例撰写与选取难度大以及教师角色定位模糊等问题。那么,"翻转课堂"教学法的引入可以优化专业课程案例教学,主要表现为:

第一,教师可以在尊重学生意愿的基础上选择案例。在本科教学中,案例教学日益得到重视,很多高校及科研机构正着手积极建立案例库。据笔者所知,全国 MPA 教学指导委员会已经开始了中国公共管理专业学位数据库建设,已经收录几百个案例供相关学科教师参考。这就为案例教学提供了极大的便利。

另外就是还可以采用教师制定问题,由学生寻找案例进行阐释的方法。这样既可以实施有效的教学控制,还可以避免学生对案例不感兴趣问题的出现。

第二,可以利用现代信息技术建立微课堂,增强教师与学生之间的交流互动。例如,可以建立微信群及时进行案例指导,还可以通过建立微课堂开展相关讨论。学生能够打破时间与空间限制在网络平台上与其他成员展开充分讨论。这是传统案例教学难以做到的。

第三,可以节约更多的课堂时间,用来展示与讨论。在笔者进行的四次案例教学中,最大的感受是时间不够用,因此限定每组的演讲时间为 15 分钟。部分学生由于时间限制而没有更深入地阐释观点。由于有了更多的课堂时间,可以增加小组展示的形式,除了传统的 PPT 演讲模式,还可以使用情境模拟等方式。

第四,可以提升学生的个性化持续性学习。案例教学有助于调动学生的积极性,而大部分学生在案例展示结束后则不会再进行延伸阅读。"翻转课堂"教学法则重点关注课后的个性化指导与学习,可以在一定程度上弥补传统案例教学之不足。"翻转课堂"大都利用网络平台,那么学生在案例讨论结束后,可以有效利用网络与教师联络,进行个性化指导与学习。

第五,教师角色定位可以明确为指导者、辅助者,甚至成为学生的学习伙伴。这对于教师也是一个巨大的挑战。因为在传统教育体制下成长的教师,让其自身转换角色也是较为困难的,而且还需要学习新的教学技能。

案例教学引入"翻转课堂"后的流程图如下所示:

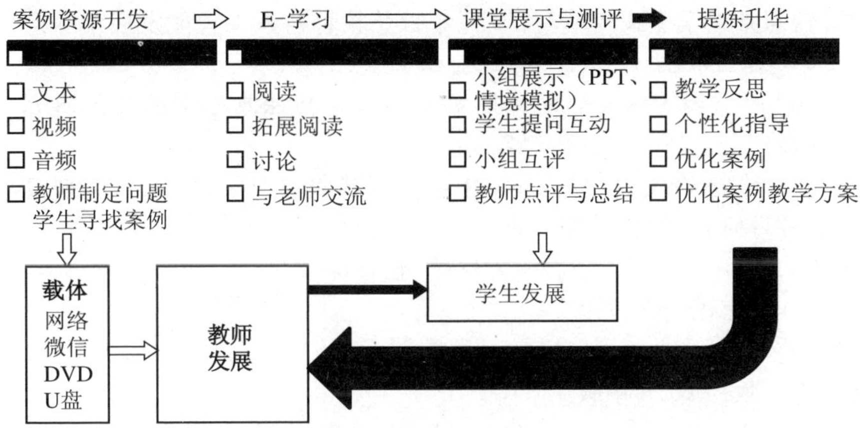

图 31　案例教学引入"翻转课堂"教学法流程图

资料来源:作者自制。

"翻转课堂"教学法引入案例教学中,还有一些问题需要注意:

第一,"翻转课堂"教学法是以学生具有较高的学习自主性与主动性为前提的,因此,教师在授课过程中需要注重培养学生学习主动性与积极性。具体到专业课程,教师在教案设计方面要吸引学生。

第二,"翻转课堂"教学法引入案例教学中,为了防止学生知识准备不足,可以辅之以读书报告会的形式,来扩充学生的知识体系。这就需要在教师在整个课程体系中需要通盘考虑案例教学的比例、该课程哪些知识点可以通过案例教学等问题。这是一个需要长期探索的话题。

参考文献

[1] 李全、许新华、刘兴红:《基于 MOOC+SPOC 翻转课堂深度学习的混合教学模式设计》,《湖北师范大学学报》(哲学社会科学版)2020 年第 3 期。

[2] 毛齐明、王莉娟、代薇:《高校翻转课堂的实践反思与超越路径》,《高等教育研究》2019 年第 12 期。

[3] 张金磊、王颖、张宝辉:《翻转课堂教学模式研究》,《远程教育杂志》2012 年第 4 期。

[4] 刘锐、王海燕:《基于微课的"翻转课堂"教学模式设计和实践》,《现代教育技术》2014 年第 5 期。

[5] 柯欣杭:《"慕课"背景下以"学习评价"为中心的高校公共管理教

学翻转课堂教学模式改革》,《2018 年智慧教育与人工智能发展学术会议论文集(第二部分)》,2018 年 12 月 23 日。

[6] 马秀麟等:《大学信息技术公共课翻转课堂教学的实证研究》,《远程教育杂志》2013 年第 1 期。

[7] 钟晓流等:《信息化环境中基于翻转课堂理念的教学设计研究》,《开放教育研究》2013 年第 2 期。

[8] 李智:《基于信息技术发展的"翻转课堂"教学》,华东师范大学教育学 2015 年硕士学位论文。

[9] [美]乔纳森·伯格曼:《翻转课堂与混合式教学》,韩成财译,中国青年出版社 2018 年版。

[10] Maureen J. Lage, Glenn J. Platt, and Michael Treglia, Inverting the Classroom: A Gateway to Creating an Inclusive Learning Environment, *Journal of Economic Education*, Vol. 31, No. 1 (Winter, 2000), pp.30—43.

如何提升本科公共管理案例教学质量:路径与步骤

李智超

摘　要:案例教学法在能力培养方面教育中得到充分展现,因而越来越受到重视。在管理学教育中,案例教学发挥着重要的作用。案例教学不仅可以本科生的"行政思维能力",还能凸显并契合公共管理的实践性,有利于老师与本科生之间良性互动。当前,公共管理案例教育中还存在若干问题,需要教师、学生各方共同努力,转变观念。在未来的教学中,要用高标准的案例去引导和训练学生的思维方式,提升学生的思辨能力和创新能力,引导学生朝着理论的纵深方向渗透。此外,本科公共管理案例教学过程应该以本科生的自主学习为核心设计教学实施方案,以此激发学生的创造力。

关键词:案例教学;公共管理;本科生教育

一、案例教学内涵

案例教学经过近百年的积累和发展,已经成为教学,特别是管理类教学中的重要组成部分。案例教学主要是对过去或现在正在发生的现实问题进行判定、分析和研究,加深学生对理论知识的理解,并为学生创造一个仿真环境,使其在课堂上就能接触到实际社会环境和实际问题,从而学会在复杂的条件下利用所学理论解决实际问题。

案例教学中教学案例的选择对于案例教学的效果十分关键。一般认为,教学案例是指一个描述或基于真实事件和情景而创作的故事,它有明确的教学目的,学习者经过认真的研究和分析后会从中有所收获。本科公共管理教学案例的对象是公共组织中的人员行动、事件、背景及环境,往往以一个或一组问题为核心,用事实的记录和对话的描述并借用数据、图表等形式展开和铺陈情节。在此，教学案例要求具备两个特点：第一，本科公共管理教学案例要具有写实性，即案例是对现实中发生的"事实"的记录或称为白描，而不是杜撰、虚构与主观臆想的产物，不带有撰写者的主观分析与评论；第二，本科公共管理教学案例要具有目的性，即案例是为适应本科公共管理教学目的而编写的，可为学生提供"真实"的情景，提高本科生认识、分析和解决公共管理实际问题的能力。

根据学习功能的不同，本科公共管理教学案例可以分为描述型案例和决策型案例。描述型案例倾向于对"真实"情景的客观描述，要求本科生对"真实"情景进行感知和判断，并运用所学的知识进行分析和讨论，判别其有利之处与不足之处。决策型案例则倾向于对"问题"的挖掘，在对"真实"情景的描述中带有明确的问题意识导向，要求本科生把"真实"情景背后的"真"问题挖掘出来，探究原因、拟定对策并作出决策。

二、案例教学的作用

1. 案例教学可以提升本科生的"行政管理思维能力"①

公共管理案例教学是为了培养本科生的创新能力，提高本科生领会知识、灵活运用知识解决实际问题的能力，将公共管理部门或社会上已经发生或将来可能发生的问题或事件以个案形式让学生去分析和研究，进而提出各种解决问题方案的一种独特教学方法。案例教学具有务实性、综合性和决策性强的特点，它有利于开发本科生的智力和思维，发展学生学习的主动性、独立性，提高学生的综合能力，是多快好省地培养社会需要的创新型公共管理人才的一种重要教学方法。此外，案例教学的运用可以使本科生在面临各种压力的情况下，去面对案例中多维而复杂的管理问题，学会如何管理自己的时间，合理安排各种活动，并利用不充分的信息作出正确决策，解决公共管理问题，提高行政管理能力。

2. 案例教学能够凸显并契合公共管理的实践性

实践是创新的源泉，历史上重大科技创新成果大多来源于实践。公共管理案例来源于实践，公共管理案例教学就是让学生通过自己亲身经

---

① "行政管理思维能力"指的是学习者能够用管理学专业的视角去看待身边的问题，能够渗透到问题本质。

历和直接体验来解决实践问题,获得亲身体验的直接知识和技能,体现了管理的实践性特征。

3. 案例教学有利于老师与本科生之间良性互动

案例教学强调师生良性互动,使师生交往关系达到真正的交互、平等和共享。公共管理案例教学正是基于师生两者的特性——如案例教学教师一般具有精深的专业理论知识且不乏实践的历练或调查,而本科生亦具备较丰富的管理实践经验且达到一定的理论水平(如需要大学本科知识基础)——让学生身临其境,直接处理现实问题。在案例讨论与分析过程中,教师与学生之间、学生与学生之间经过多次思想碰撞与观点交流,激荡出思维的火花,不仅可以锻炼与培养学生准确果断的判断决策能力、巧妙灵活的疏通协调能力、足智多谋的反应应变能力、因人而异的知人善任能力以及另辟蹊径的开拓创新能力,而且老师也能从中获益匪浅,同时为下一次或下一轮案例教学提供准备与奠定基础,形成案例教学与学生创新能力培养两者之间的良性循环。

三、提升案例教学的路径

1. 树立正确的案例教学理念,用案例教学法培养并提高学生的创新能力

本科公共管理案例教学是教师以教学案例为基础,在课堂中帮助学生达到特定学习目的的一整套教学方法和技巧,是一种开放式、互动式的新型教学方式,它强调师生之间的良性互动。要有效培养和提高本科生的创新意识和创新能力,必须切实转变传统的教学观念、教学模式和教学方法,真正树立案例教学的理念,更好地实施案例教学。

首先,教师应转变观念,重新定位自己的角色。在本科公共管理案例教学实施过程中,教师的角色定位非常关键。在提倡主动学习的环境下,本科公共管理案例教学中教师的角色由传统教学中知识的单向传授者朝着本科生案例学习的合作者、组织者和激发者方向转变。第一,教师要成为本科生案例学习的合作者,教师主要是引导和组织学生围绕案例内容,在个人自主学习的基础上开展小组讨论,鼓励本科生与教师及本科生之间进行广泛交流。第二,教师要成为本科生案例讨论的组织者,为本科生知识的构建提供真实的情境,组织本科生针对案例问题在课堂上开展有

序的讨论。第三，教师要成为本科生案例思考的激发者，在案例教学实施中不断激发本科生的思考热情，鼓励与引导学生多角度进行思考与创新，锻炼他们的发散性思维与创造性思维，促使本科生对知识的意义构建。此外，教师还要注意对具有不同智力水平、社会经历和思维模式的学生，进行有针对性的差异化教学，并在此基础上，对教学中出现的具有代表性、创新性的观点进行认真的总结和归纳。

其次，学生也应转变观念，改变传统的“接受式”的学习模式，主动地适应案例教学法，课前做好充足的准备，在模拟的案例情景中积极思考问题，这样才会产生大量的创新性观念，思维的流畅性也就随之增加。

2. 选取和制作高质量案例，夯实案例教学的基石

案例是进行案例教学的基石。选取案例时不仅要注重案例的量，更要注重案例的质。从本科公共管理案例教学的实践来看，一个好的本科公共管理教学案例应该满足真实性、典型性、故事性和引申性的要求。第一，真实性，即好的案例是对现实中发生的“事实”的记录，是对客观“真实”情景直接务实的白描。第二，典型性。好的案例一方面所反映的“事实”是公共管理实践中普遍存在的共性问题或社会普遍关注的热点问题，另一方面“事实”的记录和情景的白描集中于代表性场景的勾勒，集中于对人们特别关注的焦点问题进行陈述。第三，故事性。好的案例必须要提炼出疑难问题或重点问题，这是好的案例之所以具有意义的关键所在。好的案例还要按照起承转合的故事要素，在角色塑造的基础上，体现冲突、高潮、转折、解决等环节的递进逻辑关系。第四，引申性。好的案例可以举一反三，引出本科生更为深入的思考，对解决公共管理实践中各方面问题提供可以借鉴的思路和方法。

此外，从培养创新能力的角度来看，还应对教学案例进行如下筛选：第一，案例必须与教学相适应，即案例来源于公共管理实践中学生可能面临的一些问题，这样才能启发他们的思考。第二，案例需要具有一定的争论性。公共管理案例教学的一个主要目标就是锻炼和培养学生分析问题和解决问题的能力，案例要能够引起“冲突”，引发不同的观点思考和争论，在争论中激发创新思想的火花。第三，案例要具有启发性。案例具有开发学生智力的功能，案例中设立的问题，应有启发性和创新性，并留有一定空间，让学生去思考、分析与发挥，这样才能全面地提高学生的素质和能力。第四，案例要具有实效性，即案例应及时更新，与时俱进，为案例教学注入新鲜血液，新的案例更能启发新的思想。

四、本科公共管理案例教学的具体实施步骤

本科公共管理案例教学过程应该以本科生的自主学习为核心设计教学实施方案,分三个步骤来组织实施教学过程。

第一个步骤:课前准备。由于本科生都是在职学习,集中上课时间较为紧张,因此,要特别重视课前的准备,使本科生上课之前对于所要学习和讨论的教学案例有初步的了解并形成自己所关心的问题。一是事先下发案例材料,布置案例讨论要求,说明本案例学习和讨论所对应的相关理论和需要解决的主要问题。二是要求学生在课前阅读相关资料和文献并做好记录。三是要求学生对本地区或本部门与案例相关的问题及状况做一定的了解。四是事先进行分组(可自由组合),每组以5—6位学生为合理人数,确定组长和讨论记录人。五是要求各组学生在课前通过不同的方式(可以见面,可以通过移动网络等)进行一定的讨论(或议论)。六是拟订可以引发争论的问题并收集不同观点的依据材料。

第二个步骤:课堂学习。主要在课堂上完成对案例的分析和讨论,可以将小组讨论嵌入课堂学习中进行。一是案例回放,任课教师负责运用PPT或视频材料介绍案例基本情况。二是小组讨论,组长主持,全组学生参与,通过讨论形成本组的主要判断和基本观点,并确定1—2位组员代表小组在全班讨论时发言。三是全班讨论,任课教师主持,全班同学参与,每组代表发言简明扼要地阐述本组的判断和观点。四是知识梳理,由任课教师负责讲解本案例所覆盖的理论知识点及应用要求。五是问答与机动,教师与学生共同参与,可以学生提问教师回答、学生提问学生回答,也可以教师提问学生回答。

第三个步骤:点评考核。在完成对案例分析和讨论的基础上,由教师对案例教学的情况进行点评,点评应该包含对学生完成教学案例分析和讨论考核的意见。一是状态评价,对学生参与教学案例学习、分析和讨论的情况分组做出评价,包括投入程度、认真状态、合作情况。二是观点评析,对学生在教学案例讨论中提出的观点进行评析,指出其合理性或存疑处,分析其理论应用的规范性。三是走向展望,对教学案例引发的实践问题和理论问题可能的走向做出简要描述和展望,以引导学生朝着理论纵深渗透。

参考文献

[1] [美]罗伯特·K.殷:《案例研究:设计与方法(4 版)》,周海涛等译,重庆大学出版社 2014 年版,第 73—79 页。

[2] 王芳:《案例教学法在教学实践中的应用》,《教育理论与实践》2007 年第 S2 期,第 125—126 页。

[3] 张利荣:《大学研究性学习理念及其实现策略研究》,华中科技大学 2012 年博士学位论文。

[4] 何志毅:《中国管理案例教学现状调查与分析》,《经济与管理研究》2002 年第 6 期,第 26—31 页。

[5] 左海云:《案例教学在普通高校教学中的运用》,《中国成人教育》2007 年第 2 期,第 113—114 页。

[6] 朱文:《案例教学方法研究》,《西南民族大学学报》(人文社科版)2003 年第 10 期,第 39—41 页。

[7] 应丽芬、许莹:《管理学案例教学法实践与思考》,《高等工程教育研究》2010 年第 S1 期,第 109—111 页。

[8] 徐鑫:《论管理学课程中案例教学的运用》,《科技视界》2017 年第 16 期,第 225—226 页。

[9] 崔树银:《参与式案例教学在公共管理类课程教学中的应用》,《现代教育科学》2010 年第 7 期,第 167—169 页。

[10] 马清珍、张宝魁:《本科生创新能力培养的探索与实践》,《理工高教研究》2008 年第 2 期,第 83—85 页。

[11] 朱旭峰:《中国社会政策变迁中的专家参与模式研究》,《社会学研究》2011 年第 2 期,第 1—27、243 页。

[12] 徐自强、张静洁、尹雷:《公共管理类专业案例大赛嵌入型人才培养模式探索》,《当代教育理论与实践》2019 年第 4 期,第 70—79 页。

[13] 刘莉、杨幸、万玲、曹树刚:《高等教育教学方法改革探讨》,《高等建筑教育》2008 年第 2 期,第 34—36 页。

[14] 刘美清:《通识选修课"企业管理概论"案例教学探索与实践》,《学理论》2018 年第 4 期,第 212—213 页。

[15] 宫月:《案例教学在行政管理专业教学中的应用探析》,《黑龙江教育(理论与实践)》2018 年第 Z2 期,第 56—57 页。

[16] 郭德红:《案例教学:历史、本质和发展趋势》,《高等理科教育》2008 年第 1 期,第 22—24 页。

政治学与行政学专业“国际政治概论”课教学探析

——以华东政法大学政治学与行政学专业为例

李忠林

摘　要：随着形势的发展，不少高校相继开设了“国际政治概论”课程。以政治学与行政学专业为例，学科的差异性导致相关专业开设“国际政治概论”课程面临一系列问题。为了提升教学效果，政治学与行政学专业等相关专业的“国际政治概论”课堂教学需要贴合授课对象特点进行改革和创新。

关键词：政治学与行政学专业；国际政治概论；教学改革

“国际政治概论”课是国际政治专业①的核心课程。对于政治学与行政学专业（以下简称“政治学”）等非国际政治专业的学生来讲，“国际政治概论”课有利于学生开拓国际视野，透过纷繁复杂的国际万象洞悉背后的动力机制和演化规律。但是，国际政治学科有其自身特点和规律，各个开设“国际政治概论”课的专业也有其自身特点和属性。这导致政治学等非国际政治的相关专业开设“国际政治概论”课面临一系列问题，成为教学改革进程中的重要议题。

一、问题的提出：其他专业开设国际政治课程

随着中国改革开放进程的加快，中国的高等教育迅速与国际接轨。为此，许多高校相继开设了涉外课程，国际政治课或类似课程②成为他们

① 也包括国际关系、外交学等相关专业。

② 比如“世界经济与政治”等。

的首选。这使得许多非国际政治学专业的学生有机会学习“国际政治概论”课程，以促进自身国际化水平的提升。需要指出的是，国际政治学科在当今国际交往日益密切的背景下逐渐成为一门显学①，也是近些年来才呈现出的现象。该学科即使在西方也是一门年轻的学科，在中国更是尚且处于初步建设阶段。因此，非国际政治专业开设“国际政治学概论”课程注定会面临一系列预想不到的问题。

长期以来，国际政治专业本身一直就被外界认为是一个门槛相对较低的专业，而“国际政治学概论”又是国际政治或相关专业如外交学、国际关系等专业的入门级专业基础课程。这使得很多人误以为国际政治专业的基础性课程“国际政治学概论”同样通俗易懂。这种认知现象的存在其实并不令人意外。笔者在政治学专业本科生的课堂上曾经做过的调查显示，大部分同学对国际政治专业缺乏基本的了解和认识。很多同学从其家人、父辈的讨论中最早知晓国际大事，他们对国际政治的认知多局限于国际新闻。其中，中央电视台的《新闻联播》等起到了重要的作用。甚至于，很多同学不知道国际政治专业的存在，部分同学通过高考填报志愿才知悉国际政治专业，有部分同学直到此前选课时才知道这门专业或这门课程的存在。总体上，只有极少数同学对国际政治有所了解，大部分同学的认知水平则还停留在高中政治课和历史课的阶段。相关知识的匮乏说明了他们学习国际政治的必要性，也说明了他们学习国际政治的困难性。

事实上，“国际政治概论”是一门很有深度、高度和广度的课程，包括国际政治的行为体、体系与格局、矛盾与动力、行为准则等多个板块内容，事关世界的战争与和平等关系人类命运的重大问题，其背后包含着非常丰富的知识背景和认知体系。对于国际政治专业的学生而言，“国际政治概论”课只是一门课程，与其他专业课程——如国际法、国际组织、比较政治制度、国际关系史、国际关系理论、国际政治经济学、世界经济等——相互补充，构成一体。但是对于其他专业的学生来说，“国际政治概论”课则是代表着整个国际政治专业，他们需要用“国际政治概论”一门课来了解国际政治一个专业，但是却缺乏相关的专业课程与其配套。诸如政治学类会有“政治学原理”②、外语类有跨文化交际、新闻类有国际传播等课程

① 张春:《试析世界历史潮流与中国可持续崛起的战略设计》,《国际关系研究》2015 年第 6 期,第 12 页。

② 或“政治学概论”“政治学概要”等。

适度作为铺垫，其他专业则可能缺乏任何基础。整的来看，非国际政治专业的学生学习“国际政治概论”都存在一定的问题。

华东政法大学政治学与公共管理学院给政治学与行政学专业的本科生在大二第二学期开设了“国际政治概论”。这是典型的其他专业学生——主要是相对于国际政治专业而言——学习“国际政治概论”的经典案例。本文主要就该专业学生学习“国际政治学概论”的案例进行探讨。

二、政治学专业学习“国际政治学概论”的特点和问题

政治学专业与国际政治专业关系密切，政治学专业的学生学习“国际政治学概论”具有其他专业不可比拟的优势。但是，和其他专业一样，政治学专业的学生学习“国际政治学概论”也存在类似的问题。

1. 政治学与国际政治的关系

政治学与国际政治学在思想资源和学科建设上有着较深的历史渊源，并共享着许多重要概念和研究方法，但它们之间在基本前提、中心命题、核心概念和方法论方面也存在着显著的差异。①国际政治属于政治学的分支。因此，政治学专业的学生学习“国际政治概论”课程合情合理，正如国际政治专业的课程也包括“政治学原理”一样。一方面，从专业角度来看，有助于筑牢政治学专业学生的专业根基，提升学术水准。另一方面，从通识教育角度来看，有助于拓展他们的学科视野，增加爱国情怀。

国际政治专业主要围绕围绕权力、利益和安全来探索国际政治行为体间相互的政治的作用及其演变的一般规律，特别是研究以国家为主体的国际政治行为体的跨国互动关系。国际政治专业的核心课程包括政治学原理、国际政治概论、国际法、国际组织、比较政治制度、国际关系史、国际关系理论、国际政治经济学、世界经济等。政治学专业则以国家及其活动为主要研究对象，范围涉及政治理论、政治制度、公共政策、公共行政和国际政治等领域。其主要课程包括政治学原理、行政学概论、中国政治制度史、当代中国政治制度、比较政治制度、中国政治思想史、当代西方政治思潮、比较政党制度等。政治学有广义和侠义之分，广义的政治学包含国

① 胡宗山：《政治学与国际政治学：比较研究》，《当代世界与社会主义》2009 年第 3 期，第 119 页。

际政治,狭义的政治学与国际政治则是平行的关系。

2. 已有课程奠定基础

"政治学原理"是政治学专业的专业核心课程,一般情况下,在大学一年级或二年级就会安排这一课程,这构成了他们学习"国际政治概论"的重要基础。"政治学原理"与"国际政治概论"两门课存在共通之处。在古典的哲学思想家那里,国内政治与国际政治在基本原理上是同一的,许多重要的概念如"权力""自然状态""主权"等,是由两个学科共享的。①特别是,"国际政治概论"的很多内容,包括理论、概念皆是源于"政治学原理"课程。比如,在讲授国际政治行为体尤其是国家行为体的时候,需要涉及主权国家,需要讲解主权概念、国家性质、政体类别等相关内容,而这些内容都是"政治学原理"的重要内容。因此,可以将两者有效结合起来,既要用好"政治学原理"为"国际政治概论"服务,也要意识到用"国际政治概论"课为政治学专业的学生服务,开拓政治学专业学生的国际视野。

"政治学原理"与"国际政治概论"还具有一体两面的关系。"政治学原理"主要涉及一国内部的政治结构和运行机制,属于一般意义上的政治。"国际政治概论"也涉及一国内部政治,但是主要涉外以及内外互动,即国际政治结构及其运行机制。因此,两门课可充分良性互动。当讲到"国际政治概论"的有关概念时,可以充分结合"政治学原理"相关内容。这可以给学生找到熟悉的感觉,或者说是认同感,特别是找到所学知识"政治学原理"与在学知识"国际政治概论"的内在联系,实现"内外联动"。

3. 本专业知识尚未牢靠

根据华东政法大学的培养计划,政治学与公共管理学院的大一本科生是不区分专业的,而是实施通识教育,即政治学与行政学与行政管理、劳动与社会保障以及公共事业管理四个本科专业所上课程完全一致。换言之,在大一期间不存在政治学与行政学专业,该专业的学生进入大二以后才开始进入到专业课程的轨道。他们在大二第一学期刚刚学习了若干门政治学专业的基本课程,便在第二学期迎来了"国际政治学概论"的课程。这就导致一个问题,即政治学专业的学生还没有将政治学专业的基础打牢,就要学习国际政治学。事实证明,仅靠一门"政治学原理"实不足以备足深入学习"国际政治学概论"的知识储备要求。而且,很多学生会

---

① 胡宗山:《政治学与国际政治学:比较研究》,《当代世界与社会主义》2009 年第 3 期,第 119 页。

认为，自己是学习政治学的，国际政治不是自己的主业，并不认同国际政治与政治学专业的关系以及学习"国际政治概论"对于政治学的重要性，从而导致对"国际政治概论"课的重视不够、甚至是排斥。

4. 国际关系史知识匮乏

上述知识储备不足，很大程度上体现在史学知识的储备不足。在人文社会科学研究领域，无论是政治学、经济学，还是法学、社会学，均离不开历史学科，国际政治学在很大程度上以历史研究为基础，它从一开始就与历史研究密不可分。①国际政治学源于西方，也被称为西方国际政治学，是伴随西方国家的发展强大和全球扩张而建立起来的。换言之，世界史也主要是欧洲史，特别是欧洲国际关系史。因此，"国际政治概论"的基础是西方国际关系史，不了解欧洲国际关系史就很难真正理解国际政治。比如，在讲到主权国家、主权原则、国际组织、国际法以及国际体系等国际政治的核心概念时，都需要立足于三十年战争和随之而来的威斯特伐利亚会议。甚至有人断言，自此以后的国际体系和国际组织的基本原则，都没有超出《威斯特伐利亚和约》规定的国家主权和平等的范围。②但是，政治学专业的学生很多或者说绝大多数均明显缺乏这方面的知识储备，他们对国际关系史的认知水平大多还停留在初高中历史课和政治课的层面，对历史知识的了解基本上起源于地理大发现以来的历史。他们对近代史，比如两次世界大战、冷战以来的历史还算有所了解，但是对在此以前的历史，尤其是欧洲国际关系史的了解十分匮乏。而这些，正是构成"国际政治概论"基础和来源的历史渊源。不过，在课堂上不可能大量地讲授国际关系史的内容，毕竟这是"国际政治概论"的课程，而非"国际关系史"的课程。而且，国际关系史的内容庞大，也不可能要求学生课下安排更多的时间专门去阅读国际关系史。此外，授课的对象毕竟是政治学专业而非国际政治专业，要求他们花费太多时间用于国际关系史的阅读也不太合适。

5. 对国际政治课认知存在偏差

年轻学生对外部世界充满好奇，加之今天通信技术的快速发展，学生一般都对国际上发生的各种大事倍感兴趣。但是，他们对国际政治的关

---

① 王新生：《历史研究与国际政治学》，《国际政治研究》2018 年第 5 期，第 10—11 页。

② 吴强：《威斯特伐利亚和约》，《红旗文稿》2010 年第 11 期，第 16 页。

注主要围绕国际新闻、国际大事展开，认为国际政治好玩、有趣，而对国际政治专业本身的关注和了解的却并不多。实际上，这是一种错误的认识。国际政治专业偏重研究理论，“国际政治概论”也是一门偏向理论的课程。如前所述，国际政治主要研究国际政治行为体间相互的政治的作用及其演变的一般规律。既然它探讨的是抽象的理论和规律，自然是对国际事件和国际新闻的抽象，不可避免会具有枯燥性。“国际政治概论”虽然只是概论，但其课程中所涉及的一些概念、原理、理论，即使是对国际政治专业本身的学生而言，一般也比较难以理解、掌握和运用。因此，对于国际政治专业和“国际政治概论”的理解有偏差，可能会让学生产生失落情绪。那么，如何开课伊始就打好预防针，以及结合国际关系史和当前国际关系形势讲好“国际政治概论”就成为解决问题的关键。

三、“国际政治概论”教学建议和改进方向

为了切实提高教学效果，本着“一切为了学生的发展”的最高目标和核心理念，“国际政治概论”课堂教学需要改革。具体而言，可从以下几个方面着手。

1. 合理介绍国际关系史

对于内容庞大的国际关系史，应做到在建立历史框架的基础上选择性地介绍。首先，帮助学生建立历史框架，理清国际关系史的发展脉络。国际关系史的发展过程，就是国际政治建立和发展的过程。在人类发展的历史长河中，剥离出依附其中的国际政治发展演化史。国际政治是从西方扩散到全球的，应重点帮助学生理解这种扩散的过程，因为这是真正的国际政治形成的关键所在。其次，对国际关系史的介绍应该选择区分。对于学生相对不够熟悉的历史多加介绍，特别是早期的欧洲国际关系史。对于学生相对熟悉的国际关系史，比如两次世界大战的经过，可以选择性地介绍。再次，对于重大国际事件必须详加介绍。特别是三十年宗教战争和威斯特伐利亚和会、两次世界大战之后国联和联合国的成立，鉴于它们在国际政治发展过程中所起到的承前启后的作用，必须重点讲解。最后，对于部分重要的国际关系史，要求同学课前提前阅读了解，保障课堂讲解需要的背景知识，但是要确保任务量的控制。此外，也可以给学生指定一些通俗的国际关系史类的著作——比如《简明国际关系史》——作为

补充阅读材料。

2. 善用时事案例分析

“国际政治概论”是一门实践性很强的学科，国际政治的理论知识必须和国际政治实践，特别是重大国际事件相结合才更具有说服力、生命力和创造力。这就要求授课教师必须采取案例教学来诠释国际政治中的相关理论和概念，使理论与实践紧密结合，如此方能达到教学目的。“时至今日，在中国高等院校，案例教学几乎普及到所有专业。案例教学已成为目前中国大学教育中使用最为广泛的教学手段和方法之一。”①具体到“国际政治概论”，案例教学法一个重要方面，是对当今世界上的重大国际事件和动态进行系统分析。具体而言，建议每次上课之前使用 PPT 课件与学生共同回顾过去一周发生的重大国际事件。在介绍这些重大国际事件的同时，需要与课堂上的有关概念、理论、历史联系起来。一方面，实现理论联系实际；另一方面，调动和增强学生的兴趣和活跃课堂氛围，避免课堂过于枯燥乏味和沉闷。以委内瑞拉事件为例，笔者多次在课堂伊始对该事件进行跟踪、总结和展望。从纵向来看，带领学生回顾和分析委内瑞拉事件爆发的基本导火索、发展演变和未来前景。从横向来看，在国内层面，分析各个政治势力之间的实力对比和利益关系；在地区层面上，分析地区国家和区域性国际组织的不同立场；在国际层面上，分析主要大国和国际组织的政策取向等。在这个过程中，又包含着委内瑞拉的基本国情、地缘政治、地区态势和大国关系等丰富的内容。事实证明，基于当前重大国际新闻事件的案例分析法在活跃课堂氛围、调动学生的积极性方面发挥着重要的作用，这一点在学生们给予的“评教活动”中得到证明。总之，要以学生能理解、能接受为要求和标准，避免讲解的纯理论化或者用理论介绍理论，多使用事实和案例。用事实和案例讲解理论，是案例教学法的精髓。

3. 积极创新参与模式

这里主要是选择让学生上台展示，给他们锻炼和表现的机会，培养学生的参与意识和团队意识，在参与的过程中加深对相关知识的理解和消化。因为参与会提升学生对相关内容的重视程度，促使他们查阅相关的资料，进行大量的阅读、比较和选择，在消化的基础上产生自己的观点和

---

① 时宏远：《“跨文化商务沟通”案例教学探析》，《长沙民政职业技术学院学报》2013 年第 2 期，第 107 页。

看法。在此基础上加上老师的指导，从而对相关知识实现全面、客观的理解和认识，比单纯的课堂讲授效果更好。具体而言，主要通过分组活动和角色扮演，增加课堂的实践性、互动性和趣味性，同时培养团队精神和合作意识。分组活动有两个模式可供选择。一是完全由学生自己组建团队，自己选择研究主题，汇报的时候主要由一个代表上台，并且需要与听众进行互动，讲述团队的观点与大家分享。问题在于，这种方式只能看到PPT的制作效果和汇报者的水平，并不能了解到该团队是否进行了有效的团队合作，还是只是个别同学参与任务，其他部分同学"搭便车"。此外，过于宽松的自选模式，可能会使具有惰性的同学产生应付的心态，进而选择意义不大的主题进行汇报。为了杜绝搭便车行为和应付心态，必须对团队合作的模式进行调整和补充。这就是第二个备选模式。前一个模式具有不确定性，第二个模式则相对具有确定性。即，由老师在教学计划中选取几个相对简单和轻松的内容，交由同学们组建团队及小组研究后，在课堂上做汇报，同时需要课堂互动和教师点评作为保障。这两个模式都应进行大胆尝试，一来保持选择的多样性和灵活性，二来可以对两种模式进行有效的对比和借鉴。关于角色扮演，则主要是安排专门的课堂时间进行系列模拟活动。现实生活中学生几乎没有机会亲身接触到国际政治实践。将角色扮演和情景模拟这一方式引入"国际政治概论"的课堂教学中，可以在一定程度上弥补这一缺陷。具体而言，主要是模拟联合国活动、模拟国际谈判和会议、模拟外交部发言人答记者问、为国家领导人撰写信件和发言稿、撰写《人民日报》评论员文章等。此类模角色扮演活动中，既有现场发言模拟，也有文字撰写模拟，既可以作为期中作业考查，也可以作为期末考试内容。

4. 正确选择视频播放

视频播放是重要的现代化教学手段，可选择利用课间时间播放相关视频。与该课程相关的课程较多，此处以《那年那兔那些事儿》（以下简称《那兔》）为例。《那兔》是国内漫画作家创作的国民历史普及漫画视频，诙谐的画风和引人入胜的动物形象跃然于各大论坛，用漫画的形式诠释了中国近代的一系列重要事件，将中华人民共和国成立前后的国内外一些军事和外交的重大事件以动物漫画的形式展现出来，给本来严肃的历史增添了不少趣味性。从这个角度讲，《那兔》在形式上生动活泼、引人入胜，在内容与"国际政治概论"课的内容与高度关联。此外，《那兔》也是进行爱国主义教育的重要载体。《那兔》不仅关注过往历史，也涵盖当前的重大事件，比如，中美撞机事件、辽宁号、朱日和演习、歼 20 横空出世等。它以动物形象，让我们清楚看到沉重与荣耀并存的历史过往，展示了中华民族伟大复兴和中国大国崛起的道路和历程。特别是其中一些经典言论，如“每一只兔子都有一个大国梦”等，都是对学生进行爱国主义教育的重要内容和环节。这与国家有关部门要求的“思政进课堂”结合紧密，有利于实现专业知识与价值引领的水乳交融，彰显教书与育人的有机统一，追求以润物无声的方式实现立德树人的效果。①如前所述，具备上述类似功能的视频并不局限于《那兔》，选择的基本要求是要与课堂内容和国际时政紧密结合。视频教学的关键是，在观看视频之时或之后，师生要对相关内容进行互动和交流。比如，在观看到中国的对非洲援助之后，需要与学生就中国的对外援助这一主题进行交流讨论，包括中国对外援助的历史事实、利益得失以及当前中国对外援助模式的新变化等，并就国内存在的对外援助持有不同意见的现象进行评述，从而对对外援助行为实现全面、客观、理性的认知和评价，避免极端化、主观化、情绪化。

5. 积极创新 PPT 风格

PPT 课件的制作和展示直接影响到课堂效果，这里主要在以下几个方面做出探索。一是在文字和图片的搭配比例上做文章。坚决杜绝满页 PPT 全面填满文字的做法。文字占据 PPT 空间的比例不应超过 50%，尽量控制在 40%以下。相对而言，图片的比例应占据 PPT 空间的比例不低于 50%，尽量控制在 60%以上。能使用图片表达的尽量使用图片形式，尝试将文字作为图片的补充。二是在图片上的选择上下功夫。第一个原则是合理使用动图和静图。相对而言，动态图片的跳动性、趣味性更能吸引学生的兴趣和关注，同时也能适度活跃课堂氛围。不过，有些情况下静态图片则更为稳妥，比如严肃、庄重等比较正式的内容。整体而言，应该尝试合理使用动图和静图，以便实现展示效果最优。第二个原则是图片尽量体现时尚元素。众所周知，对漫画、音乐、影视等时尚元素感兴趣是年轻人的本性。现代的大学生以“90 后”甚至“00 后”为主，接触到的新颖、时尚元素非常丰富。“国际政治概论”一味的高大上或理论化可能会让他们感到枯燥乏味，而在课堂中的 PPT 上加入一些时尚元素可能会更加符合他们的审美要求。特别是在 PPT 图片的选择上不拘一格大量的使用时尚元素——特别是流行卡通漫画，比如暴走系列、嗷大喵系列、

① 彭吉军、杨兆瑞：《从思政进课堂到课程思政化》，《贵州日报》2019 年 5 月 8 日。

小肥柴系列、蘑菇头系列、金馆长熊猫表情系列等——会取得意想不到的课堂效果。

参考文献

[1] 张春:《试析世界历史潮流与中国可持续崛起的战略设计》,《国际关系研究》2015 年第 6 期。

[2] 王新生:《历史研究与国际政治学》,《国际政治研究》2018 年第 5 期。

[3] 胡宗山:《政治学与国际政治学:比较研究》,《当代世界与社会主义》2009 年第 3 期。

[4] 吴强:《威斯特伐利亚和约》,《红旗文稿》2010 年第 11 期。

[5] 时宏远:《〈跨文化商务沟通〉案例教学探析》,《长沙民政职业技术学院学报》2013 年第 2 期。

[6] 史亚军:《国际政治课程教学方法的改革与实践——以上海政法学院国际政治专业教学为例》,《世纪桥》2010 年第 19 期。

[7] 彭吉军、杨兆瑞:《从思政进课堂到课程思政化》,《贵州日报》2019 年第 5 期,第 8 页。

[8] 孙关宏等:《政治学概论》(第 2 版),复旦大学出版社 2019 年版。

[9] 王惠岩:《政治学原理》,高等教育出版社 2006 年版。

[10] 王传剑:《简明国际关系史》,中国电力出版社 2008 年版。

[11] 王逸舟:《国际政治概论》(第 2 版),北京大学出版社 2016 年版。

[12] 王志民:《国际政治学导论》,对外经济贸易大学出版社 2010 年版。

[13] [美]卡伦・明斯特、伊万・阿雷奎恩—托夫特:《国际关系精要》,潘忠岐译,上海人民出版社出 2007 年版。

知识动员视角下公共管理学本科生实践能力培养的基本途径

刘丽珍

摘　要：本文主要整合政治学、知识社会学、政策科学、管理学、传播学等多学科研究成果，从相互联系和学科互动视角，将学生实践能力提升设置于知识主体与知识客体的双向互动过程来考察，"还原"知识生产、推广与运用的全过程。知识动员理论以知识创造、知识使用、两者的交叉与关联为核心要素，还原了知识生产者与使用者之间的供需关系，更注重权衡知识主体及知识客体所处情景及互动，积极建构将知识产品"动员"起来服务决策的渠道，适应了现代知识管理的需求，为提升学生实践能力研究提供了更为全面、合理的研究视角与分析框架，有利于在实然层面思索提升学生实践能力的创新进路。

关键词：知识动员；本科生；公共管理

知识动员（Knowledge Mobilization）这一术语可追溯到20世纪90年代后期教育领域，随后逐步拓展到知识管理、政策科学等更广泛领域。目前对此概念暂无统一界定，总体看来可概括为：知识动员是以知识客体（使用者）的需求驱动，为实现知识的价值延伸和创新性增值，由知识生产者、知识使用者，以及两者间各种媒介等通过行动促进知识转化的复杂、迭代的社会过程。①

本文主要整合政治学、知识社会学、政策科学、管理学、传播学等多学科研究成果，从相互联系和学科互动视角，将学生实践能力提升设置于知识主体与知识客体的双向互动过程来考察，"还原"知识生产、推广与运用的全过程。理论研究与实践研究相结合，理论先导、实证并行、策略跟进，

---

① 向野：《知识动员视域下教学理论的实践转化研究》，华中师范大学2019年博士学位论文，第18—19页。

在应然层面探讨提升学生实践能力的核心要义，在已然层面剖析公共管理专业本科学生参与社会实践所面临的困境与成因，在实然层面思索提升学生实践能力的创新进路。

一、问题的提出

对知识动员在教学中的应用，国内学术界有两类观点：一是知识生产的演变理论，受小科学与大科学理论、模式 1 与模式 2 理论、学院科学与后学院科学理论等启迪，研究者认为要教学理论要提升实践决策能力，必须实现从传统学科知识生产者向解决复杂问题知识创造者转变，注重知识生产和社会实践的良性互动，推动知识生产方式从解释型转向设计型。①二是政策过程的"知识运用"理论，将"知识"泛化为来自政府内部和外部的各种政策信息、意见和建议，认为公共管理的教学知识在公共政策议程设置过程中的作用往往受到决策者、决策机构、政策类型及决策体制的影响，更重视制度与环境对决策咨询能力水平的影响。②这些观点并没有还原理论知识从孵化、生产、推广到使用的全过程，也割裂了此过程中相关主体间的交互，引入知识动员的框架能构建合理的知识产品供需关系知识动员理论，契合了这一需求。

国外对知识动员已开展充分探讨。S.纳特利等学者（S.Nutley et al.）详细列举了实现"动员"的有效机制：传播（潜在用户提交的研究成果）、互动（知识生产者和用户之间建立联系）、社会影响（使用有影响力的专家来向用户说明研究的价值）、便利（提供必要的支持、技术、财务、组织和情感，提高研究的使用性）、激励和强化（奖励和规范知识动员作用），五个机制相互补充，并以复杂的方式进行交互影响。③本 · 利文（Ben Levin）认

① 李志锋等：《知识生产模式的现代转型与大学科学研究的模式创新》，《教育研究》2014 年第 3 期，第 55—63 页。

② 朱旭峰、田君：《知识与中国公共政策的议程设置：一个实证研究》，《中国行政管理》2008 年第 6 期，第 107—113 页；文少保：《我国政府向智库购买决策咨询服务的制度安排》，《社会主义研究》2016 年第 2 期，第 86—91 页。

③ S.Nutley, I.Walter & H.Davies, *Using evidence: How research can inform public services*[M]. Bristol: Policy Press, 2007, pp.26—37.

为知识动员的过程涵盖了知识生产、创新、共享、转移、应用等多个要素，并将其归纳为“生产”、“使用”、“中介”三个关键变量搭建理论模型，指出三部分的运作都受到环境的影响，且在三部分重叠时即产生知识动员活动。①目前在英、美、加拿大、澳大利亚等国家公共管理与公共政策、国际发展与区域合作、商业开发与管理、教育培训、卫生医疗、职业健康与安全、科学研究等领域均有学者关注于该理论，并积极探寻促进知识动员的模式，为知识动员的开展提供平台，以增强知识转化为政策与实践的效果。②

国内研究者率先将知识动员理论运用到我国教育政策研究领域。洪成文等总结了教育知识动员中涉及的三层关系，包括理论工作者如何发现政策研究的议题、决策者如何寻找到具有政策价值的研究成果、两者之间如何实现互动等。运用知识动员理论，孟彦等指出决策者与研究者的“文化冲突”以及缺乏专业化的中介机构是我国高等教育宏观决策有效性缺失的重要原因。③

自 20 世纪 90 年代以来，国内在加强管理专业学生实践能力培养的理论和实践方面都取得了诸多成果，但关于公共管理专业学生实践能力培养体系(包括实践教学计划、实践教学内容、实践教学环节考核指标、实践教学环节考核方法等)的构建的研究尚处于起步阶段。以往的研究聚焦于在理论层面上探讨教学理论与教学实践的关系，而在实践层面上探索两者的转化过程的相关研究很少。本研究以公共管理学科本科课堂教学实践为例，探讨知识动员视角下教学行为过程与条件，具有一定的研究意义。

目前，国内高校在公共管理学科学生实践能力培养体系的构建上主要存在以下问题：

一是教学理论与教学实践脱节，无相对独立的实践教学计划。长期以来，实践教学一直处于理论教学的附属地位，实践教学安排也只是作为理论教学计划的一个组成部分，仅仅是验证理论教学内容。

---

① Ben Levin, *The Impact of Research In Education*[M], UK: The Policy Press, 2013, pp.19—29.

② B.Choi Understanding the basic principles of knowledge translation[J], *Journal of Epidemiology and Community Health*, 2005, 59(2).

③ 孟彦、洪成文:《从知识动员视角探析我国高等教育宏观决策有效性缺失问题》,《现代教育管理》2015 年第 11 期,第 1—6 页。

二是实践教学内容之间缺乏系统性。长期以来，由于受实践教学地位的制约，实践教学学时被平均分配在四个学年中，导致实践教学内容零碎、缺乏内在的有机联系，每项教学内容分配学时较少，实践教学存在着走过场现象，对培养学生的实践能力作用不明显。

三是缺乏科学合理的实践教学环节考核指标。在考核中，教师的主观印象占有较大的比重，考核成绩带有随意性。

四是考核方法单一。教师成为唯一的考核主体，实习单位、实习学生不参与考核，导致考核的片面性。

由于上述问题的存在，长期以来，公共管理专业学生实践能力培养的质量与用人单位对学生的要求相比较，存在较大差距，学生经过在校四年的学习进入人才市场时，用人单位无法了解他的实践能力，缺乏一个客观的评价依据，这直接影响到学生在人才市场的竞争能力。因此，构建公共管理专业学生实践能力培养体系势在必行。

二、知识动员视角下本科生实践教学的意义

本科课堂知识的传授是“封闭性”问题，但本质是供给驱动，少有考虑需求者也就是学生是否愿意、可否接触、能否理解课堂的知识产品，亦无研究使用者运用于政策与实践的影响因素等。政策过程的知识运用流派，虽涉及学生介入公共政策的效果，但过于强调决策者、机构与决策咨询制度作用，少有考虑基于学生自身提升及其知识产品质量。知识动员理论以知识创造、知识使用、两者的交叉与关联为核心要素，还原了知识生产者与使用者之间的供需关系，更注重权衡知识主体及知识客体所处情景及互动，积极建构将知识产品“动员”起来服务决策的渠道，适应了现代知识管理的需求，为提升学生实践能力研究提供了更为全面、合理的研究视角与分析框架，丰富了实践能力培养的理论体系，也有利于拓展知识管理理论的研究范围。

在传统课堂理论讲授的基础上，将理论和实践有效结合，对本科教学具有重要的实践意义。公共管理学科的教育目的是为了提升公共管理从业人员的实践能力和专业素养，其中包含着众多的元素：分析解决问题的能力、创新能力、交际能力等等，所以公共管理学科的教学必须要以实践为根本，在教学过程中尊重学习人员的主体地位，提升学习人员对于公共

管理学科学习的积极性，为我国培养更多的公共管理人才。作为新型学科，公共管理学有一定发展基础和后发优势，完善本科教学实践，容易形成多学科优势，提升公共管理的竞争力。一方面，需要构建合理的知识产品供需关系，能掌握知识生产、推广到使用的全过程，知晓学生实践能力建设的困境及其成因；另一方面，知识动员理论可以直接指导公共管理学本科生结合自身特色与优势，创新知识生产和提升实践能力。

三、公共管理教学中知识动员不足

知识生产动员中，教师需要了解学生需求的主动性不够，渠道不畅。高校学科建设关心的是教学和研究，高校的大部分研究人员更善于思考与写作，服务教学，习惯于在自己的圈子内部进行交流，受众大多都与成果流向相关，如学术刊物、学术会议和学术出版社等。如何进行知识动员，怎么来、如何组、如何用，对多数高校教师来说，都是新命题、新挑战。

首先，面向高校知识生产的需求尚未有效释放，在激发教师知识运用方面，机制不健全，发展还不均衡，当前的知识转化机制和政策研究文化，显然还滞后。从供给侧看，高校教学的有效供给不足，但从需求侧看，需求的"闸门"尚未完全打开。缺乏学校内部的"隐性知识"和完备的即时数据，智库并没有获得"有效行动的空间和能力"，教师的教学建议通常流于形式或无的放矢。

其次，知识使用的引导、培训和激励体系尚未健全。能用于教学研究的经费、资源的数量和质量，供需双方组织与研究合作的基础条件均存在问题，有关知识动员的政策、文件中所提出的要求，还有很多没有充分落实。在知识运用层面，师生互动系统愈趋完善，学生将获得较大发展空间，竞争也更加激烈。以数量为核心的"规模扩张"发展已经难以为继，要想获得更多话语权，需要高校正视优势与劣势，探寻立足之道。

再次，在知识中介层面，教学理论与实践的转换意识薄弱。互联网已从信息沟通的通信工具发展成为社会运行新的基础设施和基础构架、社会基础连接的方式，社交媒体的兴起使教学信息出现了爆炸式增长和更加自由快速流动，"网络社会"影响政策制定的力量得到了极大彰显，媒体化将是学校的一个重要发展趋势。高校既需要承担研究任务，更需承担以提升政策影响力为目的的传播工作，如何融入"互联网＋"时代，与教师、公众、媒体等各类受众及时、有效互动，实现成果的精准化、广泛性传播，将是高校面临的一道难题。

在知识生产层面，在知识生产时代，通过对庞大的数据资源及其潜在价值的深度挖掘有助于高校更好地把握政治经济热点和社会动态，更科学地预测相关领域的发展趋势并辅助决策。目前，我国多数高校习惯于以思想表达为主的经验性研究范式，主要依靠专家个人经验，定性研究成分较多，研究数据一般还是建立在抽样调查和社会统计基础上。未来高校必须直面的战略命题是要增强利用数据推进知识生产、舆论引导、社会服务等方面的本领。

四、知识动员视角下公共管理实践教学的思路

教师是促进教学理论向教学实践转化过程中最活跃和最直接的因素。因为教师既是教学实践活动的直接承担者和主导者，又是教学理论实践应用的直接体现者，教学理论如果离开教师主体这一因素，就无法发挥其实践应用功能。

第一，更新教学理念，增强转换意识。教师学习教学理论主要目的是更新自己的教学理念和教学模式，把教学理论运用到实践中、丰富实践和改造实践，最终提升和发展自我。因此，教师需要通过自身所具备的各种知识，以及相关的教学经验对教学理论进行感知、解读、分析与加工。简而言之，教师需要一定的理论转化意识。一方面，教学观念或教学理念的转化，这是实践转化的前提。教师需要对“知识动员”的相关研究文本资料进行解读，并根据自己的教学现状，有意识地将“知识动员”的教学思想内化到已有的教学理念中，突破陈旧的观念，僵化的思维，顽固的习惯，促进原有教学理念或观念的调整。其实，这就要求教师具有理论自觉意识，教师应该不断学习新的教育教学理论知识，用先进的教学理念武装自己的头脑，自觉抵制腐朽的教学观念，加强自身理论研究水平。另一方面，实践行为的转化。教师要有意识地将所内化的教学理念转化为外在的言语行为，并渗透到教学设计或者教学过程中去。也就是说，教师在备课时，不能按照自己的传统设计思路，应该将属于“知识动员”理念环节、内容和形式融入课堂教学活动中，把“知识动员”的理念转变为自己的实践。用新理念、新观念的眼光审视、透析自己的教学实践活动，寻找教学中的

共同性，这是教师转化意识的体现。

第二，构建知识接收与反馈系统，设立良性的知识接收系统。鼓励学生主动建立“知识动员”的渠道与活动。在知识生产环节，通过有效释放需求引导知识生产。在知识传递环节，畅通信息的渠道，增加教师和学生之间直接面对面进行充分交流与对话的机会，相互了解、相互尊重；彼此认同对方的价值往往是知识动员理论研究向实践渗透的基础。知识动员活动是可持续发展的，用于实现自身知识体系的创新性发展及创新能力的提升。参与者在参与过程中，可以进行技术、经验、技能、观点、思想等的交流和实践。在这一过程中，可以形成“知识—知识、参与者—参与者、知识—参与者”三维互动，进而形成知识密集的集散中心，为创新提供契机。①同时，在知识动员活动中，存在“马太效应”，居于活动中心的参与者不仅可以充分阐释其隐性知识，更容易积累其在知识动员活动中的声誉，进而形成其不断学习和创新的推动力，从而保持其在知识动员活动中的优势。

第三，创建激励机制以调动教师的积极性。理论向实践的转化需要教师主动学习、积极反思、自觉探索，这种反思、探索的复杂性、长期性、艰难性需要教师具有“衣带渐宽终不悔，为伊消得人憔悴”执着精神和持久动力。这种精神和动力的来源不仅仅是为了满足自己的好奇心和求知欲，更多地来源于效益考量。当然，这种效益考量不仅仅是工资福利待遇的提高，可以是学术声誉的提升，也可以是自我实现的成就感。因此，学校需建立相应的激励机制，更好地激发教师教学实践变革的意愿和行为。学校可以改变传统只注重教学结果的单一的评价方式，努力转向为发展性评价，即对教学过程的关注大于教学效果的关注。比如，“知识动员”强调不能将教师的“教”与学生的“学”割裂开来和对立起来，因此需要教师依据学生在教学过程中展现出的实际状态，做出及时的动态调整，重点关注教学过程中与学生互动生成的质和量。但是，这是一个艰辛复杂的长期过程，并非是立竿见影式的转化，故在短时间内很难达到预期效果，如果只注重教学结果的单一的评价，而不关注教师在教学过程中有意识地将“知识动员”的价值观念、思维方式融入教学设计中的评价，很容易挫伤教师教学研究的热情和积极性。所以，学校可以创建一定的奖励机制提

① B.Choi, Understanding the basic principles of knowledge translation, *Journal of Epidemiology and Community Health*, 2005, 59(2).

高其积极性，进而促进教师教学理念向实践的转化。

参考文献

[1] B.Choi, Understanding the basic principles of knowledge translation, *Journal of Epidemiology and Community Health*, 2005, 59(2).

[2] S. Nutley, I. Walter & H. Davies, *Using evidence: How research can inform public services*, Bristol: Policy Press, 2007, pp.26—37.

[3] B. Levin, *The Impact of Research In Education*, UK: The Policy Press, 2013, pp.19—29.

[4] 向野:《知识动员视域下教学理论的实践转化研究》,华中师范大学2019年博士学位论文,第18—19页。

[5] 姚伟等:《知识动员的运行机理及实施策略》,《情报理论与实践》2015年第7期,第15—20页。

[6] 孟彦、洪成文:《从知识动员视角探析我国高等教育宏观决策有效性缺失问题》,《现代教育管理》2015年第11期,第1—6页。

[7] 李晨松、和金生:《基于演化观点的知识中介基础问题研究》,《哈尔滨工业大学学报》(社会科学版)2005年第6期,第69—74页。

[8] 朱旭峰、田君:《知识与中国公共政策的议程设置:一个实证研究》,《中国行政管理》2008年第6期,第107—113页。

[9] 李志锋等:《知识生产模式的现代转型与大学科学研究的模式创新》,《教育研究》2014年第3期,第55—63页。

[10] 柏必成:《咨询需求,思想产品与传播能力:智库影响力的一个分析框架》,《学习论坛》2015年第9期,第50—55页。

[11] 文少保:《我国政府向智库购买决策咨询服务的制度安排》,《社会主义研究》2016年第2期,第86—91页。

基于创新能力培养的公共管理实验教学体系建构研究*

邵明波

摘　要：实验教学是培养公共管理复合型创新人才的重要教学环节，是培养学生综合素质和创新能力的重要举措。本文围绕着实验教学各个环节，在教学理念、课程体系、教学模式、实验平台等方面进行了探索，并进一步提出构建以创新能力培养为目标的公共管理实验教学体系路径。

关键词：公共管理；实验教学；教学体系

一、引　　言

党的十九大报告明确指出："创新是引领发展的第一动力，是建设现代化经济体系的战略支撑。"国家自主创新能力提升是综合国力增强的关键，而高等学校不仅是知识创新的重要组织，更是培养具有创新能力的高质量人才的重要基地，肩负着建设中国特色创新型国家的重要使命。实验教学是高等学校教学体系的重要组成部分，是培养高质量创新型人才的重要教学环节，是培养学生理论联系实际、学以致用的重要途径，在培养学生的自主学习能力、实践能力和创新能力等方面具有十分重要的作用。①但是传统的教学模式中，实践教学一直是理论教学的辅助，其在教学和人才培养过程中的作用难以充分发挥，制约了高等学校创新人才的

---

* 基金项目：华东政法大学中青年教师教学能力提升项目；华东政法大学教学改革与发展研究项目"基于'雨课堂'平台的线上线下交互式教学模式研究：以'公共组织财务管理'课程为例"。

① 高原、王土央：《本科生创新能力培养体系的探索与实践》，《实验技术与管理》2011 年第 6 期，第 30—32 页。

培养效果。①

公共管理类专业具有很强的实践性，面对未来的竞争，如何构建好科学合理的实验教学体系，是影响复合型创新人才培养效果的重要环节，是影响本科教学竞争与学科评估的关键。

二、传统实验教学中存在的问题

公共管理实验教学是整个公共管理类专业教学体系中不可缺少的组成部分，是培养学生观察问题、分析问题、解决问题能力的重要教学环节，是培养学生综合思考能力和创新思维的重要途径，在学生综合素质养成方面有着不可替代的作用。在实验教学方面，公共管理类专业一直有着良好的教学理念和教学计划，并取得了不少成绩，积累了丰富的经验。但是随着社会的发展，传统的实验教学难以适应新时期创新人才培养的需要，主要存在以下问题。

（一）实验教学缺少创新能力培养理念

受传统教学观念的影响，当前公共管理类教学体系重视理论教学和知识传授，实验教学环节仅仅是理论教学的辅助和补充，课程设置难以成体系，学生对实验课程的学习积极性不高，这直接导致难以系统地结合课程内容培养学生的实验技能和创新能力。

从教学目的上看，当前实验教学目的主要基于使学生练习和巩固课堂上所学习的理论知识。对理论和知识点的实践验证是实验教学的基本目的，使学生掌握基本的实验技能和方法，然而如果仅仅把教学目标定在巩固课堂上的知识点，不利于培养学生的创新思维和能力。

从课时设置上看，实验课程的课时量所占比例不高。课程目标的实现要以课时量为载体，没有足够的课时量，再优秀的课程规划也难以实现。现实中，实验课程的课时量所占比例相对较少，大量的课时用于理论和知识点的讲授。公共管理类专业是实践性很强的专业，理论和书面知识点授课课时挤占实践课时，难免造成授课内容空洞、授课形式枯燥等问

① 李明元：《高校实验教学存在的问题和改进措施》，《高等教育研究（成都）》2009 年第 4 期，第 50—52 页。

题，导致学生学习积极性不高，进而影响教师授课效率。

（二）缺少利于创新能力培养的实验课程体系

传统的实验教学以理论课教学大纲为基础，设置相应的实验教学课时，这导致两方面的问题：

一方面，传统的实验课内容具有一定的重复性。实验课一般是围绕着课程的知识点设置的单项实验，而课程之间的授课内容又具有交叉性，造成实验课程内容的重复设置。

另一方面，传统的实验课程缺乏综合性。课程的编制要着眼于综合性①，尤其是针对创新能力的培养。创新能力本身具有一定的综合性，是在对理论课程和规律综合理解的基础上，提出新的解决思路和方法。传统的实验课程，在内容安排上比较零散，着眼于对理论知识的验证和再认识，实验课的内容没有考虑对学生综合素质的培养，缺乏围绕整个专业创新思维培养的综合性实验课程。

（三）缺少针对创新能力的考核体系

考核不是授课的最终目的，但却是激励学生认真学习、巩固知识的重要手段。实验课程考试形式灵活，答案不唯一，评判标准多维，更能激发学生的开放思维和创新活力。而传统的教学模式重视理论知识的考核，实验课程仅为理论课成绩的辅助，在课程总成绩中的比重小，甚至忽视实验课程内容的考核，大大影响了学生学习投入的积极性。

三、创新能力培养为目标的实验教学体系构建

（一）建立创新能力培养的实验教学理念

转变实验教学的辅助性地位，提升实验教学的重要性，把实验教学纳入深化教学改革内容，提升学生就业竞争力，为社会培养创新型人才。实验教学本身不是教学的目的，通过实验教学深化学生对既有理论的理解

---

① 王伟廉：《高等学校本科课程编制的层次问题》，《高等教育研究》2002 年第 5 期，第 64—68 页。

的基础上，融会贯通，开阔学生的思维视野，培养创新能力，才是实验教学的最终目标。

优化公共管理类专业教学计划。实验课程体系既独立于理论课体系，又与理论课体系有机相连。实践课程与理论课程有天然的内在联系，理论课程需要实验课程的巩固和深化理解，实验课程需要以理论为依据。但是实验课程又有一定的相对独立性，不仅仅是既有理论的验证手段，更是理论的综合与升华。

（二）设计递进式模块化实验课程体系

实验教学课程体系具有一定的系统性①，要考虑到公共管理类各专业课的特点以及课程之间的相互关联，总结提炼出适用于现代实验技术的教学课程体系，合理统筹、模块化分割，各课程模块之间布局合理、层层递进。保证实验课程系统的系统性、连贯性。根据公共管理人才培养特点，实验课程体系大致分三个模块（见下图）。

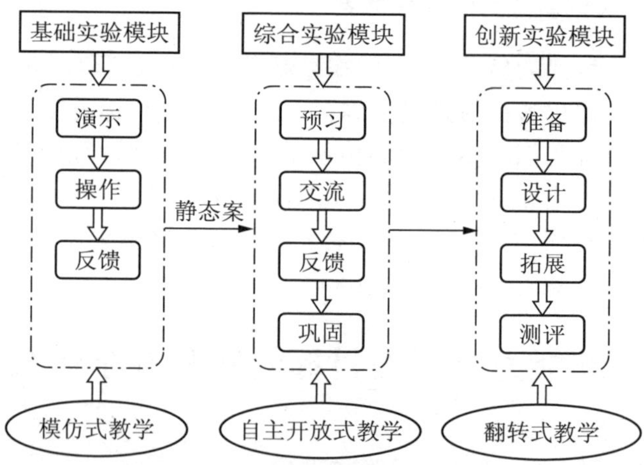

实验教学体系设计

1. 基础实验模块

基础实验模块主要目标是对实验课程基本工具和方法的掌握。其

---

① 吉爱国:《综合性实验教学模式的探讨与实践》,《实验室研究与探索》2007 年第 1 期,第 94—96 页。

中，实验课程工具主要包括 Excel、SPSS 和 STATA 等。掌握基本的统计分析方法，比如数据的统计性描述、随机事件的统计分析等；掌握数据库的建立与维护；掌握电子政务相关技术及应用模式。教学方法主要以演示为主，培养学生的观察和模仿能力。

2. 综合实验模块

综合实验模块主要突出多门课程知识的融合，培养学生的综合分析能力。综合性实验模块是在掌握了公共管理基本实验技术和工具的基础上，结合课本上学过的基本理论，根据虚拟场景，解决相关问题。这部分实验要求学生对基本工具灵活运用，能够根据不同的场景运用不同的工具，根据不同的问题选择不同的分析方法，并根据分析过程报告实验结果。

静态案例分析是本模块的又一特点。给出案例事件的概况，根据事件发生的情况进行分析，模拟各种场景，研究不同场景下处理同一类事件的基本方法，总结规律。此外，还要结合某一单独事件的特点，提出灵活的解决方案。值得注意的是，在此模块中不考虑事件的发展势态，仅针对事件的静态展现作出分析。

3. 创新实验模块

本模块着力于提升学生的创新意识和创新思维能力，通过模拟动态办公环境，培养学生利用专业软件解决现实问题的创新能力。公共管理类问题面对的是纷繁复杂的社会事件，事件本身随着时间的推移会发生变化，事件之间也会相互影响，面对这些变化如何采取应对策略是影响公共管理绩效的关键。创新实验是在熟练掌握综合静态实验的基础上，加入事件场景随时间切换的维度。通过比较同一事件不同时间点上的演变，总结发现事件的发展规律，提出管理对策。此外，还要考虑同一时间不同事件之间相互作用会衍生出新的状况，如何处理好事件之间的相互影响也至关重要。

与综合实验不同的是，创新实验课程的重点在应用本身，不再是知识的传授与掌握，着力于运用实验技术和专业软件去解决不同场景的问题。本模块引入时间维度，从动态的角度研究问题，这对培养学生的创造性思维能力非常重要。

（三）多种教学模式融合

好的实验教学体系不仅要有好的课程体系，更要有科学的教学模式才能使学生更有效地掌握教学内容。传统的实验课程多采用“教师演示—学生模仿”的教学模式，学生的学习始终处于被动地位，学习积极性不高，学习的主动性、创造性不强，课程内容的研究性不足，难以启发学生的创造能力与创新思维。因此，要改变传统的教学模式，针对不同的模块课程特色，建立多种教学模式融合的教学模式体系。

针对基础实验模块主要以模仿式教学模式为主，即“教师教学演示—学生模仿学习”。基础实验模块的教学重点主要是对实验工具知识和技术知识的学习及掌握。不仅是理论知识的传授，更着重于实验操作的训练，这部分是整个实验教学体系的基础，目标是增加学生的知识和技能储备，为后面的综合实验和创新实验模块做准备。

该模块课堂分为三个部分：演示、操作、反馈。演示部分由老师带领学生完成，这期间培养学生的仔细观察能力。然后由学生根据老师的演示内容现场操作，其间出现问题及时跟老师交流。最后老师集中反馈学生实验过程中出现的问题，整个过程以授课老师为主。

综合实验模块主要采取自主开放式教学模式，主要包括四个部分：预习、交流、反馈、巩固。预习部分由老师课前布置任务，引导学生课前完成相关实验内容的前期准备；交流部分由老师带领学生分组一起讨论案例事件的情况、性质，分析适用的实验方法；然后对实验内容做出反馈，讨论实验中存在的问题；最后结合实验报告结果对相关操作进行巩固复习。整个过程老师只起到引导作用，更多的是留给学生思考、讨论，并结合实验报告结果反馈修改。

创新实验部分主要采取以学生为主的翻转式教学模式，主要包括四个部分：准备、设计、拓展、测评。实验前的准备工作不再由教师主导，而是学生根据教师给出的实验内容自主准备；通过小组自主讨论设计实验方案，实验方案要体现创新实验的动态特征；结合实验案例事件拓展事件背景与发展趋势，学生需要考虑进一步发展的情况下如何处理事件；最后，结合实验报告，给出测评成绩。创新实验模块在整个课程体系中处于最高级别，能够真实地考察学生灵活运用知识的能力，因此，把测试放在本模块，更能体现学生学以致用的创新能力。

（四）构筑现代化实验教学平台

实验教学平台是实验教学的重要载体，现代化的实验教学平台对创新能力的培养至关重要。围绕人才创新能力培养的教学目标，依托学科优势，在现有的基础上重点投资，优化建设，在满足教学需要的基础上适度超前建设。

引入现代化的实验手段，提高实验仪器设备和实验软件的现代化水平，提升实验教学效果。比如，引入虚拟仿真实验教学平台，利用其逼真、立体的表现形式，把抽象的实验过程形象逼真地演示出来，教师结合实际的教学需求，最大限度地发挥虚拟元器件资源的优势，增强课堂趣味性，提升教学效果。

四、结　　语

实验教学是培养公共管理复合型创新人才的重要环节，是培养学生综合素质和创新能力的重要举措。围绕着实验教学各个环节，在教学理念、课程体系、教学模式、实验平台等方面进行了探索。在未来，为适应现代社会对公共管理人才创新能力的要求，实验教学的重要性将进一步提升，这需要公共管理教学工作者们与时俱进，不断努力完善实验教学体系。

参考文献

[1] 高原、王土央：《本科生创新能力培养体系的探索与实践》，《实验技术与管理》2011 年第 6 期，第 30—32 页。

[2] 李明元：《高校实验教学存在的问题和改进措施》，《高等教育研究(成都)》2009 年第 4 期，第 50—52 页。

[3] 王伟廉：《高等学校本科课程编制的层次问题》，《高等教育研究》2002 年第 5 期，第 64—68 页。

[4] 吉爱国：《综合性实验教学模式的探讨与实践》，《实验室研究与探索》2007 年第 1 期，第 94—96 页。

关于本科毕业论文情况的思考及改革分析

汪伟全　王　旭

摘　要:本科毕业论文是高校本科生培养过程中极为重要的一项教学任务。毕业论文撰写注重考察学生的知识运用能力、理论分析能力以及解决问题能力,是一次对学生专业水平的系统性考察,能在一定程度上体现学生的专业素养。然而,学生完成的本科毕业论文存在着写作不规范、质量参差不齐等各种问题,为了进一步提升人才培养质量,这些问题需要进行分析并加以改善。

关键词:毕业论文;改革分析

一、本科毕业论文的目的及主要环节

(一) 本科毕业论文的目的

本科毕业论文在专业性、创新性、实践性等方面具有本科教学中其他教学环节所不可替代的意义,它是对学生学习成果的综合性总结,是学生从事科学研究的最初尝试,也是对学生综合素质的最终测试。①此外,毕业论文也是高校用来衡量本科教学质量的重要标准,更是高校培养学生实践能力和创新精神的重要环节。②因此,本科毕业论文作为学生大学期间一项科研性的教学环节存在其必要性,是对学生综合能力的一次重要考察,论文撰写讲究科学性、规范性、严谨性、逻辑性,也对学生未来的工

① 郑丽娜、董雪莲:《关于本科毕业论文若干问题的思考》,《教育教学论坛》2019年第27期。

② 王崇义:《加强毕业论文指导　提升学生综合素质——关于本科生毕业论文若干问题的思考》,《外语教学》2004年第6期。

作和深造起到一定作用。

(二) 本科毕业论文的主要环节(以华东政法大学为例)

1. 选题开题环节

在这一环节中,学生根据自身知识水平及专业兴趣,在提供的论文题库中选择自己感兴趣的题目,并与指导老师进行对接,在指导老师的指导下开展开题工作,适时对论文选题进行调整,最终撰写完成论文开题报告。

2. 论文指导环节

在这一环节中,指导教师应认真负责地指导学生如何正确进行文献检索、资料收集、数据采集及论文写作。学生应当积极主动与指导教师对接,虚心向指导教师请教论文撰写过程中遇到的问题,并形成相关指导记录。

3. 论文撰写环节

在这一环节中,学生应遵循指导教师的教导,开展论文写作。写作应注重论文的科学性、规范性、严谨性以及逻辑性,学生应独立自主完成论文撰写,并按规定格式顺序对论文进行排版装订。所有的论文都将进行反抄袭检测,检测不通过的学生必须严格按要求完成整改。

4. 论文答辩环节

在这一环节中,学生应当对自己所研究的选题内容有了充分而深入的认识和理解。答辩组通过对学生的论文中涉及的知识进行深层次提问,以考查学生对知识掌握的深度和广度,并对写作存在不规范、概念存在错误以及逻辑不合理等情况提出整改意见。学生在答辩后应依照答辩组意见,在指导教师的指导下对自己的论文进行修改形成完善的毕业论文。

二、本科毕业论文存在的主要问题

本科毕业论文写作作为本科人才培养的最后一个环节,既是对学生专业知识掌握情况的检验,又是对学生科研思维和写作能力的训练。①然

---

① 刘爱生、王文利:《大学生对本科毕业论文的态度——来自浙江省某重点高校大四学生的调查》,《高教探索》2019 年第 8 期。

而，虽然学生在之前经历过学年论文的写作锻炼，但是对大部分学生而言，本科毕业论文是他们对系统性学术论文写作的初次尝试，也因此，本科毕业论文的写作质量也受到一定程度的诟病。

(一) 选题涉及范围过大

很多学生在论文选题环节选择的题目涵盖的范围过大，而在之后又没有很好地和指导老师进行沟通，便开始自己论文的写作工作。对于本科学生的专业水平而言，论文题目过大的情况很容易造成涉及的内容过多，不容易抓住重点，论文没有充分的论据支撑，导致全文的内容过于涣散，学生也无法对论述的内容进行深入思考。在最后的答辩环节，也会出现学生对答辩组提出的问题不清楚、答非所问的情况。

(二) 对文献检索的重视程度不高

进行文献检索的目的是为了给自己所研究的内容提供参考，使自己明白在所研究的领域内已经有了哪些成果，也能给自己提供一些研究的思路和方法。学生往往不重视文献检索，主要表现在：(1)纯粹应付性完成文献检索；(2)文献检索的量明显不够；(3)检索的文献价值不高；(4)无法有针对性地进行文献检索；(5)对文献的应用能力略显不足，不能很好地完成文献综述。

(三) 指导教师的指导不足

一篇优秀的毕业论文离不开指导老师各方面悉心的指导。高等教育大众化和高校扩招使得地方本科院校办学经费、师资队伍、设备条件等办学资源异常紧缺。大多数指导教师承担着繁重的教学和科研任务，造成对毕业论文指导工作重视不够，投入时间和精力非常有限，对学生要求不严，指导过程过多流于形式，督管沟通不及时，指导不充分。并且目前的毕业论文选题过程主要以学生单向选择为主，往往学生与所选择的论文选题的指导教师在平时接触不多甚至是没有接触，指导教师与学生之间并不熟悉，这种隔阂往往导致师生之间充分的互动与交流难以开展。①此外，大四期间学生临近毕业，忙于各种实习、考试和就业，没有充分的时间

---

① 李瑛、甘超、陶玮：《本科毕业论文教育实证研究的问题与对策》，《当代教育理论与实践》2019 年第 11 期，第 4 页。

来主动与指导老师进行交流，也进一步造成了自己受指导不足的情况。

（四）学生的写作质量不高

部分学生平时忙于实习和各项考试，缺少对毕业论文的重视，导致了写作时间过于仓促，对论点的研究不够深入，甚至会出现概念的错误。

尽管有范文提供给学生参考，仍然有很多学生存在行文不规范、格式不符合要求的情况，并且很多学生对文章中的病句、错别字疏于检查，而在之后的答辩中被发现存在问题。

仍然有极少数同学的论文存在抄袭的情况，并在反抄袭检测中被发现。

（五）答辩的效果不佳

毕业论文答辩是对毕业论文进行审查的一种有组织、有要求、有规范的行为。毕业论文答辩往往在临近毕业前夕举行，这就要求在较短的时间内完成较多人数的答辩，使得答辩组需要在很短的时间内完成一个学生的毕业论文答辩，这就造成了答辩组成员无法更深入地对学生的毕业论文进行剖析。此外，学生对论文答辩也存在准备不充分的情况，部分学生抱有十分紧张的心理情绪，这也造成了很多学生回答不上答辩组提出的问题或者是回答错误。

三、对这些问题的思考和分析

（一）与时俱进，创新改革

本科毕业论文对学生的理解能力、研究能力、运用能力、写作能力等方面的锻炼都有着重要的作用，既然经过多年的实践下来，本科毕业论文依旧存在诸多问题，我们就应该有针对性地加大改革力度，来更好地发挥本科毕业论文这项教学任务的育人功能，进一步提升本科毕业论文的质量。

首先，造成本科毕业论文质量不高的很关键一点是时间上存在冲突。学生忙于职业发展，教师忙于教学科研。那么改革可以尝试从优化时间分配上着手，不单单将毕业论文局限在大四一年中进行，而是给予更多的时间，使学生能够有时间静下心来好好做学问，教师也能有更多的空余时间来对学生进行指导。

其次，如今的高校教师面临着教学和科研的繁重压力，在这种高负荷的状态下，难免出现对指导学生毕业论文写作的倦怠。改革应当完善激励机制，鼓励多劳多得，并完善对指导教师的考核，减轻教师负担，使教师乐意为学生指导。

再次，很多学生对论文写作感到有一定难度，对如何开题、如何文献检索以及如何写作等论文各个环节都存在困难。针对这些情况，其实可以从优化课程设置的方面入手，在选修课乃至必修课环节增设论文写作指导相关课程以供学生修读，有针对性地教授学生论文写作各个环节的技巧和要求，从思维和方法等方面对学生开展指导，以提升学生对论文写作技巧的认识。

然后，可以加大教学投入，邀请相关专家对本科生开展毕业论文指导讲座，鼓励学生与名家接触，开拓学生视野。二级学院可以有针对性地开设学院特色书屋，购买与专业相关的各类书籍供学生阅览，并适时组织各类读书会活动，增加师生互动，也能以此提升学生的专业水平。

最后，可以提升毕业论文在各方面的权重，如在人才培养中增加毕业论文在总评成绩中的占比，以体现毕业论文的重要性；在诸如优秀毕业生评选中增加毕业论文的权重，激发学生对毕业论文的重视程度，调动写作积极性。

(二) 不忘初心，强化指导

教师的初心在于育人，而指导本科生的毕业论文工作也是育人的重要一环。强化毕业论文阶段的指导，不仅要强化指导教师对所带教学生的指导，也要强化辅导员对学生心理层面的指导。

指导教师要强化责任意识，要尽可能抽出时间对学生的论文写作开展指导帮助，定期组织学生开展研讨会，带领学生进行课题研究和调查问卷，培养学生严谨的治学态度。

辅导员要从心理层面加强对学生的辅导，缓解学生对论文写作的抗拒心理，增加与学生的沟通，提升学生的写作自信。

(三) 健全制度，筑牢基础

做好本科生毕业论文工作离不开完善的制度规范这一基础。要想提升毕业论文的质量以及实际成效，就要建立“选题检查—开题报告—中期检查—后期评价”的覆盖毕业论文全过程的监督管理体系，实时对毕业生进行指导，从而确保论文质量。①

探索建立本科生导师制度，可以效仿研究生导师的模式，在每位本科生入校伊始就确立固定的导师，指导学生的学业，并在毕业论文环节担当学生毕业论文的指导教师，如此一来师生之间经过多年的接触也会更为熟悉，对学生的学业、专业、综合素养等方面也能起到更为全面的指导，进一步化解当前本科毕业论文环节师生交流困难的局面。当然，如此一来会增加教师工作量和负担，也要建立相应的激励保障机制。

要进一步完善制度建设，落实指导教师负责制，切实保障指导教师对学生论文写作的全程指导，要求指导教师把好论文质量关；深化毕业论文质量要求，答辩中对不符合要求的论文要坚决要求整改并开展二次答辩，整改不通过者应当依照规定不予通过，杜绝学生侥幸心理；强化校外审查机制，进一步增加校外送审的论文比例，使论文评价更加客观公正。

参考文献

[1] 郑丽娜、董雪莲：《关于本科毕业论文若干问题的思考》，《教育教学论坛》2019 年第 27 期。

[2] 王崇义：《加强毕业论文指导　提升学生综合素质——关于本科生毕业论文若干问题的思考》，《外语教学》2004 年第 6 期。

[3] 刘爱生、王文利：《大学生对本科毕业论文的态度——来自浙江省某重点高校大四学生的调查》，《高教探索》2019 年第 8 期。

[4] 李瑛、甘超、陶玮：《本科毕业论文教育实证研究的问题与对策》，《当代教育理论与实践》2019 年第 11 期。

[5] 王保国：《本科毕业论文设计中存在的问题思考》，《延边大学学报》（社会科学版）2013 年第 4 期。

① 王保国：《本科毕业论文设计中存在的问题思考》，《延边大学学报》（社会科学版）2013 年第 4 期。

职业胜任力培育导向的“无边界课堂”教与学新模式

——劳动与社会保障专业教学改革探索

白艳莉

摘　要：不断变化的新环境对学生职业胜任力提出新的要求，无边界课堂是一种有别于传统封闭的教学模式，它旨在打破传统的课堂边界，通过拓展知识平台、知识分享者身份、知识内容和知识建构方式等多层次边界，以推进学生职业胜任力的提升。本文还以华东政法大学劳动与社会保障专业无边界课堂教学改革探索为例，提出教学改革的设想并评估了教学改革效果。

关键词：无边界课堂；职业胜任力；教学改革探索

大学毕业生就业问题多年来一直备受全社会关注，而当前大学生就业所面临着的困境正发生着深刻变化，这主要体现在，以往的大学毕业生就业主要问题是总体就业率偏低，即大学生找工作难，而目前已经逐渐转为大学生总体就业质量不佳。根据麦可思研究院发布的《2019 年中国大学生就业报告(就业蓝皮书)》显示，2018 年大学毕业生的就业满意度为 67%，工作与专业相关度为 66%，出现近四成毕业生存在专业和工作不对口的现象。有学者提出，这在一定程度上反映了中国大学教育和市场需求有所脱节。①长期以来，我国高等教育基本上是一个相对封闭的系统，对劳动力市场变化和人才需求的回应非常缓慢。

从社会经济发展对人才需求层面来看，最近几年，我国经济结构调整速度不断加剧，社会转型步伐也大大加快，“互联网＋”等新技术不断加速涌现，新的社会经济形态和技术条件对大学生职业知识、能力和素质提出

---

① 《不符期待迫于现实　近四成毕业生工作与专业不对口》，http://news.sina.com.cn/o/2019-06-11/doc-ihvhiews7981795.shtml(访问日期：2019 年 12 月 5 日)。

了全新要求。

为了在不断变化的环境中动态地匹配市场对人才的要求。大学在人才培养的过程中，一种可取的专业人才培养的创新路径是，从分析和链接人才需求端为起点，以塑造和提升学生的职业胜任力为根本导向，即聚焦于培养社会经济发展需要的具有全面能力专业性人才，不断推进大学专业培养从封闭走向开发，彻底打破传统专业教育仅主要依托课堂教学的狭隘“边界”，全面拓展知识获取、知识分享、专业认知、专业能力提升的可能途径，进而构建出一种融合学生职业生涯发展、专业知识教育和全面能力提升的专业“无边界课堂”教与学的新模式。

一、无边界课堂：课堂边界的多向延伸和拓展

在传统专业教学过程中，学校的专业老师是教学主体，而课堂边界大多比较封闭，专业课仍然多以教室内的课堂讲授和互动研讨为主，专业教师几乎是学生获取专业知识主要信息源，学生也仅仅和专业教师发生着强互动关系。

前文已经述及，在当代，社会经济正在快速变革，劳动力市场对人才所应该具备的素质也有不同于以往时代的新要求，“互联网＋”等新技术也渗入社会经济系统的每一个层面，这也将对大学教育和人才培养模式产生革命性改变。1998 年，斯图亚特·坎宁安从新媒体视角第一次系统提出无边界教育，提出高等教育活动的边界正在日益模糊，学校仅仅是教育主体之一，各种不同的组织加入了教学主体中，“跨组织”“跨界”“跨国”新型高等教育相继出现。①在“互联网＋”时代，互联网已经不仅仅是信息工具，其已经成为各类组织重要竞争优势的内在构成要素。对于高等教育而言，“互联网＋”有助于促进教育资源融合性配置，实现“跨界重构”。

本文所指的无边界课堂，是对传统相对封闭课堂边界的多向度拓展，其目的是通过突破传统课堂的有形藩篱，依托新网络平台为工具，链接课

① Stuart Cunningham etc., New Media and Borderless Education: A Review of the Convergence between Global Media Networks and Higher Education Provision[DB/OL]. Http://www.dest.gov.au/archive/highered/eippubs/eip97-22/eip9722.pdf.（访问日期：2019 年 12 月 15 日）。

堂以外的各种优质教育资源,使课堂和学习过程能完全跨越时间和空间限制,进而实现学生自由学习、自主探索和个性化发展的教育目标。

具体来看,无边界课堂可以在如下维度进行课堂边界拓展。

1. 知识平台边界的拓展

在传统课堂教学模式下,知识多是以专业书籍和课堂面授的方式获得。而无边界课堂首先延伸的就是知识平台,基于传统互联网和新移动互联网技术,可以打造出不同知识的平台,可以大大提高知识和信息供给的容量,同时也有力地推进了知识获取的便捷性,真正实现 7×24 小时无限的知识平台资源和获取通道。

2. 知识分享者身份边界的拓展

在传统课堂教学模式下,课程主讲老师是主导性的知识分享者。而无边界课堂知识分享者完全可以实现不局限于主讲老师,可以通过课堂空间转换(真实物理空间和虚拟物理空间),积极链接其他知识分享者,而其他知识分享者可以是外部相关领域的专家(研究者和实践者),也可以使学习者同辈的分享者,以最终促进知识和信息的纵向和横向流动,充分强化学习者的思考深度,以使学习者能建构出更丰富的知识体系和更高的技能水平。

3. 知识内容的边界拓展

在传统课堂教学模式下,知识内容主要依托课堂授课中的教材和教师指定的参考资料,在无边界课堂模式下,课程教材和指定的资料参考仅仅是知识的核心部分。而在当代,大量的知识内容和信息依托于不断的涌现的政策、时评和事件中,无边界课堂可以通过加入这些现实素材,视频、音频、微信文章作为知识获取的素材,通过案例研讨、课后主题沙龙、线上微信群的交流等多种形式,以学习者为中心,使信息和素材能被学习者建构成有价值的拓展知识,以使知识内容更具开放性。

4. 知识建构方式的拓展

在传统课堂教学模式下,教师是教学过程的中心,学生主要使通过记忆、领受来获取知识。无边界课堂模式有助于实现基于建构主义的学习理论的学习实践。建构主义理论的核心观点是:学习者要想真正地学到知识,就必须自己去发现和转换复杂的信息,在学习过程中,学生是主动学习者,基于建构的教学策略也以学生中心教学。①无边界课堂中在传统

① [美]Anita Woolfork 著:《教育心理学》(第十版),何光友等译,中国轻工业出版社 2015 年版,第 360 页。

课堂之外，拓展出了学生个体知识建构的空间，通过无边界课堂平台知识的渗透，引导学生做更多的思考，推进这种正式课堂外的知识建构的方式，可以是线上线下讨论，现场参访的体验式学习、专题工作坊等多种学习方式。

二、基于职业胜任力培育导向的无边界课堂教与学新模式

“职业胜任力”(career competency)于1973年由美国学者麦克里兰首次提出。①他指出，个体在工作中的绩效，并不是仅仅取决于智力范畴中的学习能力，而是受诸如自我约束、人际沟通、团队协作等若干职业胜任力的影响，此后，职业胜任力的概念被广泛引用组织管理实践，在组织(用人单位)进行人力资源选拔时，越来越普遍将职业胜任力的测评和考核作为选拔的依据和标准。

职业胜任力和职业能力概念相关，又不完全相同。职业能力是指个体所有的专业能力和一般能力的总和，也被划分为知识性职业能力和非知识性职业能力，软能力和应能力等。职业胜任力则不同，多年来许多这一领域的研究者都在探讨职业胜任力的具体结构维度。有研究对高校毕业生的职业胜任力进行了深入研究，并且提出高校毕业生职业胜任力包括三大维度，具体是：岗位性胜任力(专业技术能力、概念认知能力等)、发展性胜任力(职业认知能力、应变创新能力、分析推理和沟通表达能力)、角色性胜任力(自我管理、人际交往、团队协作和环境适应)，通过实证研究发现，整体看，高校毕业生对自身职业胜任力的评价不高，相比而言，角色性胜任力最低，发展性胜任力次之；而毕业生认为最需要提升的职业胜任力为：人际交往能力、沟通表达能力、应变创新能力、解决问题能力和持续学习能力；而职业认知模糊、定位不清也是毕业生群体在职业选择和发展遇到的非常重要的障碍。②

① D.C.McClelland, Testing for competence rather than for intelligence, *American Psychologist*, Vol.28(1), 1973. pp.1—14.

② 王红雨、闫广芬：《高校毕业生职业胜任力的自我评价及发展诉求研究——以企业类已就业学生的调查为中心》,《教育发展研究》2017年第7期。

从职业胜任力所包含的三大能力维度来看，单靠传统课堂很难达到职业胜任力的全面发展，传统课堂主要对岗位性胜任力培育有效果，即主要培育的是学习的专业技术、概念认知能力等，而对于职业胜任力关键维度职业认知、人际交往、沟通表达、应变创新等能力，传统课堂和与其相适应的传统教学方式有着明显的局限性。

无边界课堂教与学的模式是一种有助于培养学生职业胜任力的可取路径。具体来看，这种模式是以职业胜任力为根本导向，即培育能高度匹配和胜任劳动力市场对人才知识和能力的根本需求的人才为根本目标，在这种目标的指引下，从知识传递的时间和空间、知识分享者主体、知识信息流动的方向、知识和能力获取与拓展方式等多个层面，全面打通课堂边界，让知识、信息多向流动起来，让学生在获取专业知识和技能的同时，也具有相对完备的职业胜任力，毕业时顺利实现从“校园人”到“职场人”过渡，快速有效地适应职场。

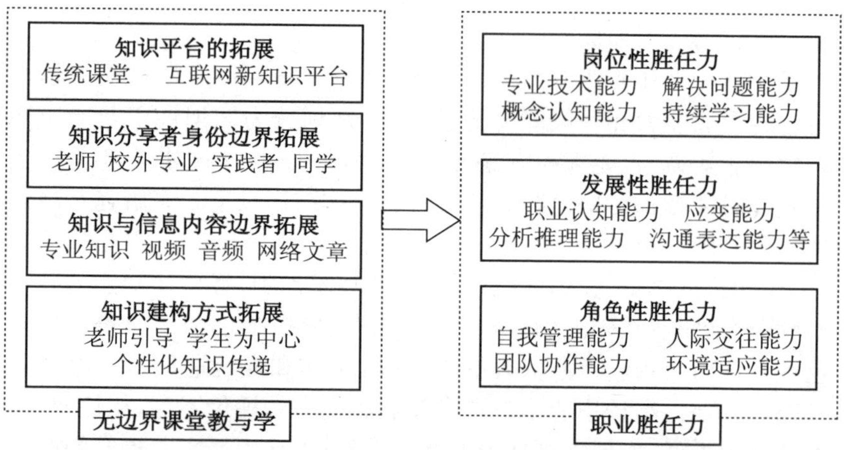

图 1 职业胜任力导向下的无边界课堂教与学新模式

三、劳动与社会保障专业的无边界课堂教学改革实践探索

华东政法大学政治学与公共管理学院劳动与社会保障专业成立于 2003 年，现有专任教师 7 人。经过 16 年的发展，劳动保障教研室的全体

老师已经形成了一个比较优秀的教学团队，近5年来，承担过10余项教学改革项目，整体教学效果非常突出，多位老师曾获得过教学奖励。因此，总体上，劳动与社会保障专业的教学团队已经具备比较扎实的创新性教学改革的前期基础。

2018年10月，劳动与社会保障专业成功申请到了华东政法大学一流本科引领计划重大教学改革成果培育项目，项目名称即为“劳动与社会保障专业‘无边界课堂’教与学新模式构建——基于职业胜任力培育导向”，进而正式启动了全新的旨在培育专业学生职业胜任力的无边界课堂的教学模式改革探索，此项教学改革计划预期建设周期为2年。

就职业胜任力培育这一项目建设预期目标而言，厘清专业人才的职业胜任力具体维度是一个核心问题，即华东政法大学劳动与社会保障毕业生需要具有哪些核心的职业胜任力？劳动与社会保障专业属于大管理学门类，是一个偏文科专业，16年来1 000多名毕业生大多在企事业单位中从事人力资源管理、劳动法务等管理工作。不容忽视的一点是，华东政法大学的法学是优势学科，学生择业过程中人才需求单位也大多认为华东政法大学学生法学是必备的知识基础。因此，从专业知识背景这一维度来说，学生需要管理学和法学多学科课程融合。在专业知识背景之上，根据现有职业胜任力和我们前期做的调查研究，我们提出，劳动保障专业的同学核心职业胜任力维度应该包括：职业认知和生涯管理能力、人际交往能力、沟通能力、解决问题能力和应变创新能力。

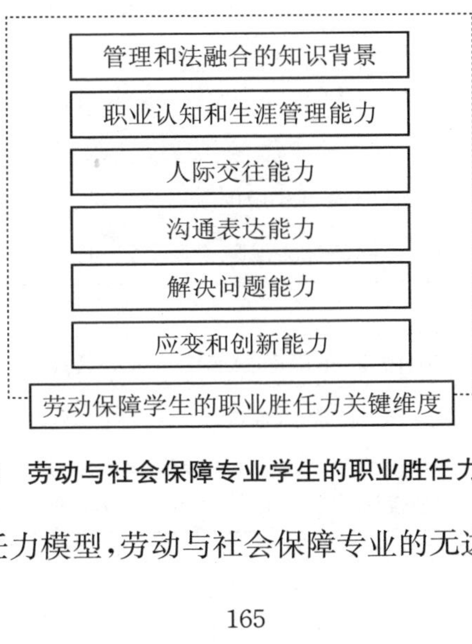

图2　劳动与社会保障专业学生的职业胜任力模型

基于以上胜任力模型，劳动与社会保障专业的无边界课堂教学改革，从如下方面打造全方面、浸润式、渗透式的无时空边界的课堂，打造全新的教与学的新模式。

1. 搭建基于“互联网＋”技术线上线下融合的多重知识平台

多年来，劳动与社会保障专业教师团队一直致力于网上课堂的建设，目前每一个专业课已经开设有网上课堂，但是，随着移动互联网的普及，相对传统的网上课堂点击和阅读量已经呈现逐年下滑的趋势，显而易见，当代的学生更愿意用手机作为媒介，基于社交媒体来进行知识和信息获取。

基于此，在无边界课堂教学创新项目过程中，劳动与社会保障拟打造基于互联网＋的线上线下多重知识平台。

在线上空间，除了继续夯实网上课堂这一基于独立课程的在线知识分享空间，我们建设目标是搭建出能跨越课堂界限的，打通专业、链接专业和职场的一站式专业知识服务和职业胜任力技能提升大平台。该平台可以集成专业知识传递、专业能力提升、职业能力在线测评、职业信息推介、职业机会引导、师生互动、同学互动、活动报道等多重功能。目前，该平台已经全面启动（名为“劳保 E 家”），而且是由高年级本科生在老师的指导下自主策划和日常运营。除了微信公众号这一个常规平台外，还注重使用其他社交媒体如 ZOOM、千聊等软件进行线上直播，一键链接外部职业导师资源（国内和国外），推进开展不定期的聚焦于不同主题的单次或系统的线上课堂，并且打造出系列微课，方便学生回放和观看。

在线下空间，我们希望能在传统课堂之外，设计和打造出形式多样的专业学习和职业胜任力提升“无边界课堂”学习活动，如：“学术论文研讨和写作训练营”“劳保读书会”“走出去的企事业单位参访活动”“职业生涯能力提升工作坊（系列活动）”“沙盘模拟实践实训课”等。线下课堂也会通过微信平台线上进行同步传播和分享。

表 1　劳动与社会保障专业多重知识平台

渠　道	知识平台方式
线　上	网上课堂（每门课程独立）、微信公众号（一站式/集成）
	ZOOM、千聊（直播课堂）、微课（回放）
线　下	传统课堂、校外企事业单位参访、学术训练营、读书会 职业能力提升工作坊、沙盘模拟实践实训

2. 打造多元化的知识单元和知识模块

传统课堂主要聚焦于专业知识体系的传递和构建，相比于职业胜任力的多维度能力培育目标而言，传统课堂有明显的局限性。在无边界课堂建设过程中，除去核心专业课程所涉及的基本知识体系之外，还将开发出更多知识单元和知识模块，如职业生涯管理知识和技能知识模块、人际关系知识模块、沟通能力知识模块、思维训练和解决问题能力知识模块、应变和创新能力知识模块，这些模块主要聚合为“专业学习”“职业能力拓展”两大单元。这些知识单元和知识模块，我们认为是劳动和社会保障学习必须全面学习和熟练掌握的，但是职业能力拓展知识模块基本都是传统课堂之外完成的，并且不是以学分为认定修习的形式，学习和线下的教学活动也是以学生自愿参与为主。

3. 创新知识模块教与学的模式

在无边界课堂模式中，教与学行为可以以多种形式展开，它打破了老师主导下的传统课堂才是课堂的狭隘性。无边界课堂可以由老师主导讲授，更包含了学生的深度参与，是一种共创式的课堂，学生成为知识建构的真正主体，从职业发展的目标出发，有意识地提升自身知识背景和职业胜任力，所有学习过程都服务于学生毕生职业成长的长远目标。具体教学形式可以更多元化，并且不是必须以修习学分的形式来完成，比如通过翻转课堂、体验式参访、角色模拟和扮演、小组研讨、头脑风暴和模拟项目团队等多种灵活的形式，使教与学的过程随时随地发生，以实现多渠道育人的终极目标。

四、劳动与社会保障专业无边界课堂教学改革探索的初期效果

目前，职业胜任力培育导向的劳动与社会保障专业无边界课堂建设项目已经完成了初期改革探索，具体已经完成的项目建设任务如下：

表 2　职业胜任力导向的无边界课堂初期建设活动(2019 年)

成果形式	活　　动
线　上	网上课堂(每门专业课程均有网上课堂平台) 掌上学习平台——微信公众号“劳保 E 家” (2019 年 4 月上线，12 月全新改版)

续表

成果形式	活　　动
线　上	ZOOM 线上课堂(做了 1 期,主题是 HR 职业生涯管理,由加拿大职业生涯教练授课) 千聊(直播课堂)、微课(回放)(筹备中)
线　下	校外企事业单位参访(2019 年 5 月到 11 月做了 3 期) 学术交流和训练营(考研俱乐部、校外专家讲座、研讨会做了 6 期) 职业能力提升工作坊(2019 年 5 月到 11 月做了 3 期) 沙盘模拟实践实训课堂(2019 年 12 月做了 1 期)

总体来说,无边界课堂的初期建设活动也已经取得了比较了良好的成效,这主要体现在:

1. 参与学生人数众多。每次活动都能吸引很多劳动与社会保障的学生(本科生和研究生)参与,甚至还有其他专业和其他学院的同学参与进来,各项活动参与总人次累积参与达到 400 人次。值得提出的是,"劳保 E 家"微信平台是完全由学生资助策划和运营的自媒体,参与该平台管理的学生前后累积达到 20 人次,学生对这一平台管理投入了很多精力,也配合教师做了很多线下活动的宣传。

2. 学生参与活动的反馈良好。每一次课堂活动结束,我们都会特别注重收集同学的反馈,总体来看,参与的无边界课堂项目的学生都普遍认为,这些丰富的无边界课堂活动很有价值和很有意义,很多积极的反馈我们也通过了"劳保 E 家"平台直接呈现出来。如在 2019 年 5 月职业能力提升工作坊制模拟面试活动中,参与的同学(p01)说"比较真实体验到无领导小组面试的紧张感",参与的学生(p03)说"希望老师多开展此类活动,提供更多的锻炼机会"。5 月在参访外企德科活动中,参与者(p30)说:"我觉得学院组织这样的参访交流活动非常好,可以让同学们走出课堂,真正了解一个企业的内部运行机制,将书本上的内容运用到实际工作中,是一次很棒的体验!"

3. 直接带动和创造了学生实习和就业机会。通过不断和外部人才需求方对接,越来越多的企事业单位对劳动与社会保障专业以及同学的知识技能有了深度了解,并直接为同学现场提供实习和就业机会,如在外企德科人力资源有限公司(全球最大人力资源服务公司之一)参访中,现场有 5 名同学被直接录用为实习生,后期又进入学校面向劳动与社会保障专业招收管理培训生;在世智海外人力资源服务有限公司参访后,其也现场为学生开放 1 名实习生岗位；另有一些企业主动发出我们去参访的邀约，如新加坡最大的一家猎头公司 HRNET 公司。

但是，无边界课堂教学改革项目建设中，也存在着一定问题，主要体现为：各类新型的教学活动设计和安排略显零散、单一化，缺乏整合性和系统性；仍有一部分同学未积极参与这些活动，活跃的参与者主要是一些表现积极、能力出色的学生，他们重复参与性很强，在后期需要加大对另一部分休眠同学的关注、引导和激励。此外，无边界课最大的发展障碍是，丰富的教学活动需要耗费大量的资金，目前项目运行尚有比较充足的资金支持，而在项目终结后，这些教学活动可能面临着无法可持续推进的尴尬处境。

五、结　　语

互联网＋时代的出现，“00 后”新生代进大学，社交媒体不断渗透……诸多因素正颠覆着传统的教育理念和教育模式。大学教育不应该聚焦于讲授专业理论和专业知识，更应承担着大学生职业生涯教育和职业胜任力培育的责任，它不应该是大学教育的附属品，而是大学教育中本应蕴含的有机组成部分。职业胜任力在当代，已经逐渐超越了知识、技能等智力因素的作用，成为应该个体职业生涯发展甚至人生成功的极其重要的因素。

职业胜任力既包括专业知识和专业技能这些硬实力，更包括人际管理、沟通能力这些极为重要的软实力。而职业胜任力的培育，单纯依靠传统封闭课堂是很难完成的，这就需要突破传统课堂的限制，依托新技术平台，积极采取多元化的课程形态、引入多种教师角色、推进教师和学生深度互动等才能得以全面地推进，将学生引导为职业胜任力建构的主体，将职业胜任力的习得通过“渗透”“浸润”于学生的成长过程，并逐渐内化成其行为，最终塑造和提升其能力，这种能力，会成为学生进入职场时的竞争优势，并让他们终身受益。

参考文献

［1］荀渊：《高等教育全球化的愿景：从无边界教育到无边界学习》，《电化教育研究》2019 年第 4 期。

[2] 彭红光、林君芬:《无边界教育:教育信息化发展新图景》,《电化教育研究》2011 年第 8 期。

[3] 乔治・库、金红昊:《非认知能力:培养面向 21 世纪的核心胜任力》,《北京大学教育论坛》2019 年第 7 期。

[4] 王红雨、闫广芬:《高校毕业生职业胜任力的自我评价及发展诉求研究——以企业类已就业学生的调查为中心》,《教育发展研究》2017 年第 7 期。

课程思政:嵌入问题还是回避问题?

——社会负面现象在课堂教学中的处理*

吴新叶

摘　要:相比较于其他青年群体,大学生对社会负面现象大多态度一致,即批判与诘问大于建设与理性。这种倾向给大学课堂教学提出了新挑战。在课程思政背景下,单纯回避社会负面现象是不现实的,也不符合育人原则。直面社会负面现象,则要求课堂教学进行有效创新,嵌入课程思政的同时,还有必要对学生进行学术训练,以培养和提升他们学习与研究的能力。

关键词:课程思政;课堂教学;嵌入;问题中心教学法

针砭时弊是青年处世的主流趋势。他们凭借自己的知识和热情,对社会中存在的不良现象,尤其是对政治生活中的负面现象发表自己的看法。在快速变迁的时代,大学生表现得尤其明显,他们对于负面社会现实的诘问更具有针对性和深刻性的特点。为行文方便,本文统称为"大学生诘问现实"现象。作为专业教师,一方面,对他们关注现实、关注政治发展的热情应该给予肯定;另一方面,也应该对他们的偏激之处进行学理的引导。从保护学生学习积极性的角度,以课程思政嵌入问题分析,以学术导向为学生能力建设主线,具有很强的建设性和针对性。笔者结合多年来在政治学专业大类课堂教学经验,谈谈"问题中心"教学法的尝试,以求教于同仁。

一、大学生诘问现实现象产生的原因及其特征分析

同其他专业的大学生相比,大学生喜欢诘问现实的现象既有共性,也

* 本文得到上海市教委重点课程建设项目"公共行政案例分析"项目的资助。

存在特殊性的一面。他们对政治社会现实的批评呈现以下特征：

首先，问题的归因具有宏观放大的特征。比较而言，文科背景尤其是社会科学专业的大学生更加关注政治生活的宏观层面的问题，即使是针对微观领域的个案问题，也多倾向于采取普遍联系的观点，总倾向于将这些个案同深层次的政治与社会背景勾连起来。这种特征由于学生专业素养的不同而呈现差异性，但总体上，大学生针砭时势的理路呈现出"选择性"借用案例支撑的特征，表面上显得他们的分析更具有针对性和独到性。需要指出的是，这种特点同"塔西佗陷阱"所显示的社会与政府紧张关系尽管有所不同，但感性有余而缺乏理性分析的放大会在情感上遮蔽大学生的视野。因此，归因于宏观的思维习惯一旦成为判断问题的方法，多会带来以偏概全的后果，在思维上是片面的，在行动上是有害的，对大学生的成长十分不利。

其次，信息来源呈现间接性的特点。由于接触社会的机会很少，大学生通过亲身体验而获得的社会问题信息相对较少，他们所获得的信息主要来源于媒体、网络，甚至是道听途说等间接途径。因此，大学生一般无法以亲身体验为依据发表意见，他们更侧重于从媒体提供的信息中寻找时势问题的深层信息。随着网络和通讯技术的不断发展，这种获取信息资源的趋势会不断加大，大学生了解外界的渠道将会更多。信息来源的间接性有一定的局限，而一旦因为信息差异而导致批评的盲从，在主观上不利于大学生身心发展，在客观上会带来更加不利的后果，影响社会舆论的健康发展。

再次，学理分析不够透彻。主要表现为，对现实问题的分析因为不够全面和不够理性而缺少科学性。在对现实问题表达不满甚至愤懑情绪的过程中，大学生们在多数情况下会把问题简单化，单一地把当前的政治制度作为问题的肇因，并加以否定，结论的得出并不具有严谨的学理性甚至逻辑也不是缜密的。社会科学背景专业的学生大多有学习过政治制度等相关课程的经历，特别是教科书中关于欧美等西方国家政治制度的内容，由于信息来源单向化，大学生没有亲身感受，难免会在比较中有"外国的月亮比中国月亮的圆"之偏激。在这种情况下，学生们需要正确的理论指导，对学生们的引导从平时的课堂上就需要加以注意。

大学生喜欢诘问现实现象产生的原因非常复杂，在主观上是青年学生固有的心理倾向和思维习惯使然，他们多会感性地对待社会现实，甚至把青年人的愤世嫉俗心理误以为爱国热情。如果任由这种现象发展或纵容这种现象存在,对于培养人才是不利的。当然,更为根本的是客观原因,是由于当前现实政治生活中存在着各种各样的问题,而且这些问题的确给全社会造成了消极影响。放在课程思政的角度看,大学生对现实的诘问甚至责难给课堂教学提出了新的挑战,需要教师在教学过程中就需加以重视。

二、课程思政需要面对怎样的挑战?

挑战一,教学指导思想同课程思政要求之间的差异性及其调和。

大学生之所以对现实问题表现出特别的迷茫,是因为他们无法透彻地从所学的理论中找到答案,或者不愿意使用所学原理和知识去理性解释社会负面现象。这说明,我们的基础课程的指导思想和基本理论体系存在不完善之处,至少在课堂教学环节还有很多值得完善的地方。总体上,当前大学课堂教学有两种现象需要正视:一是对课程思政的僵化理解与实施的机械化,本质上是把马克思主义的基本原理教条化。当代大学课堂教学坚持马克思主义思想为指导是为了保障学科发展方向和人才培养方向正确性,但经验也表明任何僵化的做法都是适得其反的。因此,坚持马克思主义并不等于要在教科书和课堂上必须以学科知识来注释马克思主义,更不是简单套用马克思主义经典中的某些观点。这不是课程思政的原则。二是以西方理论解释当代中国的问题。以政治学为例,当代中国政治学是在引进西方政治学的基础上发展起来,中国政治学发展尚未形成科学的体系。因而,现在的教科书中充斥着西方的政治学理论,由于种种原因食洋不化、盲目照搬西方政治学理论,导致了中国政治学理论的日益边缘化和失语化。理论自信急需加强。否则,课程思政必将口惠而实不至。

挑战二,课程思政如何面对鲜活的政治生活现象?

大学生之所以在分析现实问题的时候会出现理性不足、科学性欠周全的问题,其原因不排除有逆反心理因素。对于教师而言,如果不能处理好课程思政的应用问题,可能会适得其反。比如,对于社会负面现象,课程思政并不是要教师回避问题,而是如何嵌入其中。如果教师授课时机械化地"课程思政"灌输,特别是在课堂教学中选择性地忽视社会负面现象,难免会产生脱离实际、逃避实际的结果。对于那些非思政课的专业教学而言，上述那种“思政”教学方法不可取，也无法教授学生真正的知识，更不能提升他们分析问题和解决问题的能力。因此，课程思政教学，不能仅仅局限于历史、局限于宪法条文及经典书本，而逃避分析现状、分析实际权力运作等问题，如果出现使得学生茫然的结果更应该加以避免。这种渗透式课程思政的后果令人忧虑，轻者会使学生逐渐失去对专业的兴趣，重者则可能使学生产生逆反心理。

挑战三，在教学方式上，单向的讲授式教学如何向双向的互动式教学转变。

如何加深学生对于基本原理的理解并不是一个太难的问题，而以课程思政嵌入其中则有很现实的挑战？这是现代大学课堂教学所普遍面临的问题。现在通用的教学方式是，教师向学生倾注大量的、跟基本原理有关的信息，让学生在比较中综合分析、在体味中理解，同时尝试以“点睛”的方式嵌入课程思政，很少有深度互动。由于课堂教学时间的限制，这种单向的“教师讲、学生听”教学方式有其合理性。为了弥补这一缺陷，有些教师借助多媒体信息技术，设计了信息容量更大的课件以辅助教学。的确，集文字、声音、图像于一体的现代化教学手段，充分调动了学生的眼、耳、手、脑等感觉器官，强化了学生对知识的记忆和理解，但是，“单向式”教学方式却没有改变，学生以理论解释现实的能力水平并没有因此而得到明显的提高。学生能力水平的提高，呼唤双向的互动式教学方式。

那么，怎样的教学方法更有利于改变这种窘境呢？如何使课程思政能够有效嵌入到学生的学习之中，并能够提升课堂教学效果呢？正视社会负面问题，针对学生诘问现实做出学理分析，在深度互动中嵌入课程思政需要教师从这些客观的“问题”着手，以“问题”来引导学生。

三、“问题中心”：课程思政的嵌入方式及其运用

“问题中心”也称之为“以问题为本的学习”(Problem-Based Learning，简称 PBL)，起源于 20 世纪 50 年代美国的哈佛大学医学院，因其良好的教学效果而被视为是一种积极有效的教学方法或手段。在面对大学生诘问社会负面现实问题上，回避、退让显然不是办法，正面应对才是积极的，

“问题中心”教学法即通过教师的课堂设计,以“问题”引导学生的理论思考,让课程思政在互动中、在情境中,提高学生的分析问题能力,培养学生的专业素养。具体的做法有:

第一,以现实政治生活中的案例为教学情境,以“问题”导向知识和能力。

在教育教学理论中,情境性教学的依据是建构主义理论,认为传统的“去情境化”的教学方法不利于学生的知识建构,因而提倡情境性教学。它主张教学应使学习在与现实生活相类似的情境中发生,以解决学生在现实生活中遇到的问题为目标。嵌入式课程思政需要这种教学,因为情境性教学最丰富的资源是现实政治与社会生活中的鲜活的个案,它选择学生在直接和间接途径中获得的经验问题作为教学的起点,让学生根据自己的知识和经验来解决这些问题。当然,对学生的评价主要就是通过实施他们自己的问题解决方案,这是他们的知识和能力的体现,考核的依据也以此确定。我们现实公共生活中的案例(包括正反案例)俯拾皆是,不回避、不遮羞,客观评价、科学解读是“问题中心”情境教学设计的基本原则,如此才能提升课程思政的效果。

第二,在互动的教学过程中,转变教师角色。

互动式教学的根本目的是在教师与同学、同学与同学之间的交互中,就特定问题展开交流和沟通,从而走向共识。在大学阶段,互动的条件基本具备,大学生对于社会负面现象的诘问,在某种程度上说明,大学教师的角色要由传统的“教给”学生知识向“教会”学生学习和运用知识转变。在嵌入了课程思政的“问题中心”教学法中,教师的角色大体有以下几种:(1)设计师角色。教师已经不再仅仅是一个单纯的教案设计者,不仅仅要准备教学所需的知识和资料,还要就案例的情境进行精心设计,使情境服务于教学需要。(2)导师角色。在课堂教学过程中,案例情境会激发学生学习的积极性,他们的分析难免会有偏颇和不当之处,教师的适当点拨、适时导向,都会产生柳暗花明之效果。值得一提的是,导师角色不是替代学生,否则又走回到单向式教学的老路上去了。(3)分析师角色。在“问题中心”教学中,由于问题可能是大学生们所熟知或所深恶痛绝的现象,在他们的分析中难免会出现情绪化、对立性和差异性等特征,他们提出的解决方案可能会存在理想化、不尽科学,甚至是不当的倾向,作为教师的分析师角色就是要对学生实施的结果进行反馈,评价学生在方案实施过程中的表现和能力水平。无疑，这些角色使教师在教学内容的设计、实施的效果以及课后对教学内容的评价等方面都会有一个独到的认识，从而有助于在以后的嵌入式课程思政教学实践中获得更好的效果。

第三，总结规律，加强对学生学习心理和教学理论的研究。

大学生对于现实问题的诘问，一方面反映了学生学习心理的变化倾向；另一方面，这些诘问也反映了我们高校课程思政教学所存在的问题。尤其是针对那些社会科学专业背景的大学生而言，这些问题不但关系到学生的专业能力培养，而且还关系到培养什么样的专业学生等问题。需要指出的是，“问题中心”教学法只是众多教学方法中的一种，它既不是十全十美，也不能代替其他教学方法。因此，加强对学生学习心理和教育教学的研究是十分必要的，目前应从以下两个方面着手：一是认真研究学生；二是研究课程思政在专业教学的应用问题。比如，学生学习的自主作用、学生的能力培养，即学生的理论知识在实践中得到更好的应用等。在问题中心的教学法中，要研究怎样的“问题”情境才能同时满足课堂和课下不同背景的学习之需；要研究怎样“问题”既是学习的起点，也是选择知识的依据；要研究怎样难度和深度的“问题”才能使大学生在分析时“跳一跳就能够摘到桃子”。如此等等。

第四，在教学技术上，处理好衔接和效用的关系。

主要是两个方面的技术环节：一是课堂与课下的信息分配技术；二是教学过程中使用的多媒体技术。前者关系到学生是否能够持续学习和自主学习，比如学习小组的人数配置、思考题的难易程度、课下信息的收集等；后者则关系到课堂教学的效率，比如多媒体技术对于学生提出的问题能否起到引导、辅助学习的作用？相互冲突个案问题如何衔接和比较等？无论如何，这些教学技术的使用是为了教学目的服务的，在鼓励教师创新教学技术，尤其是在教学中要充分运用现代化的教学技术的同时，要注意培养学生的能力才是根本。

参考文献

［1］陆道坤：《课程思政推行中若干核心问题及解决思路——基于专业课程思政的探讨》，《思想理论教育》2018 年第 3 期。

［2］田鸿芬、付洪：《课程思政：高校专业课教学融入思想政治教育的实践路径》，《未来与发展》2018 年第 4 期。

［3］李永安：《我国大学课堂教学的改革策略》，《中国高等教育》2013

年第 3 期。

[4] 刘献君:《论"以学生为中心"》,《高等教育研究》2012 年第 8 期。

[5] 曹都国、吴迪:《大学生相对剥夺感的心理成因及其调适》,《思想理论教育》2014 年第 9 期。

[6] William G. Cunningham, Paula A. Cordeiro, *Educational Administration: A problem-based approach*, Boston: Allynand Bacon, 2000.

“电子政务”课程理论与实验教学的融合研究

——以华东政法大学“电子政务”课程教学实践为例

杨 丹

摘 要:本文在分析目前高校电子政务课程教学实践的基础上,指出课程教学体系设置上存在理论课程与实验课程在数量上的不均衡以及在内容上的不衔接问题;在教学方法上则存在重理论轻实践、重说教轻互动问题。作者在结合自身的教学实践以及课程设置的专业背景的基础上,提出了在电子政务课程教学过程中,对于课程教学体系、教学方法以及教学内容上的改进对策,并重点强调了实验教学在电子政务课程体系内容中的定位及作用。

关键词:电子政务;理论教学;实验教学;课程体系;衔接

一、问题的提出

随着信息化进程的加快,各国已普遍将电子政务建设提升至国家战略高度。有目标、有针对性地培养电子政务人才,不仅是对电子政务理论体系的回归,而且也符合政府信息化事业对人才的需求。电子政务的快速发展对电子政务专业人才的行政管理能力和信息技术开发、应用水平都提出了更高的要求,传统的行政管理专业人才培养模式和教学内容体系已不能满足社会对于电子政务人才的需求,亟需改革和创新现有的课程内容和教学体系。

由于电子政务本身是一个新生事物,在国内尚未形成一个专业,目前国内开设电子政务本科专业人才培养的高校多是在原有的相关专业基础上发展起来的,作为挂靠在某个专业下的研究方向。据不完全统计,目前已有20余所高校设置了电子政务方向,其中隶属于行政管理或公共管理专业的占多数,如吉林大学、中南财经政法大学、深圳大学等;也有的隶属于计算机软件管理工程专业(如中山大学、天津财经大学等)、档案管理专业(如武汉大学、天津师范大学等),还有的设立在信息资源管理专业作为一个专业方向,如中国人民大学、浙江大学等。各高校电子政务专业的建设与发展更多的是体现了各自原有的专业特色优势。

同样,华东政法大学的电子政务曾作为行政管理专业的一个方向进行本科生的招生与培养,但由于受限于原有的行政管理专业设置,目前的教学体系中以行政管理类理论教学为主,少量的实验教学亦是以学生单向操作为主,缺乏互动教学以及深层次的政务系统类开发设计等实践性、应用性强的课程内容,缺少电子政务理论研究和实践教学的融合创新,难以提升学生多层次的研究和应用能力。

二、电子政务教学研究的现状与问题综述

随着开设电子政务专业方向的院校不断增多,围绕电子政务学科建设、课程内容设置以及教学方法研究等方面取得了一定成绩,研究数量持续增加,研究范围有所扩大。电子政务教学作为一项系统性的工程,需要从教学内容、方法、管理等多个角度去把握;同时电子政务的教学也是一个实践的过程。基于已有的研究成果,并结合本文的研究视角定位,此处主要对电子政务课程的体系建设、课程教学方法以及理论与实验教学的融合等方面进行相应的总结与评述。

1. 电子政务专业课程内容设置问题

在电子政务课程设置的探索阶段,高校基于依托于原有的专业优势与师资资源,将其电子政务课程的设置偏重管理的理论性或者计算机的技术性。如有些高校的电子政务在课程设计上很多只是在原来信息通信技术类课程的基础上加一些简单的行政管理知识,缺乏系统性、完整性和针对性。①随着电子政务理论与实践的发展,高校在电子政务课程内容设置上已基本形成共识:应综合各方面力量培养具备管理理论、技术水平和实践能力的电子政务专业人才,并突出自身的培养特色与优势。一般而言,电子政务的课程内容包括以下几个部分:(1)电子政务的基础管理理论,如概述电子政务的基本概念、发展脉络、政府管理创新以及政务流程

① 孙宇:《MPA 电子政务教学改革探索》,《继续教育研究》2009 年第 1 期。

再造，政务信息资源管理，电子政务项目运营管理等；(2)电子政务的技术体系性知识，如电子政务的网络基础设施，电子政务的支撑技术，电子政务的业务应用系统以及门户网站建设，电子政务的安全技术；(3)电子政务的支撑性理论，如电子政务的标准体系，电子政务的法律法规建设；(4)电子政务实验操作，如办公自动系统，行政审批系统等。

可以看出，掌握扎实的公共管理理论知识，运用计算机和网络技术完成各项公共管理工作，目前已经成为公共管理类大学生必须掌握的一项基本技能。然而，在电子政务实验教学中大多注重知识的模拟，无法进行定制设计，不能满足教学要求，而缺失了实验的"求是"真谛。电子政务作为一个应用型的专业方向，为了培养既掌握信息技术又具有丰富的政府管理理论的应用型复合型人才，满足政府信息化的快速发展，高校电子政务课程体系设置时必须进一步加大和细化电子政务的实验课程内容，将具有操作性、综合性和创新性的实验课程纳入课程内容体系之中。这既是我国行政管理现代化的客观需要，也是培养高素质的科学决策和科学管理人才的必然要求。

2. 电子政务教学方法问题

在电子政务的课程教学中，传统的教学模式、方法与电子政务知识的动态时效性之间已形成一定的冲突。由于电子政务课程是电子政务专业的"引领性"课程，教师在课堂教学中通常会花费大量课时，系统地讲授行政管理和业务流程优化、电子政务系统开发技术等知识，以便为学生深入学习行政管理、信息技术等专门知识奠定基础。①这种教学方法的初衷是好的，但由于学生对电子政务这个"黑箱"缺乏直观的感性认识，从而导致系统的理论与技术知识讲授并未实现预期的教学效果，也难以调动学生的学习兴趣。例如，在讲授具体的政务流程优化过程时，由于大多数学生没有在传统的政府业务部门办理过任何事务，对传统办公手段的低效性没有亲身体验，他们很难理解为什么有些流程需要简化、有些流程需要取消等等。

可以看出，传统的教学方法与单一的教学模式是导致电子政务课程教学效果不佳的主要原因。关于针对全日制学生的课程教学方法，已有大量学者做了深入研究。考虑到全日制学生自身特点——缺乏工作经验

① 方兴林：《〈电子政务〉课程教学模式研究——以安徽省 H 学院为例》，《西昌学院学报》(社会科学版)2013 年第 2 期。

且对政府部门的实际工作缺乏直观了解，因而在电子政务课程的教学过程中，需要采取科学有效的、多元化的教学方法与模式。

关于电子政务课程的教学方法，目前主要的观点包括以下几种。首先是模拟式教学，政务活动的模拟实验教学是人才培养中一个必不可少的环节。模拟系统涉及政府的不同部门与工作岗位，以及企业、公众等不同角色，学生通过电子政务系统中的角色扮演，进行行政审批、公文传输、招标采购等政务活动的环节。其次是互动式教学。互动式教学主要是指在教学过程中，以老师为主导、以学生为主体共同参与，以实现学生主体能力综合发展为目的的教学形式。在电子政务环境下，政府与政府之间、政府与公务员之间，政府与企业之间，特别是政府与公众之间，存在着不同形式、不同程度的互动。围绕某一主题，由教师创设相应的情境，学生参与不同的角色分工，通过学生与老师以及学生之间的互动，加深对电子政务知识的系统认识。再次是案例式教学，在教学过程中，通过引用典型的电子政务案例，师生双方通过对典型案例的分析和探讨，以及教师的讲评，以揭示电子政务的基本规律，总结电子政务理论，培养学生创造性的思维，掌握电子政务理论和技术。作为上述主要方法的补充，在日常教学过程中，也可引入政府相关人员，以及从事电子政务系统开发的企业人员，进行电子政务实践应用以及技术开发的讲座与研讨，以减少课堂教学与电子政务发展实践之间的差距。

3. 电子政务理论与实验教学的均衡与融合问题

首先，目前的电子政务实验课程的开设基本上还是属于传统教学的补充，在整个教学工作中所占的比重较小，在教学质量和教学功效的发挥上都还处于较低的水平。在王海燕、陈艳华进行的全国高校电子政务开设调查中显示，在调研的125所大学中，只有12所高校建设了专业的电子政务实验室。①在教学过程中，如果没有专业的实验设备和教学软件，教学大纲规定的实验学时也就无法充分利用，难以达到预期的教学效果。

其次，在理论与实验课程的内容设计上，还存在不衔接、不融合的现象。例如电子政务实验课程中多为具体的模拟应用系统，如政府办公自动化系统、公文传输系统、招标采购系统等等，主要目的是为了加深学生对电子政务的感性认识，体现电子政务系统的基本工程。而政务理论中

① 王海燕、陈艳华：《我国高校“电子政务”课程开设情况的研究》，《中国林业教育》2009年第5期。

阐述的重点知识，如政务流程的重组与再造、政务系统网络架构的设计、政务系统的开发、政务安全技术的实现等涉及较少。电子政务的教材也是采取了理论知识教程与实验教程的独立编写。这种理论与实验教学、教材的脱节，导致教师的教学课程体系不衔接，也导致了学生难以对课程教学知识体系进行论证与再思考。

电子政务实验教学作为一种以电子政务知识素材形成、发展和应用为主要任务的教学方法，在实验过程中主要利用计算机软硬件设施作为工具来推演模拟，并且以一定的政务管理思想方法作为实验的基本原理。电子政务实验教学必须是以某一层面的电子政务知识素材作为实验对象，以政务流程设计、演示、管理等作为实验内容的操作性、设计性、创新性的教学活动，从而达到验证电子政务原理与方法，广泛开展创新的目的。

除此之外，还有学者从教学手段和师资力量方面检讨了电子政务教育模式中存在的问题，认为传统的教学手段是低效率的，现有师资的知识技能储备不足，专业教师缺乏实践经验是本方向教学中的一个严重问题，照本宣科的教学方式很难提起学生的学习兴趣；电子政务实验指导老师的缺乏，使得已有软件的价值得不到应有的发挥和利用，结果将电子政务实验室当作一般的计算机网络机房使用，无法达到既定的人才培养目标。

综上所述可以看出，目前电子政务课程体系的主体内容设置已基本形成共识，但在理论教学与实验教学的均衡与融合、实验知识体系的再设计等方面缺乏深入的探讨。

三、我校电子政务课程教学实践分析

1. 电子政务课程教学实践中存在的问题及其原因

华东政法大学行政管理专业中电子政务课程自 2006 年已经开设，经过多年的教学经验的总结，以及中央与地方财政支持的电子政务专业实验室的建设与投入应用，目前的课程内容体系已基本实现了理论课程与实验课程在课时分配上的均衡与内容上一定程度的衔接。但由于受限于现有的专业传统与师资结构，电子政务课程中的技术性知识讲授较为欠缺，同时设计性的实验也尚未开展。

究其原因，首先，现有的教师学理结构基本集中在政治学、行政学以及管理学等社会科学领域，缺少计算机技术、通信技术等领域的专业师资，导致在课程体系设计上难以实现系统的、深层次的设计与开发。其次，也是其中的主要原因之一，即学生的计算机基础知识不足。电子政务是一个文理兼备的学科，它要求学生在一定程度上了解计算机网络、数据库以及系统开发等方面的知识。但是由于我校电子政务方向设置在行政管理专业下，学生学习的内容基本上都是管理、政治、行政类的专业课，缺乏计算机类的相关专业课程。除了少数学生因个人兴趣而具备一定的技术基础外，大部分学生的计算机基础较差，远不能满足电子政务课程教学的需要，在学习电子政务网站建设、系统开发以及信息资源建设时往往力不从心，不能够深刻理解电子政务应用系统的构造和运行方式。再次，电子政务实验室主要采购的软件平台为应用性的操作平台，主要以老师讲解演示、学生单向操作为主，缺乏互动实验以及深层次的电子政务系统开发设计实验，缺少电子政务理论研究和实践教学的融合创新。

2. 电子政务理论与实验课程的融合性思考

在电子政务的课程教学实践中发现，除了传统教程中存在的“电子”与“政务”的内容不衔接之外，电子政务的理论课程知识体系与实验课程知识体系也存在着一定程度的不融合现象。如理论知识体系主要围绕政府管理理论、信息技术基础理论、政务法规与标准理论等方面展开，而实验平台中则主要就具体的政务系统进行模拟操作，如公文传输系统、行政审批系统、招标采购系统以及国有资产管理系统等，实验平台中并未涉及流程的自主设计以及系统的开发等环节。理论知识如何为实验课程的设计提供指导，而实验设计又如何对理论进行验证与解释，并对理论进一步的拓展，则是目前电子政务课程教学中需要重点考虑的问题。

基于上述问题，笔者在电子政务的课程体系设计以及教学实践中，也在不断地探索与调整。主要采取了以下几个方面的措施。

首先，电子政务课程的设计不能是“电子”和“政务”两部分内容的简单组合，而是这两部分内容的相互融合，核心是解决“信息通信技术应用与行政管理改革创新如何互促互动”的问题。问题设计是决定课程设计能否成功的首要因素，建立以问题为基础的电子政务教学内容可以收获更好的教学效果。在课程设计实践中，通过提炼，将有效的战略性问题投入到教学中去，以起到良好的融合效果。除此之外，也在电子政务专业中采用课题研究模式进行教学，使学生有较多的课题研究的体验与实践。

其次，在教学过程中，适时调整理论教学与实验教学的节奏，保证其同步性与系统性。例如在电子政务流程重组的理论知识讲解后，便加入相应的实验教学环节，重点对政府办公流程、各职能部门的工作职责和流程进行实务操作的训练，主要涉及流程设计较为复杂的系统设计与应用，如招标采购系统、并联行政审批系统等，从而实现理论知识与实验知识的有效串联。

再次，与电子政务实验平台开发的软件公司进行常态性的沟通与合作。如针对于电子政务网站设计与系统安全认证等信息技术基础知识的章节内容上，专业教师积极与软件公司协商，促使软件公司开放其系统实验平台的部分源代码，供学生内部学习使用。除此之外，针对于政务理论中的公众参与以及主体间协作问题，相关教师积极提出系统改进的需求。如对于政务系统中政府、企业、公众等各主体间的互动性操作问题。原有的应用系统只能实现学生个体的“身兼数职”，如在并联审批系统的实验操作中，学生既是不同政府部门的公务员，同时又是公众或企业，导致学生的逻辑混乱与费解。在与系统开发公司进一步协商后，新改进的版本中则实现了学生之间的互动。学生之间可以自建空间，组成独立的操作小组，构建完整的操作环境与明确的角色分工，大大改善了学生对于电子政务系统的认识。

此外，通过实验课程的设计，也可为电子政务发展探索新的解决方案。学生通过模拟公务员在电子政务环境中从事实验活动，构建国家电子政务的整体框架，前瞻性运作电子政务模型，接触政府核心机密网，了解政务运作程序，检测政务安全防御体系，探索政府体制改革，为电子政务提供新的需求，探索新的解决机制。

3. 分层次的实验教学体系设置

传统的实验教学主要以基础验证型实验为主，教师主要指导学生按照系统操作的步骤，记录数据，填写表格，书写实验报告，加之实验结果基本上都是可以预知的，即使与已知的结构有所不同，也主要是由于实验过程错误引起。因此，学生可以轻松地完成实验操作，基本不需要创造性的思维过程。这种实验内容单一的实验课程不利于提高学生的知识迁移能力。因此，电子政务实验课程体系的建设，应该针对具体的专业培养目标。

结合目前华东政法大学电子政务课程开设面对的差异化学生群体，

电子政务实验教学应该体现层次化。由于目前我校电子政务课程的开设主要面对行政管理专业下的电子政务方向与政府管理方向，以及公共事业管理专业与政治学专业，不同专业方向的学生在电子政务知识学习和培养要求上存在明显的差异性。相应地，在实验课程设置上，应该从电子政务的基础应用、综合操作、设计技能三个层面设计实验课程。在基础实验课程中主要安排以验证性实验为主的实验，达到加深学生对于课程的感性认识和实践理解的目的。在综合操作实验课程中，主要是以综合性实验为主，通过学生自行组队，扮演不同的角色在电子政务模拟软件系统中开展各种政务活动，体验政府部门与各相关单位之间的业务联系与工作流程，达到融会贯通各知识点的目的。①这两部分实验课程的开设主要面对非电子政务专业方向的学生，以满足他们对于电子政务理论知识与电子政务发展实践的理解和贯通。第三层次的实验课程则主要以培养学生的科研能力、创新能力、分析与解决问题的能力为主要目的，实验课程的设置以设计型实验、研究型实验为主。对于电子政务专业方向的学生培养，不仅应着力于有效培养其电子政务基础素质以及实践操作的能力，也应该培养其电子政务的创新能力。电子政务方向的学生培养应该在具备深厚的政务理论知识的基础上，从操作型、验证型走向具备一定分析、决策能力的应用层发展、在熟练掌握信息技术的使用和维护的基础上，对政务流程进行再造与实现，对政务信息进行处理与分析，成为更高层次的电子政务管理创新型以及技术创新型人才。

在上述差异化的实验课程体系设置的基础上，还要建立相关内容和学科相互渗透的课程体系。以理论知识教程和实验指导书为基础，充实综合实验项目，培养学生的综合实验技能。与此同时，要注重实验教程和实验项目的开发，不断完善教学资源，依据各专业和年级分别设计相应的实验教学大纲、实验教学讲义、多媒体教学课件、实验模拟习题集、电子政务案例集以及相应的参考文献资料汇总。电子政务作为新生的、发展又极为迅速的事物，同时又是理论性研究与实践性应用紧密结合的学科，必须加强对实验教程与实验项目的开发与创新，构建学科专业间相互渗透的差异化的电子政务实验课程体系，才能达到本课程对不同专业学生培养需求的满足。

---

① 杨丹、袭铮：《电子政务实验教程》，北京大学出版社 2011 年版，第 1—2 页。

四、结　　论

随着国家电子政务的推行，电子政务专业人才需求的增加，高校开设电子政务课程将越来越受到重视。目前我国电子政务的知识体系基本形成，电子政务的教学研究初具规模，电子政务的专业教材也已初成体系。在对多年实践探索和理论积累的知识成果进行升华提炼，并加以系统化梳理总结的基础上，电子政务课程的主体内容体系已基本清晰。①在电子政务理论知识体系逐渐完善的情况下，如何满足政府与社会对电子政务人才的需求，是未来一段时间内电子政务教学改革研究的重点。

由于理论和实践方面的需求，电子政务教学改革要以加强基础、拓宽知识面、增强应用性为原则，以人才培养的复合性为特点，通过不断地改革教学计划，优化课程体系，开展系列课程建设，把政务理论，信息技术开发，以及政务实践与实验内容逐步纳入电子政务的教学体系中，在主动适应行政管理现代化需求上下功夫。使学生具备科学决策和科学管理人才所需的素质和能力，成为既懂管理，具有丰富的理论知识并掌握信息技术，又拥有熟练精湛的动手技能的高质量的复合型、应用型人才。这既是我国行政管理与国际行政管理现代化接轨（相互协调和适应）的必然要求，同时也是维护行政管理的先进性，保证其高效性的目标使然。

参考文献

[1] 刘劲宇、邝丽欣：《论“互联网＋”时代加强电子政务实验教学队伍建设的维度》，《高校实验室科学技术》2019 年第 2 期。

[2] 杨丹、袭铮：《电子政务实验教程》，北京大学出版社 2011 年版。

[3] 朱玉知、崔树银：《电子政务教学研究综述——以期刊论文为样本（2003—2011）》，《电子政务》2011 年第 10 期。

[4] 孙宇：《MPA 电子政务教学改革探索》，《继续教育研究》2009 年第 1 期。

[5] 方兴林：《〈电子政务〉课程教学模式研究——以安徽省 H 学院为例》，《西昌学院学报》（社会科学版）2013 年第 2 期。

---

① 秦浩：《电子政务学科的知识体系与人才培养模式》，吉林大学 2008 年硕士学位论文。

[6] 赵海英、张锐昕、孟兰英:《适应政府信息化需求,创建模拟电子政务实验教学系统》,《实验技术与管理》2007 年第 7 期。

[7] 王海燕、陈艳华:《我国高校“电子政务”课程开设情况的研究》,《中国林业教育》2009 年第 5 期。

[8] 朱颖、韩娜娜:《关于电子政务实验教学改革的几点思考》,《高教学刊》2016 年第 13 期。

“做中学”——混合研究方法教学的实践启示

杨　帆

摘　要：“量化和质性研究方法”是公共管理类本科生需要掌握的核心技能，然而大多数老师在课程教学中都会遇到“深入讲解学不会”“通俗讲解收获不大”的尴尬。本文以笔者承担的本科生“公共政策研究方法”课程中“居民绿色交通出行的行为与意愿”教学项目为例，探讨如何在教学中将量化研究方法与质性研究方法的内容进行结合，让学生在理论学习和调研实践中掌握方法的精髓。本文重点从如何引导学生进行“文献研究”“研究设计”“资料处理与分析”等方面来阐释量化与质性方法的结合教学，以期为今后承担相关课程的老师提供借鉴经验。

关键词：做中学；量化研究；质性研究

一、“做中学”与研究方法

“做中学”是美国教育家杜威在《民主主义与教育》这一著作中提出来的教育理念。杜威认为，所有的学习都是行动的副产品，所以教师要通过“做”，促使学生思考，从而学得知识。以往传统的研究方法类课程的教学大多使用“老师讲、学生听”的授课模式，但效果往往不好。学生走出课堂后，如果不及时在现实场景中演练，学到的知识将很快忘记。

笔者在2014—2017年以及2019年担任浙江大学本科生“公共政策研究方法”课程助教，并实际参与了教学内容开发和授课工作，积累了一些成功和失败的经验，后来经过总结，将成功的经验总结为“做中学”。具体而言，老师如果希望学生真正掌握公共政策研究方法中的质性和量化方法，就必须要在一个学期的课程中引导学生参与研究设计，完成实地调查，运用课堂上学到的统计分析方法分析获得的数据，并完成研究报告。只有完整地走完整个研究流程，学生才能真正掌握研究方法的核心知识。

这类课程的教学模式之所以不同于数学、心理学、政治学等传统大类学科，不仅仅是因为课程目标偏重实践和应用，更是由课程内容本身的自然属性决定的，学生在研究方法类课程中其实需要同时掌握质性和量化两种方法，缺一不可。

质性研究（qualitative research）与量化研究（quantitative research）一直以来被视为社会科学领域的两类不同的研究范式。

量化研究，或称作定量研究，属于实证主义方法论范畴，指研究者在统计方法的基础上，研究社会现象的数量特征、数量关系和数量变化，预测社会现象的发展趋势。它模仿自然科学，用“假设—演绎”模式来检验理论。①主要方法为实验法、问卷调查法、二手资料分析法等。

质性研究，或称定性研究，属于人文主义方法论范畴，主要是对社会现象的质的分析和研究，通过对社会现象发展过程及其特征的深入分析，对社会现象进行历史的、详细的考察，解释社会现象的本质和变化发展的规律。②它从人文科学衍生而来的，注重收集文本信息，并从整体上进行理解和诠释。它偏重于文本分析或叙事表达，强调对被研究对象的理解、说明和诠释。主要方法有个案研究法、文献对比分析法、观察法、访谈法、行动分析法等。

在方法论历史上，定量研究曾是社会学、心理学、教育学等社会科学研究的主导性范式。实证主义社会学的开山鼻祖孔德曾极力提倡用自然科学的方法对社会现象进行分析和解释。自19世纪后期，定量研究逐步取代了思辨研究，在社会科学领域得到了广泛的应用。在20世纪20年代，描述性统计分析日益成熟。在30年代，推论统计学得到飞速的发展。在40—50年代，定量研究主导了社会科学研究。③与定量研究方法的主流地位相比，定性研究一直处于社会科学研究的边缘。自20世纪60年代末以来，研究者们越来越意识到以实证主义为理论基础的定量方法的局限性，开始对定量研究提出质疑，并重新对定性研究方法进行审视。到了80年代，定量研究和实证主义范式在社会科学领域失去了霸主地位，定性研究方法逐步成熟起来，不仅有了自己独有的概念、具体方法和理

---

① F. Kerlinger, *Foundations of behavioral research*, New York: Holt, 1964.

② 仇立平:《社会研究方法》,重庆大学出版社2008年版。

③ 蒋逸民:《社会研究方法的新取向:结合方法及其意义》,《天府新论》2009年第1期,第98—102页。

论，而且有了统一的规范和标准的操作程序。研究者和学术期刊都纷纷把目光投向定性研究范式，比如，1987 年 5 月美国《教育研究》杂志编辑部特别强调刊用定性方法的论文。与此同时，一些在定量研究领域享有很高声誉的定量学者也开始涉足定性研究，有个别学者甚至把定性研究看成是通向真理的唯一方法。

近年来，国外社会研究从实用主义的角度出发，把质性研究和量化研究的方法结合在一起，发展出所谓的混合研究方法。混合研究的方法是把质性研究和量化研究各自的研究逻辑，收集和分析资料的方法结合在一起。①学者迪威恩和希斯（Devine & Heath）把这一现象称为方法论上的折中主义（methodology eclecticism）。他们在研究了英国近十年来八个经验研究之后总结说，现在社会学家使用的方法是混合的，而不是孤立的使用某一种方法，并且这是非常普遍的事情。在这八个研究中，有三个使用了不止一种方法，另外三个同时使用了量化和质性技术：问卷调查加上深度访谈、个案研究和文献内容分析。②

混合研究的发展趋势不仅仅在社会学领域受到重视，随着分析技术的不断发展和社会实际变迁的客观需要，越来越多的专业，如传播学、心理学、行政学、管理学等，都逐渐开始尝试正视社会研究中的混合方法。在学界，主张紧密结合研究问题的需要确定研究方法的“方法论实用主义”逐渐受到学者们的认同。因此，如何在研究方法类课程教学中对量化与质性两个分支进行有效结合，并且根据质性资料与量化资料的不同特点，引导学生将所学知识应用在实际研究中，对于学生掌握研究设计、实地调查、资料收集与分析方法等都具有非常重要的作用。

二、课程实践项目简介

笔者于 2015 年在“公共政策研究方法”授课的同时，指导班级中的本科生分组参与了学校的“社会调研大赛”，当年比赛的主题为“绿色交通出行”。经过课堂指导，课后辅导，学生们用三个月的时间完成文献综述、研

① ［美］约翰·W.克雷斯维尔：《研究设计与写作指导：定性定量的混合研究路径》，崔延强译，重庆大学出版社 2007 年版。

② 陈曼蓉：《当前社会研究方法的特点、趋势及问题》，《社会》2002 年第 2 期。

究设计、实践调查、报告整理等环节，并成功结题，于 2015 年底在学校报告厅进行了成果展示，取得了良好效果，最终获得一个一等奖、两个三等奖、一个优秀奖的成绩。

比赛后，笔者和指导的学生一起对参赛项目进行了经验总结，并一致认为研究方法类课程教学的重点之一就是"将理论学习与研究实践结合在一起"。理论和实践是掌握研究方法的两条腿，如果想走路，一条都不能少。参与实地调查的学生明显更加认同"做中学"的良好效果，也更加愿意与老师分享研究中的收获和体会。例如，有学生反馈道："在学习研究方法课程之前，对这门课程是感到恐惧的，因为看到很多统计学和数学的知识，但是，经过了一学期'做中学'的培养后，发现原来统计与生活结合得如此紧密，统计作为一种工具也是如此的实用。"也有学生认为，以小项目为辅助的教学模式之所以可取，是因为能够"寓教于乐，学习不再是被动的，而是需要在老师的指导下主动完成"。

课程结束后，笔者咨询了其他教授研究方法课程的老师的意见，更加认同"做中学"将是未来研究方法教学中的一种重要模式。事实上，笔者在德国留学期间就参与了德方提供的"课程项目"(Kursprojekt)。其模式是：在某类课程开始前，学校会定向地给授课教师一笔经费，供教师在课程教学中设计平行的"课程项目"。学生以组为单位领取"项目议题"，在一学期的时间周期内，完成项目，并接受教师的检验，学生完成项目时所需的资金将完全由项目经费负担。当然，由于教学管理体制和机制的差异，这种受到充分资金支持的"课程项目"在中国当下的高校中或许还难以实施，但其中的思路可以借鉴。比如，教师可以引导学生在一学期的时间内，以大学内的某类群体为分析单位，完成一项小规模研究。

此外，笔者并不认同研究方法课程就只是教授统计学知识这样一种定位。研究方法是立体的，一方面，教师应教会学生如何提问题，不断拓展研究的广度和研究的深度；另一方面，社会科学经验成果的积累，往往是根植于质性与量化研究相结合的成果之上。如果研究方法被证明运用不当，那么研究结果的可靠性也就值得怀疑。目前，社科研究中混合研究的高质量成果仍然较少。从全球来讲，方法论上的混合主义历史相比于实证主义方法论而言并不长。正式开始探索混合研究方法论体系的实践发轫于美国 20 世纪 80 年代，至今也不过三四十年的时间。以往有不少老师认为，在教学中教授混合方法的选择是较为冒险的，它要求教师对不同研究方法有充足的认知,并投入足够的时间参与指导学生的项目研究。在“绿色交通出行”的实训项目中,学生们在方法论上对量化研究与质性研究进行了大胆结合,并且由于得到了学校项目的支持,能够有机会筹集足够的资源进行实地研究,因此这是一次难得的尝试,其中的教学经验也值得继续总结和整理,尤其是如何帮助学生理解量化研究与质性研究在不同情况下混合使用的条件、原因和可能的效果,分析学生能够成功掌握研究方法的原因。

三、“居民绿色交通出行”的实践项目分析

研究方法的课程首先要让学生明白,使用质性和量化的研究方法是要紧紧围绕课题的需要来确定,而不能陷入“方法中心主义”的泥淖,为“用方法”而“做研究”。“绿色交通出行”的实训项目可以选择量化研究与质性研究相结合的方法,原因有如下方面。

1. 教学的实训项目涉及多学科,学科间交叉性强

由于教学实训项目的主体内容是关于城市居民绿色交通出行情况的研究。即使是这一主题确定后,学生仍然无法立刻确定具体的研究问题。研究领域涉及多个学科的知识,甚至涵盖了自然科学的相关知识。从源头上讲,“绿色交通”是宏观“交通”问题当中的一个子系统。有关现代城市绿色交通出行的研究涉及交通设计、城市规划、交通工具技术、交通基础设施建设(如:道路、公交)等工程技术类知识,同时涉及交通政策、法律、交通经济、交通文化、交通出行者的理念、行为和意识等社会科学类知识。例如,“居民出行调查”(Person Trip Survey)已经发展出了一套严谨的社会调查步骤和量化研究方法,它是属于交通起讫点调查(简称 OD 调查)的一种;同时,评估交通政策对居民出行行为的影响需要用到类型学建构方法、典型案例分析、因果分析、心理与行为测量的方法。因此,单就教学实训项目涉及的知识来说,研究不适宜只选择质性研究或量化研究中的一种,而是要根据需要对两种方法进行有效结合。

2. 学生可以更好地理解不同研究方法的功能

正如上面所述,“绿色交通出行”涉及了多学科知识。如何设计选题,选择一个恰当的角度作为切入点,成为困扰学生的难题。此时,教师应根据学生能够掌握的资料,研究的兴趣、知识储备和对自己的预期,针对性

地为不同组别的学生提供帮助。例如，在对自己的学术研究能力和手上掌握的相关资料等情况进行评估后，有的学生组课题组选择了“居民的出行行为和认知”作为研究视角。量化研究方面主要采用的是“居民出行调查”中的方法。质性研究方面主要采用访谈法和个案研究法作为调查主要方法，对于文献研究方面主要选择是内容分析法。

定性研究和定量研究在研究过程中发挥着不同的功能。定量研究通常从既有的理论出发，提出理论假设，然后通过问卷等工具收集经验证据来验证预想的模型、假设或理论，这是一个从一般到特殊的演绎过程，突出的是对既有的理论验证或推广。而定性研究则没有理论在先，它是一个创立理论的过程，通过访谈和个案等方法收集相关资料，侧重于对社会现象的深入挖掘和把握，从中概括出论题、论断或理论，本质上是一个从个别到一般的归纳过程。①因此，两类方法结合至少可以产生相互补充的作用。例如在本次教学项目中，有学生组通过对问卷数据进行统计分析后发现“年龄”与“居民出行方式”的选择有较强的相关性；研究收集的质性资料则进一步说明了不同年龄层次的居民会选择何种交通方式，从而深化并验证了定量研究的发现。量化与质性研究不仅可以对同一问题的进行研究，也可以相互补充，形成完整的解释。例如，有学生组通过问卷调查发现，大多数香港市民日常工作出行比广州的居民更依赖公共交通。由于问卷的分析单位是个人，很难对此现象进行完整的解释，但是通过对文献资料和专家访谈法收集的质性资料进行分析，学生们发现，香港公共交通线路设计比广州完善，公交基础设施建设完善，停车位少，反而使用私家车成本比使用公共交通成本更高，政府通过宣传、补贴等方式也鼓励居民更多地选择公共交通出行。量化与质性的结合可以帮助学生发现现实中的矛盾、冲突之处，提出新的视角。仍以上述研究为例，学生们发现，香港地区“出发地距离目的地越远，居民越倾向于选择公共交通”，但是在广州，此趋势不明显。质性资料同样提供了解释：广州地区由于各个地段交通通达度不同，即使是目的地较远，也很难完全依靠一种交通方式提高出行效率。

---

① A. Strauss & J. Corbin, *Basics of qualitative research*: *Techniques and procedures for developing grounded theory* (2nd ed.), Thousand Oaks, CA: Sage, 1998.

3. 教学项目可以帮助学生理解研究中出现的问题

在选择好研究角度并实施与调查后，笔者对学生的研究中出现的问题进行了分析，主要有以下几个方面：(1)问卷设计效度不够，不能有效反映出问题的客观实际情况；(2)文献解读和设计访谈提纲时存在价值预设；(3)对问卷调查数据和访谈结果进行过度解读；(4)由于未能充分考虑法律、政策、文化、心理等因素，或对于这些领域的知识储备不够，在对研究结论解读的过程中出现不当归因、循环论证等问题，甚至有可能犯统计学和政策科学中的“第三类错误(Type III Error)”：选择了错误的理论模型，提出错误的意见。可以认为，上述的问题不单单是量化研究或质性研究中存在的问题，例如，效度信度分析需要借助统计模型，但分析得到的结果发现效度、信度不足，又需要用通过质性研究来进一步地解释。“不当归因”既有可能是统计模型选择错误，如“辛普森悖论”，也有可能是对质性材料编码错误造成的。因此，围绕同一个教学项目，教师可以帮助学生理解量化和质性研究的适用性，以及如何对研究结果进行合理解释，从而更全面地掌握研究方法。

四、具体案例分析

下文以笔者指导的一组学生完成的研究项目为例。课题研究的量化资料来自学生于 2016 年 7、8 月份对广州、香港两地进行的抽样调查。抽样方法为多段抽样与整群抽样相结合。在广州地区，选取了天河区、越秀区、海珠区、番禺区、白云区、荔湾区 6 个区的 18 个街道进行问卷调查，调查时间为早上 7:00—8:30，中午 11:30—12:30，下午 4:30—7:00。共发放问卷 300 份，其中回收问卷 289 份，有效问卷 247 份，有效回收率为 82.33%；在香港地区，选取了港岛、新界、九龙三个地区的 12 个街道测试点进行问卷调查，问卷调查时间为早上 7:00—8:00，中午 11:30—12:30，下午 4:00—5:00。共发放问卷 300 份，其中回收问卷 297 份，有效问卷 263 份，有效回收率为 87.67%。数据分析采用 SPSS18.0 软件。

质性研究资料来自学生组于 2016 年 7、8 月对广州、香港两地进行的个案研究。主要方法为访谈法。质性研究分为两个部分，第一部分为以“组织”为分析单位，学生们通过联系相关 NGO 和媒体组织，征得对方同意后，结合对方的专业性质、组织背景和课题组的研究假设，设计半结构性访谈提纲,访谈目标组织中的核心负责人;第二部分为以"个人"为分析单位,设计相应的问题,同样通过访谈法收集资料。两部分内容形成的访谈资料,均严格按照质性资料的处理方法进行处理,包括确定意义指标和对其进行二期编码,以方便资料的整理归类和后期研究的使用。学生们根据研究中的量化与质性研究的结合方式,将具体的结合思路总结如下(图1):

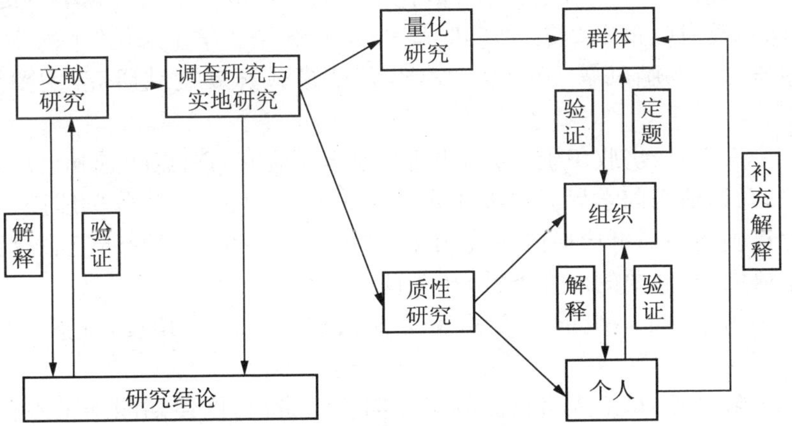

图1　学生研究的整体思路框架

下面重点从"文献研究""研究设计""资料处理"三个方面介绍研究设计。

1. 文献研究

学生们在文献研究部分主要采用了"内容分析法"。内容分析法不仅可以实施量化研究,也可以实施质性研究。①它的研究目的主要是对现存的各种类型的文献重新整理和分析的基础之上,解释社会现象之间的关系和变化趋势。由于此研究涉及了多学科多领域的相关专业知识,仅仅是关于"交通"方面的资料就汗牛充栋。而内容分析法的量化编码程序可以将多类别的资料进行有效分类整理,同时,质性分析又可以进一步加深文献综述的深度。文献来源为:学术期刊论文、硕博士论文、专著与论文集、政府政策文献、新闻报道、统计年鉴数据等。

① [美]劳伦斯·纽曼:《社会研究方法:定性和定量的取向》,郝大海译,中国人民大学出版社2007年版。

主要的研究和分析过程如下。

(1) 确定和选择内容分析的文本和文献

在初始阶段,搜寻资料的关键词和主题词等信息较为宏观,教师要求学生尽可能全面地收集和主题有关的资料,目的是把握当前关于"绿色交通"各个方面的研究现状和成果,为课题确立研究视角、研究工具和方法做准备。据后期统计,学生在初始阶段共收集了期刊论文434份,硕博士论文167份,相关学术专著57部(包括纸质书和电子书)、视频学习资料7集,两地政府政策142条,新闻时政和热点53条。学生采用"个人学习—小组学习—头脑风暴—小组二次学习"的模式开展文献研究,主要流程如下:

个人学习:①收集资料;②评估当前学界研究的重点问题和已取得的成果;③评估当前学界研究的不足或尚未触及的领域,并分析原因;④分点论述确立当前可选择的研究角度,并围绕这些角度说明研究主题涉及的学科领域、需要的研究条件,相关理论工具和方法工具。

小组学习:小组成员互相参考他人列出的研究角度,完善自己的想法。

头脑风暴:每个人将自己的观点向全组讲出,阐述期间不可被打断,阐述完毕后,小组成员对每一个方案进行评估。

小组二次学习:将课题视角进一步细化,确定少数几个方案,并用"SWOT分析法"进行评估,然后针对这些方案进行再学习,深化认识。

在以上工作完成之后,邀请专业老师与实务界的专家用"德尔菲法"对研究视角和研究抽取的指标进行评估。

(2) 分类和编码

学生们用Excel工作簿辅助完成文献分类。主要的工作步骤如下:

① 确定文献综述的二维指标体系(见图2),并按照这个指标对文献并进行归类,根据需要,在一个工作簿中建立不同的表;

② 按照文献名称、责任者、文献类别、期刊来源、期刊属性等字段对文献信息进行整理;

③ 利用中国知网中的文献管理功能,导出所需文献的相关信息,并粘贴在对应的字段下面(Endnote也有相同功能);

④ 利用"分类汇总"的功能整理文献,方便后期研究需要的文献能够实现及时查询;

⑤ 工作簿小组共享,如果小组成员此后的下关分析工作和报告整理

工作中需要某种类别的文献需要将新进入文献即时共享,并标出其对应的工作簿中的位置;

⑥ 对文献进行重命名,将不同类的文献放在不同文件夹,将编码顺序添加在每一个文献上,以方便后期查询使用。

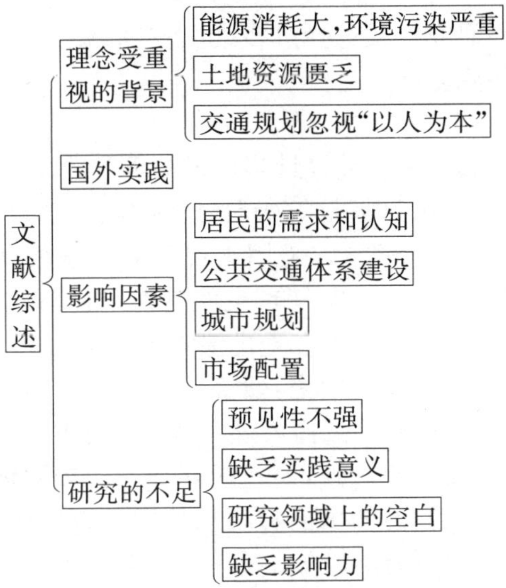

图 2　学生总结的文献综述的维度

(3) 资料分析

汇总文献后,学生们对文献的具体特征作简要的量化分析。例如,反映"居民客观实际情况"对政策影响的文献总量是多少,占"政策影响因素"这一类别的份额有多大;关键词"绿色交通出行"在整体文献标题中出现的次数有多少;哪些作者发表了较多的关于"绿色交通"研究方面的文章;期刊论文有多少是来自核心期刊的,主要是哪些期刊;"绿色交通"的哪些主题或领域得到了广泛的研究,哪些领域尚未有太多的研究者触及等。

2. 研究设计

研究设计主要包括研究方式、研究目的、研究假设、分析单位、研究指标体系构建、问卷设计几个方面。除了"研究目的""研究指标体系构建""问卷设计",其他几个方面将重点介绍。

(1) 研究方式

研究方式主要包括调查研究、实地研究、文献研究、实验研究。学生们采用调查研究、实地研究和文献研究相结合的方式，总结出的经验是研究方式的选择并不是越多越好，要根据实际情况而定。比如“广州香港绿色交通出行的对比研究”这一主题需要结合三种研究方式，因为研究范围广，涉及的人群多；既有的概念含义繁杂，模糊性强；文献中的理论、个案研究结果和整体数据易存在分歧，因此需要结合多种研究方式来证实或证伪研究假设。但研究方式选择过多，也必然带来研究整体效率的下降，而且不容易把握研究方向。

（2）研究假设

笔者认为研究假设是研究设计当中最为重要的一部分。无论量化研究还是质性研究，研究假设都是对所研究的问题或现象提出的一种带有推测和假定意义的理论解释，它是用来说明某种现象，但还未经资料证明。研究假设主要来自理论和经验，也就是说，当研究“问题”确定之后，并有了一定的“问题意识”，学生在理论演绎的基础之上，可以建构经验假设。关于这一点，学生们的经验是：研究假设提供了明确的研究方向，在确定好研究假设后，就可以根据需要确定研究方式并开展研究，一方面可以提高效率，另一方面靶向性强，研究能够深入。按照标准流程，研究设计完成于文献研究之后，但如果能够根据前期调查提前确定研究指标或研究假设，文献评述也可有的放矢。笔者认为，一项研究可以具有以下几个特点时，需要尽早确立研究假设：①课题涉及领域多，研究方向跨度大，即使确定了研究假设，关于每一条研究假设的文献数量仍然很多。②将文献研究作为课题研究重点的项目，需要尽快确立研究假设中涉及的变量，以便有针对性地查找资料。③研究问题中的概念内涵存在争议。例如，笔者曾指导的一项关于农村地区人际关系的调查就曾遇到了相似的问题。一方面“人际关系”“农村人际关系”等概念含义广，包含的内容多，同时其包含的概念之间又容易引起争议。因此需要结合文献，尽快确定研究假设中核心变量的操作化，尽可能在研究假设正式提出的时候降低歧义。

（3）分析单位

分析单位是指一项研究中用来观察、描述和解释的单位。主要有五种形式：个人、群体、组织、社区、社会产品和社会事件。学生们在教学项目中主要采用个人、群体和组织三类分析单位展开研究。其中对个人的研究属于实地研究中的个案研究，采用的方法为质性研究中的访谈法；对群体的研究属于调查研究中的抽样研究，采用的方法为量化研究中的问卷法；对组织（如 NGO 等）的研究同样采用了个案研究，方法为质性研究中的访谈法。因此，学生们在老师的指导下将质性研究与量化研究结合使用，质性研究主要用于提出问题和对特定情境下的行为逻辑展开解释；量化资料主要用于证实或证伪研究假设。

表 1　质性与量化资料的不同作用

	提供的旧资料	提供的新资料	作　用
质性资料	文献（观点、方法、理论、政策等）	访谈提纲和个案研究资料、参与式研究报告	提供指导性的先验理论；发现新问题；对新资料提供部分解释
量化资料	文献（已有统计数据）	问卷数据，文献研究中的特征性数据	检验研究假设；发现新问题

表 2　学生们提供的量化资料指标体系

<table>
<tr><th>一级指标</th><th>二级指标</th><th>三级指标</th></tr>
<tr><td rowspan="10">个人情况</td><td rowspan="5">个人基本信息</td><td>性别</td></tr>
<tr><td>年龄</td></tr>
<tr><td>工作属性</td></tr>
<tr><td>有无私家车</td></tr>
<tr><td>工作地与居住地</td></tr>
<tr><td rowspan="5">个人出行情况</td><td>工作时间出行方式</td></tr>
<tr><td>非工作时间出行方式</td></tr>
<tr><td>公交体系的覆盖率</td></tr>
<tr><td>公交体系的通达度</td></tr>
<tr><td>使用私家车原因</td></tr>
<tr><td rowspan="5">认知与评价</td><td rowspan="5">概念认知</td><td>绿色交通实践的认知</td></tr>
<tr><td>绿色交通理念的认知</td></tr>
<tr><td>绿色交通政策的认知</td></tr>
<tr><td>绿色交通建设的维度</td></tr>
<tr><td>城市道路规划</td></tr>
</table>

续表

一级指标	二级指标	三级指标
认知与评价	满意度	公共交通设施品质
		公共交通承载量
		尾气排放情况
		绿色交通专案建设
		绿色交通宣传工作

表 3　学生提供的质性资料指标体系

一级指标	二级指标	三级指标	四级指标
组　织	组织情况	认知	对绿色交通的理解
			对政府政策的评价
		行动	宣传
			与政府的联系
个　人	个人情况	个人客观情况	年龄
			身份(职业)
		个人出行情况	公共交通通达度
			公共交通覆盖率
			公共交通承载量
			服务水平
	认知与评价	认知	对绿色交通概念的理解
			对绿色交通内涵的理解
			认知的途径
		评价	对公共交通的评价
			对政府政策的建议

3. 资料分析与处理

在进行完这些基本的文献情况整合后，关于研究中调查所得的质性资料处理方面，教师需要指导学生完成质性资料的编码。具体过程主要有以下几个方面。

（1）确定编码

根据资料内容具有的意义进行编码。例如，在有关"绿色交通出行"的研究中，学生们需要在原始文本的基础上提出"公交承载量""政府对绿色交通的支持""公交设施品质满意度""交通环境满意度""对绿色出行的交通工具""公交通达度""市民的绿色交通意识"等初级编码单位。

（2）初级编码

学生们在分析文献资料，确定编码单位的基础上，创建初始码号用以表示资料的意义。在文献旁边用竖线隔开，在阅读和分析的过程中，将相应的编码数字填入对应的语段旁边，并在该语段下面画横线做标记。

（3）再编码

编码的过程是一个分类的过程，也是一个逐步抽象的过程，因此在对资料步编码基础之上，还要进行再编码。再编码的方法仍然是一种归类方法，但需要在确定主题的基础上，把相关的初步编码归到一定的主题之下，并建立主题之间的联系，这些主题又是和更大的主题相联系。正如钱学森教授所说："把极其复杂的研制对象称为系统，即由相互作用和相互依赖的若干组成部分结合成具有特定功能的有机整体，而且这个系统本身又是它所从属的一个更大系统的组成部分。"因此从本质上讲，这种层层剖析，逐层抽象，最终形成树状结构的知识归类方法符合系统工程的思想，学生们只有在真正参与编码后才能理解并掌握方法的精髓。

（4）量化资料与质性资料的结合

量化资料的初步结果主要是以列联表的形式呈现，后续研究尝试加入了回归分析。运用到的统计方法是描述性统计和推论统计中的卡方检定，原因是问卷中涉及的数据类型主要是定类变量和定序变量。量化资料的分析步骤和其在报告中的呈现顺序紧紧围绕研究假设的展开，同时在每一具体的研究指标的量化数据后面，补充上由访谈法整理所得的质性资料，并且在每一个大的类别（基本上是在每一个研究假设论述完成之后）补充上文本编码后得到的解释性分析，专家访谈报告整理所得的观点要点等，实现量化研究与质性研究的初步结合。

参考文献

[1] F. Kerlinger, *Foundations of behavioral research*, New York: Holt, 1964.

[2] 仇立平：《社会研究方法》，重庆大学出版社 2008 年版。

[3] 蒋逸民:《社会研究方法的新取向:结合方法及其意义》,《天府新论》2009 年第 1 期,第 98—102 页。

[4] [美]约翰·克雷斯维尔:《研究设计与写作指导:定性定量的混合研究路径》,崔延强译,重庆大学出版社 2007 年版。

[5] 陈曼蓉:《当前社会研究方法的特点、趋势及问题》,《社会》2002 年第 2 期。

[6] A. Strauss & J. Corbin, *Basics of qualitative research: Techniques and procedures for developing grounded theory* (2nd ed.), Thousand Oaks, CA: Sage, 1998.

[7] [美]劳伦斯·纽曼:《社会研究方法:定性和定量的取向》,郝大海译,中国人民大学出版社 2007 年版。

“管理定量分析”课程教学回顾及改革分析

郑　谦

摘　要:“管理定量分析”课程的目的主要体现在两方面的需求——研究需求和实践需求。概率论与数理统计和博弈论是管理定量分析的主要内容,根据对2012—2019年本课程授课情况的分析,相对其他类型的课程,本课程的总体平均分数相对偏低。究其原因,首先是本课程对学生的前期知识积累相对要求较高,其次是本课程试题标准化程度相对较高,对学生自身创造和发挥的空间相对不够。另外,学生成绩的差异程度高,主要是数学基础的差异,也有学习热情和主动性的差异。今后的课程改革将在内容拆分、加大习题练习和讲解、引入案例以及实验教学这几个方面展开。

关键词:管理定量分析;课程改革

“管理定量分析”是自公共事业管理专业建立时教育部所规定的专业核心课程。笔者自2012年以来,一直承担“管理定量分析”课程教学任务,先后为公共事业管理专业、行政管理专业的七届学生讲授该课程。通过八年的课程教学,笔者积累了一定的经验,也总结了很多教学上的教训。通过一定的分析与反思,可将定量分析类课程在公共事业管理,乃至公共管理大类本科生的教学质量中得以提升。

一、本课程的主要教学目的和内容设计

(一)本课程教学目的

本课程教学目的是使学生了解和掌握数理统计和博弈论这两种当今社会科学领域中最常用定量分析方法的基本概念,理解其原理,培养量化分析的专业思维模式和能力,并在公共管理实践或研究中加以运用。

具体来看，课程的目的主要体现在两方面的需求——研究需求和实践需求。首先，从研究需求来看，公共事业管理专业的本科毕业生的研究生升学率较高，如 2018 年毕业生有一般以上在国内或国外读研。从目前的社会科学研究发展的趋势来看，随着大数据获取和传输技术的进步，定量分析愈发成为主流的研究手段和方法。因此，通过定量分析的学习可使学生有一定的研究技能储备，为将来研究生阶段学习打下基础。从目前研究生阶段的定量分析研究方法课程的内容来看，基本都是较为应用性和高阶的多元统计和计量经济学内容，如抽样方法、因子分析、时间序列分析、面板数据分析等。据笔者指导研究生过程的感受以及其他方面的了解，研究生在学习这些高阶应用型统计分析内容有一定困难，其主要原因是有关概率论及数理统计的基础知识掌握比较薄弱，如对概率分布的理解及其计算、方差概念及其现实意义的理解和掌握、对各种检验及显著性的理解和掌握等。因此，有必要在本科阶段对相关领域知识内容打下扎实的基础。其次，对于直接就业的同学，在现实公共管理实践更强调用数据说话的今天，通过定量分析方法的学习，可对学生的数据处理能力进行提升，在应对管理决策问题时有直接的帮助。

(二) 本课程的主要内容

1. 概率论与数量统计领域

(1) 概率论的基本概念

主要包括：了解样本空间(基本事件空间)的概念，理解随机事件的概念，掌握事件的关系与运算；理解概率、条件概率的概念，掌握概率的基本性质，会计算古典型概率和几何型概率，掌握概率的加法公式、乘法公式、减法公式、全概率公式，以及贝叶斯公式；理解事件的独立性的概念，掌握用事件独立性进行概率计算；理解独立重复试验的概念；掌握计算有关事件概率的方法。

(2) 随机变量及其分布

主要包括：理解随机变量及其概率分布的概念；理解分布函数的概念及性质；会计算与随机变量相联系的事件的概率。理解离散型随机变量及其概率分布的概念，掌握 0—1 分布、二项分布、泊松(Poisson)分布及其应用。了解泊松定理的结论和应用条件，会用泊松分布近似表示二项分布；理解连续型随机变量及其概率密度的概念，掌握均匀分布、正态分布、指数分布及其应用。

(3) 随机变量的数字特征

主要包括:理解随机变量数字特征(数学期望、方差、标准差、矩、协方差、相关系数)的概念,并会运用数字特征基本性质计算具体分布的数字特征,掌握常用分布的数字特征;会根据随机变量的概率分布求其函数的数学期望;会根据二维随机变量的概率分布求其函数的数学期望。

(4) 大数定律和中心极限定理

了解切比雪夫不等式及其应用;了解切比雪夫大数定律、伯努利大数定律和辛钦大数定律;理解中心极限定理。

(5) 样本及抽样分布

理解总体、简单随机样本、统计量、样本均值、样本方差及样本矩的概念;深刻理解正态分布;了解 χ^2 分布、t 分布和 F 分布的概念及性质,了解分位数的概念并会查表计算。

(6) 参数估计

理解参数的点估计、估计量与估计值的概念;掌握矩估计法(一阶、二阶矩)和最大似然估计法;了解估计量的无偏性、有效性和一致性的概念,并会验证估计量的无偏性;了解区间估计的概念,会求单个正态总体的均值和方差的置信区间,会求两个正态总体的均值差和方差比的置信区间。

(7) 假设检验

理解显著性检验的基本思想,掌握假设检验的基本步骤,了解假设检验可能产生的两类错误;了解单个及两个正态总体的均值和方差的假设检验,会用公式进行单边及双边假设检验。

(8) 方差分析和回归分析

了解方差分析的基本思想,试验因素和水平的意义;掌握平方和的分解,会列方差分析表;了解回归分析的基本思想;掌握一元线性回归,了解可化为线性回归的一元非线性回归和多元线性回归;了解线性相关性检验和利用回归方程进行预测和控制。

2. 博弈论内容

理解博弈论的基本内涵及其研究对象;掌握博弈论的相关要点。熟悉博弈的分类;能够利用博弈论的相关知识对一些相关进行简单的博弈分析。

(1) 完全信息静态博弈

掌握博弈表达的基本式;深刻理解纳什均衡的概念;掌握利用纳什均衡的概念求出博弈的均衡解;理解常见的简单博弈案例;了解混合策略纳什均衡。

(2) 完全信息动态博弈

理解博弈表达扩展式，理解动态博弈的概念；了解纳什均衡如何扩展到扩展式博弈中；了解子博弈完美纳什均衡；可运用完全信息动态博弈的分析框架和方法对公共管理实践中的某些现象进行分析；理解并辨析完美信息分布与不完美信息分布。

(3) 不完全信息静态博弈

理解不完全信息静态博弈的基本概念；掌握和理解哈萨尼转换；理解贝叶斯纳什均衡的概念；理解混合贝叶斯纳什均衡；掌握贝叶斯纳什均衡的求解；利用上述理论对公共管理实践中的某些现象进行分析。

(4) 不完全信息动态博弈

理解不完全信息动态博弈的基本概念和形式；了解信号博弈的基本概念，能利用不完全信息动态博弈的理论对公共管理中的某些现象进行博弈分析。

二、授课主要情况及分析

(一) 对总体成绩的分析

本课程各年度成绩统计①

	2013 年	2014 年	2015 年	2016 年	2017 年	2019 年	年平均
平均值	76.68	76.09	76.07	77.99	74.62	79.52	77.00
个案数	77	34	46	39	50	25	6
标准差	11.244	19.688	16.638	13.972	15.302	18.802	1.789
中位数	79.00	83.00	83.00	81.00	78.50	86.00	76.50
平均值标准误差	1.281	3.376	2.453	2.237	2.164	3.760	0.730
最小值	13	5	15	16	17	19	75
最大值	92	94	91	94	93	97	80

注:2012 年的成绩在教学管理系统中未完整显示,2018 年因为课程调整,轮空一年。

① 数据来自华东政法大学教学管理系统。

1. 平均分均在 80 分以下，相对其他类型的课程，该门课程的总体平均分数相对偏低

究其原因，首先，本课程对学生的前期积累和基础相对要求较高，要有一定的微积分以及排列组合知识的基础，因此，对于这些知识内容基础不是很扎实的同学来说，很难取得高分。其次，本课程试题标准化程度相对较高，对学生自身创造和发挥的空间相对不高，尤其是概率论与数理统计的内容，而博弈论相对好一些。因此，学生想得高分不太容易。

2. 学生成绩的差异程度高

所有考试成绩的标准差在 11.244—19.688 之间。这表面同学间成绩的差异程度还是相对较大的。尤其是最低分均在 20 分以下，最低为 5 分。其原因主要是数学基础的差异，同时也有学习热情和主动性的差异。

(二) 教学过程中的主要情况及分析

课程的前期知识准备与授课效果：

“管理定量分析”的前期知识基础主要是数学知识上的储备，主要包括，概率的相关概念和知识、排列组合的主要方法，微积分相关知识以及多元统计中所要涉及的线性代数相关知识。

首先，从近八年的教学来看，公共事业管理专业学生大部分在高中阶段已经接触了概率的相关内容，对于概率的一般定义、古典概型等有一定的基础，甚至回归分析都已经进入了高考内容。但有一个小缺憾是大部分同学在高中阶段未接触过排列组合的相关内容，对其计算方法很陌生，因为高中阶段在求概率时均采用查表的方法。这也导致了学生在进行概率计算，尤其是古典概型的计算时有一定的困难。

其次，公共事业管理专业同学自 2010 年以来，在大学一年级开始便开设微积分课程，2017 年通识教育改革以后整个政管院全部大一本科生均开设了微积分课程，因此，学生大多在理解和计算概率密度、概率分布函数、最小二乘估计以及博弈论中的纳什均衡解等概念和方法时没有很大的障碍。

另外一个比较大的缺憾是学生无论在高中阶段还是大学阶段，均未接触过线性代数，因此，在理解和分析高维条件下的数量关系时有较大的难度。这造成了在统计分析中普遍采用的多元分析方法，如多元回归、主成分分析、因子分析等传授的难度巨大。目前的讲授内容只是涉及多元回归的基本方法，对于主成分分析、因子分析等内容，由于直接要理解和

运用矩阵运算以及特征值和特征向量等概念，因此这部分内容无法教学。

三、今后的教学改革思路

（一）课程内容适当拆分

目前，“管理定量分析”课程主要包括概率论与数理统计和博弈理论两大部分。确定这两部分内容是参考了全国 MPA 教学指导委员会所推荐的基本教材中的主要内容构成。①从内容上看，也的确是目前公共管理研究及实践中所涉及的最为主要的定量分析内容。这两种分析方法分别以“黑箱”的开启与否来作为各自的研究逻辑起点，从而以两种不同的哲学思想为指导，展开对公共管理问题的研究。②因此，两部分内容都很重要。但通过笔者七个学期的课程教学来看，在 54 个学时中要将两部分内容的核心部分予以充分讲授是有难度的。对于学生来说，也不太可能在一个学期内整体领会目前社会科学研究中最为重要的两大知识领域的内容。因此，今后，本课程的改革首先是将博弈论的内容省略，由此可以更为充分地将统计学的内容进行教学。这也符合目前大数据在公共管理中的应用所带来的对公共管理者的数据分析能力的要求。

（二）加大习题练习

从课程特点来看，虽然本课程属于公共事业管理专业的核心课程，但在内容上，其数学色彩较为浓厚，因此，有必要参照数学类课程的教学方法和范例。同时，基于本科生阶段课程教学在基本知识和概念掌握上的要求。因此，本课程的教学要进一步，通过适当地加大习题练习来加深学生对概念的印象，掌握相应分析方法，并主动运用。在过去的教学中，由于课程总体教学内容多，所以无法将更多的学时投入到例题的讲解和课堂习题练习中。在总体教学内容调整以后，博弈论的内容不在纳入教学范围，因此，可以有相对充分的时间投入到习题教学中，整体上看，可安排

① 陈永国主编：《管理定量分析方法》，上海交通大学出版社 2001 年版。

② 诸彦含主编：《社会科学研究方法》，西南师范大学出版社 2016 年版，第 26—30 页。

2—3 次习题课。

(三) 加大案例的引入

本课程是公共事业管理专业的专业核心课程,对于专业色彩较浓的课程来说,课程必须体现出其专业特点,即在公共管理的情境之下的定量分析和研究,因而进后的课程教学要努力刻画和构造公共管理这一背景和主题。因此,有必要进一步加大案例教学的比重,这也可使学生能更好地树立专业意识,认识到本课程在专业学习中的意义。在案例的储备上,华东政法大学政治学与公共管理学院在多年的学科建设中已经积累了一定数量的案例,这些都是本课程教学丰富的案例资源,也体现了科研向教学的转化。

(四) 积极开展实验教学,本课程对数据的分析与整理大多需要通过软件运行来展开

对于学生来说,通过实际的电脑操作,通过特定的软件运行来进行数据分析是培养其解决现实中的定量分析问题的必要环节。今后,将进一步充分利用政管学院的数据分析实验室的硬、软件条件,将课堂授课与软件操作和运用相结合,培养学生的数据处理能力。目前首先拟将 SPSS 软件作为教学重点。从数据的录入、整理、分析三方面来让学生掌握软件。

(五) 适当补充课程学前基础内容

本文前面部分对本课程的学前内容进行了整理。分析了课程学前内容的欠缺对课程效果的影响。为了减轻这些影响,除了呼吁专业课程设置以外,本课程在今后的教学中适当补充课程学前内容,将排列组合的基本概念和计算公式予以讲解,以使学生可进行概率计算。另外,将线性代数的基本内容进行简略地介绍,使得学生能更好理解多维变量条件下的概率分析,从而展开多元统计分析。

四、结　　语

经过了 2012—2019 年八年的教学,"管理定量分析"将被分拆为"管

理统计学”和“博弈论基础及在社会科学中的运用”两门课(后者正在积极准备,希望能成为通识课程)。经过了八年的积累,笔者有信心将本课程的授课效果达到一个新的高度。

参考文献

[1] 数据来自华东政法大学教学管理系统。

[2] 陈永国主编:《管理定量分析方法》,上海交通大学出版社 2001 年版。

[3] 诸彦含主编:《社会科学研究方法》,西南师范大学出版社 2016 年版,第 26—30 页。

翻转课堂模式在“社会保险”教学中的应用探析

朱　莹

摘　要：翻转课堂是将传统以课堂传授知识为主的教学方式通过网络平台等技术手段将课程的学习转变为课下学生自学，课上注重师生交流的教学模式。该模式通过突出学生的个性化学习，将学习过程变得积极主动，提高教学效率。笔者在“社会保险”课程的教学中尝试应用翻转课堂的方式进行教学改革，获得了比较明显的教学成果。本文从“社会保险”课程翻转课堂教学改革模式的构建介绍和改革实践结果的分析总结，探讨了翻转课堂的应用在课程教学中的作用。

关键词：翻转课堂；社会保险；教学平台；信息沟通；学习渠道；学习活动

一、翻转课堂模式在“社会保险”教学中运用的构想

翻转课堂(Flipped Classroom)是近年从美国流行起来的的一种教学模式，该理念提倡教师在课前将课程内容做成一系列资料发放给学生提前学习，课上时间用来进行课程内容的相关思考和交流。目前我国教育领域也开始对翻转课堂的教学模式进行研究和实践。翻转课堂就其形式来说能提高教学效率，可以突破传统课堂主要由老师课堂灌输知识给学生，学生缺乏主观能动性学习的被动交流方式，转变成学生主动思考，提前学习，就学习内容积极与老师进行交流沟通的主动学习方式，更有利于教师在课堂中将更多的时间用于加深学生对教学知识点的理解并塑造锻炼学生的思维方式和世界观。

“社会保险”是劳动与社会保障专业的核心基础课程之一，是一门理论性和实践性并重的课程，在传统的学习过程中，由于学生对未来就业的

重视，所以对该门课程的学习有轻理论重实践的倾向。但是理论和实践是辩证统一的，按照马克思主义的观点，人的正确思想从实践中来，实践决定认识，是认识的源泉和动力、目的和归宿，同时也是检验认识正确与否的唯一标准。但同时，认识对实践具有反作用，正确的认识推动正确的实践，错误的认识导致错误的实践。所以在该门课程的学习中理论知识与政策实务的学习应该是并重的，学生不仅应该掌握社会保险领域中的政策实务，也应该对这些政策实务背后的制度设计理论有深刻的理解，这能提升学生观察思考问题的格局和解决实际问题的能力。为了纠正学生的认知，让学生不仅要掌握实践，也重视理论，并能应用理论指导实践活动，笔者尝试在“社会保险”课程的教学中引入翻转课堂的模式以辅助引导学生的学习观念变化。

二、翻转课堂模式下的“社会保险”教学改革

（一）“社会保险”翻转课堂模式的构建

翻转课堂教学在2011年的美国科罗拉多州举办的翻转课堂大会上被乔纳森·伯格曼（Jonathan Bergmann）与参会学者共同定义为一种个性化的教学手段，他们认为这种手段可以增加老师和学生之间互动，使学生得到个性化的教育，在这种形式下，老师不再是讲台上的“圣人”和“独裁者”，而是学生学习的指导者；学生要对自己的学习负责，可随时根据自己的情况进行复习，翻转课堂中学生的课堂积极性很高，是一种混合了直接讲解与建构主义学习的一种教学模式。①这种方式能提高学生的学习自主性和课堂效率。究竟如何通过翻转课堂将原来传统教室的行为放在教室之外进行，目前存在着争议，但大多数教育者均认可这种个性化的教育是采用信息化多媒体的手段和课堂教学交流来共同完成。根据笔者前面提出的对“社会保险”课程进行翻转课堂教学改革的目的，笔者在2018—2019学年第二学期开始通过以下的方式进行“社会保险”翻转课

① The Flipped Class：Myths vs Reality. The Flipped Class：What it is and What it is Not[EB/OL]. Http://www.thedailyriff.com/articles/the-flipped-class-conversation-689.php.

堂教学模式改革的尝试。

1. 改变教学观念，提高学生主动学习热情

原先的“社会保险”课程教学中，一直以来遵循老师上课传授知识点，忽略学生在学习中的主观积极性。翻转课堂教学中传统由老师教授的内容变为学生预先自我学习，学生的学习积极性决定了他们对本门课程基础知识的掌握程度和在课堂中应用这些知识进行交流提升的限度。对预习基础知识的理解和认知的深浅恰是“社会保险”实施翻转课堂模式是否能够成功的基础，因此在进行翻转课堂教学改革的设计中，由于老师教学模式和流程的改变，调动学生的学习主观能动性与传统教学方法相比更形重要。笔者尝试通过两种手段增强学生的学习积极主动性，即学习经验交流和翻转课堂材料设计多样化。用这两种方式通过与学生的课堂课内交流来激发他们对“社会保险”学习的兴趣。

2. 运用多媒体手段，实现课下的课堂翻转

在“社会保险”课程教学进行翻转课堂的运用中，学生在课堂之外的学习过程是必不可少的环节。在信息化时代下，我们可以利用丰富的多媒体手段提供形式多样的学习资料，帮助学生提高学习兴趣，更加及时便捷地获得课程学习资源，随时随地地利用空余时间进行学习。

从翻转课堂设计形式看，几乎所有的翻转课堂课程都采取了多媒体的形式，比较常见的是利用视频、教学平台和信息沟通软件提供学生提前学习和与教师进行沟通的渠道。在笔者进行“社会保险”课程设计时，出于便捷性和可获得性考虑，采取了教学平台和信息沟通软件两种方式。笔者使用了课堂派的教学平台和微信 App。在课前将相关预习课件和学习资料按课程顺序，定期发布在教学平台上，学生可以实现提前学习；课后老师再发放课程中新增补的资料以供复习。由于课堂派教学平台是与微信相关联的，而微信现在是所有学生均有的通讯软件，所以无论老师何时推送材料，学生都能通过微信立刻知晓并进行接受，用手机即可随时展开提前学习和复习，同时无论是在自学过程中的哪个环节，学生存在疑问可随时在教学平台上进行提问，老师予以解答。

3. 进行理论与实践相结合的课堂课外教学，提高学生综合素质

由于采取了课堂翻转的课外学习模式，尤其是学生提前预习行为的普遍开展，所以在课程的课堂教学中可将教学内容扩大丰富，部分原来用于传授基本知识的时间给学生进行透彻的难点、重点剖析，并根据“社会保险”课程理论和实践并重的特点，在课堂中设计一些可将两者结合的学

习活动(笔者具体设计了两种在老师引导下学生主导参与的学习活动,一是对政策的讨论,二是对实务的展示演绎),生动有趣的学习活动不仅能加强师生交流,提高学生对专业理论和实务的探索兴致,还能让学生在趣味学习中不知不觉加深对专业的理解,逐渐掌握用所学理论联系实际分析问题解决问题的方法。此外,在课后,由于教学平台和微信的采用,学生具有随时与同班同学和老师沟通的渠道,在课程中的心得与体会都能与其他同学和老师分享和讨论,加深对课程知识点的更深层次理解。

(二)“社会保险”课程实施翻转课堂的实践结果

虽然“社会保险”翻转课堂的应用目前为止只实行了一个学期,但从这一个学期的实践来看,教学效果相较于之前的“社会保险”课程教学有了明显提高,翻转课程的实践取得初步成功,主要表现在如下几个方面。

1. 学生的学习热情和学习主动性有明显增长

(1) 教学平台参与度高

以前,笔者也曾经在“社会保险”课程中使用过其他教学平台,但一直以来教学平台的主要作用就是课后发布课件、布置作业和阅读资料,学生使用率不高。这次换成与微信相关的课堂派课程平台,并对平台中内容进行调整,增加了课前预习资料和课后阅读资料、课后思考等内容,并在进行内容设计时尤为注重理论和现实政策的紧密结合。经过一学期平台使用观察,学生对教学平台的使用热情相较于以往明显高涨。首先,该年级 100 位同学均注册并使用了教学平台上的“社会保险”课程。其次,同学们不断主动提醒笔者定期发放资料,而且从课程学习资料的下载量可以看出,学生对资料的阅读度很高;不仅如此,还有同学在平台发布的预习资料中标注出有自学中有疑问的地方,笔者均及时给予了解答,学生们对这种有教师互动参与的行为表示欢迎。

(2) 课堂氛围好

在 2018—2019 学年的“社会保险”课堂学习中,学生在课堂的表现相较以往更突出,具体体现在以下几点。

首先,学生能自觉维护课堂纪律。课堂出勤率很高,无迟到早退与旷课现象,授课时课堂安静,这在历年的教学活动中是非常罕见的。从每周的课程出勤看,几乎所有学生准时到课,如果有学生有特殊情况不能到课,都有正规的假条。这次“社会保险”课程中教室的安排也比较特殊,年级一百名学生安置在三百人教室中，但同学们在没有老师督促的情况下，自发紧密坐在教室前方。以至于在该学期学校开展的教学质量月检查中，本校与外校来的老师在没有事前通知的情况下来听了本门课程，都留意到了这个现象，均问了笔者同样两个问题，这门课程是否每次到课人数都这么齐全，他们座席紧凑靠前是否为授课老师强制要求。

其次，学生在课堂中专心听讲，自发提问。在以往的课堂教学中，由于学生缺乏预习环节，课堂中教师授课内容多，时间紧，师生沟通渠道很少，所以学生很难有精力在填鸭式的课堂学习中立刻找到知识理解的难点，即便找到也很难抽出时间当堂提问，事后再回想，往往忘记问题或不能全面回顾当时的困惑。但在这次的“社会保险”课程教学中，由于学生已经提前对课堂内容进行了学习，所以在课堂学习中更注重于老师对难点重点的讲解，如果有不懂的地方，同学会在课堂中及时向笔者提出自己的疑惑，提高了学生课堂学习效率。

再次，学生对课堂中组织的活动兴趣颇浓，积极参加。学生对组织的每次课堂活动都兴致盎然，自己分组，每次活动之前各组同学之间进行充分设计和准备，并与笔者就活动准备中产生的困惑与笔者进行课下的沟通，力图将每次活动在课堂展示时尽可能做得完美。另外，学生也会主动与笔者沟通提出对课堂活动的想法与要求，如笔者原本在课堂中只安排一次实务环节展示，但多位同学和笔者提出要求增加次数，在获得笔者同意后，增加的活动中学生们进行了非常充分的准备，展示时掌声如雷。

2. 学生的分析问题和解决实际问题能力增强

经过一学期的“社会保险”教学改革尝试后，笔者体会到学生不仅在这种翻转课堂的形式下学习热情和学习积极性都有明显提升，还在这种提升下带来了学生学习效率的提高，具体体现在学生采用所学理论分析问题和解决实际问题的能力得到了锻炼和加强。

笔者从课下、课上和学生的各种交流中发现，学生对很多实务问题的看法和以前存在差别，以前学生更多讨论的是某项具体社会保险险种如何计算等实务，现在虽然学生依旧关注社会保险领域的实务，但是也会常常思考制度背后的设计原理和不断追踪最新的社会保险政策，尝试用自己掌握的知识来分析和理解这些内容。例如，学生曾经和笔者讨论过“社保费率为何这几年下调；社保费率下调会不会降低保障待遇；为何国家要将部分抗癌药物纳入到医保报销范畴”等诸多问题。这些都是学生开始主动进行实践和理论相结合思考方式的良好开端。而且笔者从该学期期末考试的主观题中发现，几乎所有学生在分析思考问题时，都考虑到了公共政策不是凭空产生的，而是与社会经济政治情况，人文价值理念相结合的产物，分析问题时也看到了事物的两面性。此外，在2019年的暑期中，该年级有多名同学进行了实习活动，有部分同学实习内容与专业相符，这些同学中在实习中，曾与笔者反馈过各自实习面试题目和实习工作内容与"社会保险"课程紧密结合在一起，甚至有些课堂讲授或活动的内容就是面试时的题目或实习时的部分工作内容，而且由于学生普遍对在课程学习时同学对实务和理论都有所关注，理解透彻，所以有相当一部分同学顺利获得了心仪的实习机会并在实习中受到了实习单位的表扬，认为我们的学生不仅知其然也知其所以然，综合素质高。

3. 学生对课程认可度高

在2018—2019学年"社会保险"的教学改革中，笔者发现了学生对这次课程内容的认可度非常高，这点可以从该学年"社会保险"的教学评估中得到验证。在本次评教中，该门课程评教优异，位列全院第1名，全校1 006门课程中排第86名。从评教具体项目看，文字评教中，有超过一半以上的学生对课程进行了文字评教，这是笔者历年教学评估中文字评教最多的一年。文字评教中相当一部分内容涉及对本次课程改革形式及内容的评价①，这里采录几条：

> ……这学期采用新的教学手段——课堂派+网上课堂，丰富了我们的课堂，并且还通过课题分析等引入，使同学们更好的运用所学知识并且融入生活！……
>
> ……上课逻辑性很强，讲话非常严谨，脉络清晰，枯燥的知识讲得很生动形象！……
>
> 课堂总是存在着很多的乐趣，她很擅长将案例与理论相结合，以便帮助学生更好的理解。
>
> 老师讲课很有趣也很有条理，听课能听到清晰的框架。
>
> 有好多有趣的问题，上课形式也很有趣……谢谢老师一学期的辛苦教导。

① 以下评论均摘自华东政法大学教学系统中教学评估文字评教，https://jwxt.ecupl.edu.cn/edu/eams/home.do。

清晰有条理，生动有趣，课下耐心答疑解惑。
讲课好耐心，气氛好棒，希望继续上老师的课……
没有上过比这更愉快的课了。

从学生们的文字评教中可以看出学生对课外采用教学平台和微信结合提前学习和课后复习，课堂中老师讲解课程中的重点、难点和进行理论实践相结合的课堂交流活动这种教学形式很喜爱，也认为对更好的学习"社会保险"课程很有帮助。学生对教学形式的接受度会直接影响最终的学习收获和教学成果，接受度越高，效果必然越好，这可以从教学评估中的评教明细得到进一步验证。

被评课程：社会保险　　评价学期：2018-2019(2)

		个人各项得分均值	院系各项得分均值	全校各项得分均值
1	老师上课认真负责，讲课精神饱满，耐心辅导答疑	10.00	9.70	9.69
2	老师严格学生考勤，注意维持课堂秩序，关注学风养成	9.98	9.70	9.68
3	老师讲述内容充实，重点讲解突出，难点分析透彻	9.98	9.64	9.61
4	老师讲课思路清晰，理论联系实际，案例新颖	9.98	9.64	9.63
5	老师善于与学生互动交流，课堂气氛融洽	10.00	9.64	9.63
6	老师教学进度安排适当，适应学生的学习能力	10.00	9.64	9.64
7	作业、考核等评价方式能激励我们主动学习	9.96	9.60	9.62
8	老师讲课富于启发性，我对该课程产生了兴趣	9.93	9.59	9.58
9	我觉得本课程增进了我的知识	9.96	9.67	9.64
10	老师提供或推荐的参考资料有助于课程的学习	9.98	9.67	9.65

该课程个人得分：99.76　　院系平均分：96.46　　全校平均分：96.52

该课程全校得分排名/全校参评课程总数：86/1006　　院系排名/院系参评课程总数：1/53

资料来源：华东政法大学教学系统中教学评估评教明细，https://jwxt.ecupl.edu.cn/edu/eams/home.do。

上表中第一、三、四、五、六、九、十项可反映出学生对本次翻转课堂的教学过程中课外、课内学习形式设计的感受和从这种形式中获得的体验评价，这七项得分分别为 10 分、9.98 分、9.98 分、10 分、10 分、9.96 分和 9.98 分。这七项得分均高于学校所有参评课程这几项的评教成绩，这说明学生对课程做翻转形式的接受度很高，并不会因为增加了课外学习而感觉疲惫甚至出现抗拒心理，反而认为老师在教学平台中提供的各种资料能有助于课程学习，而且提前的学习让课堂内容更多地进行师生互动，这种形式学生认知为是老师善于与学生互动交流，使得课堂气氛融洽，课堂内容重点讲解突出，难点分析透彻，增进了知识。表中的第七项和第八项体现了学生在这种新的课程安排方式下的学习积极性，这两项得分分别为 9.96 分和 9.93 分，也都高于学校参评课程平均得分，从这两项评价中可体现出学生认为翻转课堂的授课形式使得课程具有启发性，能激发学生对课程学习的兴趣,而且课程的活动形式能激励他们主动学习。

综上所述,从评教得分和教评的具体评价看,这次翻转课堂在"社会保险"课程中的运用获得了学生的肯定。

三、经验与总结

经过了翻转课堂模式在"社会保险"课程中一学期的应用,从实施效果看,实现了教学方式改革的目的,通过教学平台内容和课堂活动的合理设计,学生不仅学会更主动积极的学习,也在学习中有个性化的体验,获得了更多与老师交流的机会,而且从结果看,学生喜欢这种教学模式,这使得他们的学习不仅和社会实际相结合,也引导他们开始主动尝试思考专业理论并将所学理论运用到实际中,这种思维方法的培育不仅对学生专业学习思考问题具有帮助作用,也对学生未来工作具有实际的指导意义。但是也需要承认,这次翻转课堂教学模式的成功只是"社会保险"一次教学实践的结果,未来在这门课程的教学中是否能每次都获得这样的成功还需要之后更进一步的研究和努力。第一,翻转课堂模式不能一成不变,需要根据不同年级的学生各自的特征进行线上教学和课堂教学方式的针对性调整,这样才可能符合翻转课堂个性化教学的特点,提高学生的学习兴趣和摸准学生的学习进度和需求,使得翻转课堂的教学效率始终保持高效。第二,可以设计更规范科学的评估翻转课堂教学模式在教学中应用的评估标准,比如对翻转课堂课上和课后的学习评估指标,可以尝试分成两类指标,即主观指标和客观指标。形成合理的评估标准不仅能清晰地反映出每届翻转教学的应用实际效果,也能形成动态教学效果追踪机制,及时发现课程教学中存在的问题并进行纠正。未来,笔者将在这两种方式的合理设置中进行更多的研究和努力,以期在教学中获得更多的提升和帮助同学们在专业学习中有更大的收获和进步。

参考文献

[1] 习近平:《辩证唯物主义是中国共产党人的世界观和方法论》,中共中央党校(国家行政学院)网站:http://www.ccps.gov.cn/xxsxk/zyls/201901/t20190116_128356.shtml。

[2] 毛泽东:《实践论》,《毛泽东选集》,人民出版社 1991 年版。

[3] 孙波、庞涛:《“动”见学习体验》,电子工业出版社 2015 年版。

[4] [美]乔纳森・伯格曼、亚伦・萨姆斯:《翻转课堂与混合式教学:互联网+时代,教育变革的最佳解决方案》,韩成财译,中国青年出版社 2018 年版。

能力本位:“城市公用事业管理理论与实践”教材建设研究

裘　铮

摘　要:本文围绕“城市公用事业管理理论与实践”课程的教材建设,以能力本位为视角,主要探讨了三个方面的内容:一是对“城市公用事业”概念与特征的厘定;二是对城市公用事业管理能力培养体系的探讨;三是对“城市公用事业管理理论与实践”教材内容体系的探索。

关键词:能力本位;公用事业;教材

2013年,教育部发布了《普通高等学校本科专业目录和专业介绍》。据此,公共事业管理专业新增了两门核心课程:一是“城市公用事业管理理论与实践”;二是“公共工程项目管理”。这两门核心课程此前在国内公共事业管理专业各有关培养单位中均未开设,并且相较于后者,“城市公用事业管理理论与实践”截至目前在全国范围内尚无任何公开出版的各级各类教材可供授课之用。可见,相对于老专业、成熟专业来说,公共事业管理专业的教材建设仍然任重而道远,还不能完全适应公共事业管理专业发展的需要。因此,本研究力图暂缓公共事业管理专业发展中的燃眉之需,从某种角度来看,或许还有点填零占位的色彩。

教育部此次对公共事业管理专业突增两门实务类核心课程,从中我们也可以看出一个趋势,即教育部相比以往,在今后会更加重视公共管理类专业课程的实践性和操作性,也会更加强调对学生专业技能的培养。所以,本研究有助于深入探讨如何建立与完善基于学生能力本位的课程教材体系,以及如何在教学过程中落实学生实践能力的培养,从而为今后其他实务类核心课程的开设奠定基础和积累经验。

一、"城市公用事业"概念与特征的厘定

目前，国内外学术界和实务界对公用事业的理解五花八门，在我国政府部门发布的文件中，对公用事业的界定也不尽一致。在实践中有扩大公用事业范围的倾向，将一般竞争性商业企业等同于公用事业。其结果是不仅因其享受政府的优惠政策而增加了政府的财政负担，也因其免受竞争、实行高价格而损害了消费者的福利。所以，本研究的首要任务就是进一步梳理和明确公用事业的概念和特征，并在此基础上厘清城市公用事业的概念和特征。

目前，对公用事业概念的界定存在两个问题：

其一，侧重于揭示公用事业性质的某一方面。"公众论"把向公众提供物品的所有行业都纳入公用事业范围，就有可能把与人们生活最为密切的日常生活必需品（如粮食、棉花、食用油等）以及国防、教育、警察等纯公共物品纳入到公用事业中，从而把公用事业的外延无限扩大，基本上等同于公共物品。尽管公用事业有点类似于公共物品，但公用事业的边际成本不等于零，公众不可能免费乘车；"网络论"侧重强调公用事业的经济技术特征，把不具有网络性质的一些产业如垃圾处理、城市绿化、市容环境卫生等排除在外；"市政论"是从地域范围把公用事业局限在城市中，把一些郊区甚至农村排除出去；"经营论"强调了公用事业提供的产品能够进入市场以交换的方式获得投资回报，把一些投资不能通过市场收回的产业如市容、公共卫生、河道清洁和维护等排除在外；"自然垄断论"突出了大多数公用事业行业的市场结构。可是，不仅原先的自然垄断行业正在打破垄断结构，原本也存在一些竞争性公用事业，如出租汽车等。这种界定扩大了或者缩小了公用事业的范围。

其二，侧重于对公用事业外延的罗列，忽视对其内涵的挖掘。对于公用事业的内涵，只有少数学者进行简略界定。有的学者将其界定为"向公众提供商品和服务的产业及活动"，或者为"向公众或不特定的多数人提供产品和服务，或由它们使用的业务或行业"。这种界定只是指出了公用事业的服务对象（公众），并没有明确这一服务的目的。事实上，许多私营部门的服务对象也是公众。因此，这种界定没有揭示出公用事业的本质。有的学者提出"公用事业是指城市中既为生产又为人民生活提供一般条件的各种经营性服务"，这一界定指出公用事业是为城市人民的生产和生

活提供一般条件。有的学者认为,“公用事业意指为公众或不特定人群使用,具有一定目标、规模和系统,对社会发展产生影响的产品或服务的活动和行业”。①

实际上,公用事业在西方国家称为公营企业,也称之为政府企业,它是政府出资的结果。哪一级政府出资,企业就归哪一级政府所有。由中央财政出资建立的企业所有权归中央政府称为中央公营企业,由地方财政出资的公营企业归地方政府所有。政府可以凭借它对企业的所有权、控股权或管理权利,施加直接或间接支配性影响。这些公营企业主要存在于公共产业、基础产业、自然垄断等部门。政府之所以在这些部门设立公营企业,一方面为了满足社会公众对这些产品的需求,另一方面是这些产业也是私人不愿意投资或者没有能力投资的产业。因此,我们首先必须认清公用事业企业不同于传统的公共事业单位。公共事业单位主要包括城市文化、教育、科学、体育、卫生及环境保护等提供纯公共产品的事业单位,不以营利为目的,以提供社会公共服务为宗旨。公用事业企业虽然具有社会公益性,但提供的产品是准公共产品,故营利性也是其重要特征。企业的生存与运营资金不是全部依靠政府投资,主要依靠企业的生产经营收入。其次也要看到公用事业企业不同于一般的企业。由于公用事业企业提供的产品和服务与社会公众的生产和生活息息相关,具有公益性,这就要求公用事业企业不能单纯追求经济利益的最大化,只能在政府严格管制和满足社会公众基本需求的基础上适当盈利,并将盈利率控制在一定范围内。它经常采用依法批准的价格,该价格并不反映市场的供需因素。

对于公用事业的特征,有的学者从生产的技术角度出发,认为公用事业具有自然垄断结构上的独占性、网络外部性、高度的资产专用性。有的学者认为,从国民经济中发挥作用的角度分析,公用事业属于基础设施产业,从技术特征看,公用事业多数需要依赖固定物理网络来传输其产品和服务,是一种典型的网络型产业;从产品属性分析,公用事业提供的产品和服务属于可收费产品,具有共同消费和可排他性。有的学者认为,公用事业具有不可替代性、消费上的兼容性、地域性、公用和公益性、利益计算上的不确定性、生产经营上的规模性、投资大、回收期长、市场化程度低、

① 孙学玉、周义程:《公用事业:概念与范围的厘定》,《江苏社会科学》2007 年第 6 期。

价格机制不灵活、政府和社会干预。有的学者指出,从技术经济特征看,公用事业具有民生必需性、对传输网络的依赖性、网络的外部性和内部协调性、投资的专用性和沉淀性、产品和服务具有准公共物品性、市场范围的地域性、产品或服务具有较弱的可替代性和较强的外部性、产品或服务供给的连续性和消费的非均衡性。有的认为,公用事业的核心特征只有两个:垄断或者寡头垄断经营和政府规制,其他众多特征只是这两个核心特征的具体表现或原因。①

实际上,上述所论及的公用事业特征只是强调了某一方面,没有概括出其基本特征。从整体来讲,不同行业的公用事业都具有基础性、公众性、弱替代性、供给的连续性和消费的非均衡性。

综合以上论述,笔者认为,城市公用事业是整个社会公用事业的一个“子集”,从属于公用事业,因此,可以把城市公用事业界定为:以公共利益为基本目标,为城市居民和企事业单位普遍提供生产生活必需的公用产品(包括服务)的行业集群。构成城市公用事业的各个行业又由提供同类公用产品的公用企业组成。这一定义强调,城市公用事业以公共利益(而不是以私人利益)为基本目标导向,其服务对象主要是城市居民和所在城市的企事业单位,其提供的公用产品是为满足城市社会的公共需要,它是由多个特定公用行业组成的集群,这些行业相互联系、相互促进,共同承担城市公用事业的整体功能,主要包括城市供水排水、污水处理、供气、垃圾处理、集中供热、城市道路和公共交通、供电、环境卫生以及园林绿化等。城市公用事业从总体上而言具有基础性、垄断性、网络性、外部性、公用性、地域性和整体性等特征。

二、城市公用事业管理能力培养体系的探讨

“城市公用事业管理理论与实践”课程自 2013 年被教育部增设为公共事业管理专业核心课程以来,公共事业管理专业的师生对该课程的理解也存在一些不甚明确之处。归根结底,对于本课程究竟培养什么样的专业人才以及如何培养等问题,未能达成共识。因此,探讨城市公用事业

① 仇保兴、王俊豪:《中国城市公用事业特许经营与政府监管研究》,中国建筑工业出版社 2014 年版。

管理能力培养体系的内涵和目标层次，将有助于我们加深对这些问题的理解。

（一）城市公用事业管理能力体系的内涵

有研究认为，不能仅从知识和技能两个方面来理解专业能力，它至少还有第三个维度：专业理念，或称为专业精神，即对本专业的价值认同及其实践活动所体现的专业品格。据此，我们可以把城市公用事业管理能力理解为学习、研究和从事城市公用事业管理的人所应具有的基本能力，包括城市公用事业管理的专业知识、专业技能和专业精神三个维度。

城市公用事业管理专业知识体系的内容由其学科和专业属性决定。从学科归属来看，城市公用事业管理是公共管理类课程，同样具有综合性的特点。所谓综合性，即以管理学为主，以政治学、经济学、法学、社会学等学科为辅，培养学生参与城市公用事业决策和管理的综合素质。从专业属性来看，城市公用事业管理专业知识体系可以区分为三个层次，并体现在相应的模块设置上：一是课程基础知识，体现为城市公用事业管理的基础理论和发展历史。二是应用性专业知识，主要是城市公用事业特许经营及其政府监管、城市公用事业投融资体制、城市公用事业定价机制、城市公用事业绩效评价等。三是行业性专业知识，包括城市供水、排水和污水处理、燃气、垃圾处理、供热、电力等行业的现状与发展动态。

城市公用事业管理专业技能是从事城市公用事业管理活动所需具备的技能。专业技能是专业知识的具体运用和实际体现，两者密不可分。同样可以把城市公用事业管理专业技能区分为三个层次：一是城市公用事业管理基础技能，这是定位为专业学生今后作为城市公用事业管理组织中的普通工作人员理应具备的一般技能，包括良好的语言沟通能力以及文字表达和写作能力、对城市公用事业各行业的了解认知能力等等。二是城市公用事业管理核心能力，这是定位为专业学生今后作为城市公用事业管理组织中的工作骨干和领导干部所应具备的能力，包括选择城市公用事业特许经营模式、完成特许经营招投标、订立特许经营协议、城市公用事业融资、城市公用事业产品定价、城市公用事业绩效评价等的能力。三是城市公用事业管理拓展能力，即处理特定行业和部门的具体事务的能力。

城市公用事业管理专业精神是专业能力最深层次的内涵，是在专业技能基础上发展起来的一种对工作极其热爱和投入的品质。我们可以从专业认同和使命感这两个层次来理解城市公用事业管理专业精神。城市公用事业管理专业认同包括两个方面:一是学生对课程的个人认同,即对课程专业知识的理解、对课程的态度和信念、个人性情与课程性质的匹配以及个人价值观和专业价值观的一致性。二是对自身与组织之间关系的认识,体现为公共管理活动的自主性和积极性、对城市公用事业管理和服务的专业忠诚度以及奉献意愿等。使命感是专业精神的最高层次。作为城市公用事业管理者,其使命感应该是把为祖国繁荣富强而奋斗的爱国情怀具体化为服务公众的实务和细节。由于公共管理的实质是服务,城市公用事业管理的专业精神实际上是一种公共服务精神。

(二) 城市公用事业管理能力培养的目标层次

城市公用事业管理课程的培养目标应从由低到高的两个层次,即专业人员和领导人才来加以定位。

城市公用事业管理课程的第一个培养目标是培养优秀的专业人员。这里的“专业人员”比通常所说的专业技术人员在内涵和外延上要更宽泛一些,不仅包括专业技术人员,也包括在政府部门、企事业单位从事常规性管理工作的人员。所谓专业技术人员,是在各个单位中从事专业技术工作的人员,一般应取得相应的专业技术职务资格。城市公用事业管理课程的教育实施过程中,一方面,应鼓励学生积极参与各种专业资格认证考试,取得从业资格;另一方面,还应鼓励学生积极准备参加国家和地方各级公务员和企事业单位招考,争取进入公用事业管理部门和公用企业就业。

城市公用事业管理课程的最高目标定位是培养高素质领导人才。本课程致力于培养掌握现代公用事业管理理论及其应用能力的高素质专门人才。必须承认,优秀的领导者都是在实践中逐渐成长起来的。关于领导人才的成长规律已经积累了不少文献。例如,有学者从领导者个体因素、组织环境因素和社会环境因素分析了地方党政领导人才成长的影响因素;有学者从主观与客观、个体与群体、学习与实践等几个范畴出发,分析领导人才成长的规律。笔者认为,以培养领导人才为导向的课程教育必须着眼于学生基本素质的培养及其领导潜质的发展,要注重扩大学生的知识面,养成学生谦虚谨慎、自信沉着的良好心理素质,使其具备运用逻辑思维分析和解决问题的能力、沟通动员激励他人的能力、协调处理分歧和矛盾的能力等。

三、“城市公用事业管理理论与实践”教材内容体系的探索

作为“市政学”课程的延伸拓展课程,“城市公用事业管理理论与实践”课程的开设使得公共事业管理专业的市政管理课程体系更加完善,形成了从整体到局部、从基本原理到实务操作的完整链条。笔者对照城市公用事业管理能力培养体系的内容,有针对性地安排设置了“城市公用事业管理理论与实践”教材的各章节内容,突出了学生实践能力建设,也有利于提高公共事业管理专业课程体系和教学内容与方法的完整度。

从当前国内对公用事业管理的研究来看,目前国内对公用事业或基础设施的研究主要是从经济学和公共管理学展开的,而且,较多的是从经济学(主要是财政学)入手,从公共管理学入手所进行的研究才刚刚起步。

笔者编写的“城市公用事业管理理论与实践”讲义(初稿)(以下简称“初稿”)主要是从公共管理入手的,即更多的是从基础设施和市政公用事业公共政策制定和执行的角度,从这一行业运行过程管理的角度考虑的。“初稿”共设九章,其中第一章至第四章为基础理论部分,主要界定了公用事业的基本概念和特征,介绍了公用事业管理的历史发展、理论基础以及基本分析方法与管理方法;第五章至第六章从城市公用事业管理过程的角度,介绍了公用事业管理的战略规划和绩效评价;第七章至第九章,以公用事业行业划分,分别介绍了公共交通事业管理、水电煤气管理和邮政通信管理的具体内容。

“初稿”编写完成后,适逢笔者所在学院的“城市公用事业管理理论与实践”课程正式由准备阶段进入开课实施阶段,笔者向2013级公共事业管理专业学生进行了首轮课程讲授。开课期间,注重听取学生的课堂反馈意见;课程结束之后,仔细分析了学生对课程的评教内容。继而,通过召开教学座谈会、城市公用事业管理专业人员访谈等方式,收集了对“初稿”的各种意见。种种反馈指出了“初稿”的若干问题,主要有:(1)对公用事业和城市公用事业概念的界定不是很清晰,甚至在一定程度上混淆了二者的概念。(2)理论性太强,实务操作性不够。基础理论部分占据了较大的篇幅与课时量,与课程设置的初衷不相符。(3)未展示城市公用事业管理的主要过程。“初稿”只介绍了公用事业管理的战略规划和绩效评价,可以说,仅涉及了公用事业管理过程的头和尾,中间的大量核心内容

未予呈现。(4)缺乏对城市公用事业各行业管理的现状与发展动态的介绍，资料与数据没有得到及时更新。

针对以上意见，笔者对"初稿"进行了重新修订，对课程内容架构做了重大调整，最终形成了"城市公用事业管理理论与实践"讲义(二稿)(以下简称"二稿")。"二稿"共设十三章。第一章、第二章为基础理论部分，基本保留了"初稿"前两章的内容，但是对城市公用事业的概念及其特征做了重新界定。第三章和第四章重点介绍了城市公用事业管理的核心制度——特许经营及其监管制度，体现了目前城市公用事业管理的主流趋势，同时，结合了新近颁布实施的法规文件的内容。第五章至第七章，分别介绍了城市公用事业管理过程中的三项重要内容，即城市公用事业投融资、城市公用事业产品定价、城市公用事业管理绩效评价。将这三项内容从城市公用事业管理的全过程中提炼出来，其主要依据来自笔者对城市公用企业及其从业人员所做的访谈，同时，也考虑到讲义的篇幅与授课时数的限制。第八章至第十三章，详细讨论了城市供水、排水与污水处理、燃气、垃圾处理、供热、电力六大行业市场化改革历程、投资建设、生产供应及行业结构的特征和发展状况，对已经取得的成就作了简要评价，同时分析了各行业面临的主要问题，并基于行业特征、历史数据和未来经济发展前景作了需求与预测分析。这些都有助于帮助学生全面了解和分析我国城市公用事业各行业管理中的现状、问题与趋势。

四、下一步研究展望

一方面，由于从公共管理的角度着手进行城市公用事业管理的教材建设，在国内还属于一种探索性的工作，可资借鉴的经验不多；另一方面由于笔者的水平不足、时间精力有限，对学术界最新研究成果的跟踪和吸取工作可能还做得不够，因而虽然笔者自觉在可能的范围内进行了努力，但错误和不足之处在所难免，从某种程度上来说，本文只是在这一值得探索的新的重要领域完成了一个抛砖引玉的工作。

"二稿"的体系与内容还需要在接下来的课程讲授过程中予以检验；对城市公用事业及其管理的概念界定是否科学，还需要查阅更多的研究文献；对城市公用事业管理的理论基础尚觉讲述得还不全面，但限于篇幅和授课时数，又需要做出取舍，如何平衡这两个方面，还需要继续斟酌；从整体上来看，授课内容的操作性还体现得不够，例如特许经营协议的条款分析、特许经营招投标过程的模拟等内容还没有加入进来；在注重介绍国内情况的同时，对国(境)外城市公用事业管理的情况很少涉及，其主要原因是对相关材料的掌握程度还不够。

上述种种都有赖于继续加强对城市公用事业管理的研究工作，加快“城市公用事业管理理论与实践”课程教材的建设速度。

参考文献

[1] 崔运武、娄成武编:《现代公用事业管理》，中国人民大学出版社2011年版。

[2] 仇保兴、王俊豪:《中国城市公用事业特许经营与政府监管研究》，中国建筑工业出版社2014年版。

[3] 王俊豪:《中国城市公用事业发展报告(2015)》，中国建筑工业出版社2016年版。

[4] 孙学玉、周义程:《公用事业:概念与范围的厘定》，《江苏社会科学》2007年第6期。

[5] 邓敏贞:《公用事业特征与公私合作的法理分析——以公共产品理论为视角》，《理论月刊》2013年第4期。

[6] 谢广伟:《高技能创新型人才培养方式的研究与实践》，《职业》2014年第12期。

[7] 李健:《基于就业导向的城市公用事业技能型人才培养》，《城市公用事业》2010年第2期。

图书在版编目(CIP)数据

新技术背景下政治学与公共管理教学创新研究/白艳莉主编.—上海:上海人民出版社,2020
ISBN 978-7-208-16528-1

Ⅰ.①新… Ⅱ.①白… Ⅲ.①政治学-教学研究-高等学校 ②公共管理-教学研究-高等学校 Ⅳ.①D0 ②D035-0

中国版本图书馆 CIP 数据核字(2020)第 107675 号

责任编辑 徐晓明
封面设计 周剑峰

新技术背景下政治学与公共管理教学创新研究
白艳莉 主编
王 旭 副主编

出　　版 上海人民出版社
（200001 上海福建中路 193 号）
发　　行 上海人民出版社发行中心
印　　刷 常熟市新骅印刷有限公司
开　　本 635×965 1/16
印　　张 14.5
插　　页 2
字　　数 233,000
版　　次 2020 年 9 月第 1 版
印　　次 2020 年 9 月第 1 次印刷
ISBN 978-7-208-16528-1/G·2032
定　　价 58.00 元